DIE GESELLSCHAFTSPOLITISCHE AUFGABE DER BIBLIOTHEKEN

DIE GESELLSCHAFTSPOLITISCHE AUFGABE DER BIBLIOTHEKEN

Gegenwartsprobleme und Zukunftsperspektiven

BIBLIOTHEKSKONGRESS HANNOVER 1983

(zugleich 73. Deutscher Bibliothekartag)

vom 24. bis 28. Mai 1983

Herausgegeben von
Jürgen Hering, Hans Joachim Kuhlmann
und Walter Manz

VITTORIO KLOSTERMANN · FRANKFURT AM MAIN

(1983)

ZEITSCHRIFT FÜR BIBLIOTHEKSWESEN UND BIBLIOGRAPHIE
SONDERHEFT 40

Redaktion: Eberhard Zwink

CIP-Kurztitelaufnahme der Deutschen Bibliothek

Die gesellschaftspolitische Aufgabe der Bibliotheken : Gegenwartsprobleme u. Zukunftsperspektiven / Bibliothekskongress Hannover 1983 (zugl. 73. Dt. Bibliothekartag) vom 24. – 28. Mai 1983. Hrsg. von Jürgen Hering... – Frankfurt am Main : Klostermann, 1983. (Zeitschrift für Bibliothekswesen und Bibliographie : Sonderh. ; 40) – ISBN 3-465-01612-2

NE: Hering, Jürgen [Hrsg.]; Bibliothekskongress <1983, Hannover>; Zeitschrift für Bibliothekswesen und Bibliographie / Sonderheft

Satz und Druck: Druckerei Otto KG, Heppenheim – Printed in Germany

Inhalt

1. ERÖFFNUNG DES BIBLIOTHEKSKONGRESSES HANNOVER 1983

Eröffnungsansprache des Präsidenten der Deutschen Bibliothekskonferenz Johannes Schultheis

Alle fünf Jahre veranstalten wir einen Bibliothekskongreß, wir, das sind die Bibliothekare und die Bibliotheken der Bundesrepublik Deutschland. Die deutsche Kulturautonomie spiegelt sich wider in der Vielfalt der bibliothekarischen Vereine und Verbände. Da wir weder einen alle Bibliotheken umfassenden Institutenverband – einschließlich der bayerischen Bibliotheken – gründen können, noch eine alle Sparten vereinigende Berufsorganisation wollen, wurde als lockere Absprache zwischen den wichtigen Vereinen und Verbänden die Deutsche Bibliothekskonferenz geschaffen. Diese Konferenz der Vorsitzenden wird immer dann aktiv, wenn das deutsche Bibliothekswesen insgesamt gefordert ist, z.B. bei der Veranstaltung eines Bibliothekskongresses. Da beinahe jeder Bibliothekar Mitglied in dem einen oder anderen Berufsverband ist oder seine Bibliothek dieser oder jener Organisation angehört, kann so ein Kongreß fast alle bibliothekarischen Jahresversammlungen vereinen; jeder tagt mit seinem Verein, alle gemeinsam veranstalten wir den Bibliothekskongreß. Seine Vorgänger: 1973 Hamburg, 1978 Stuttgart.

Soviel zur Begründung, warum wir alle heute versammelt sind und warum der Vorsitzende, der den Kongreß eröffnet, gegebenenfalls nicht der von Ihnen gewählte Vorsitzende Ihrer Vereinigung ist.

Nicht zufällig sind wir in Hannover, haben doch alle Bibliothekssparten an diesem Ort Vorbilder, an denen sich die künftige Arbeit orientieren kann. Die Namen des Ortskomitees, das diesen Kongreß ausrichtete, stehen jeweils für ein bibliothekarisches Programm: Totok, Beaujean, Schlitt, Kuske.

Schon 1440, lange vor Luthers Aufruf an die Städte, sie möchten „Libereien" einrichten, wurde die heutige Stadtbibliothek als „Bibliotheca Senatus" gegründet.

In den zwanziger Jahren dieses Jahrhunderts wurde die Stadtbibliothek Zentrum des Volksbüchereisystems, das nach dem Zweiten Weltkriege zu einem für ganz Deutschland vorbildlichen Öffentlichen Bibliothekssystem ausgebaut wurde. So gilt unser erster Gruß dem Oberbürgermeister dieser

Stadt, in der Öffentliches Bibliothekswesen Tradition hat. Herr Oberbürgermeister Schmalstich wird anschließend zu uns sprechen, hierfür sei jetzt schon Dank gesagt.

1636 wird Hannover zur welfischen Teilresidenz und Landeshauptstadt erhoben, kurz darauf folgt die Gründung der Hofbibliothek, der späteren Königlichen und heutigen Landesbibliothek. Schon bald nach der Gründung wird sie unter Leibniz, der von 1676–1716 die Bibliothek leitete, zur ersten Blüte gebracht. Das Schicksal der Bibliothek ist wechselhaft, vor allem, als nach 1866 nicht ganz klar war, ob die Sammlung den Welfen oder dem Preußischen Staat gehörte. Das Problem wird erst nach 1945 geklärt, und nun nimmt die „Niedersächsische Landesbibliothek" einen wichtigen Platz im Kontext von Wissenschaft und Forschung nicht nur in Niedersachsen ein. Somit gilt der zweite Gruß dem Vertreter des Landes Niedersachsen, Herrn Innenminister Dr. Möcklinghoff, dem auch jetzt schon für sein Grußwort gedankt sei.

Natürlich darf bei der Nennung der wichtigsten hannoverschen Bibliotheken die in diesem Kreise junge nicht fehlen, die 1831 gegründete Bibliothek der Technischen Hochschule, die heutige Universitätsbibliothek, vereinigt mit der Technischen Informationsbibliothek. Jeder Leihverkehrsbibliothekar hat mit dieser Bibliothek zu tun, und es mag für viele, die zum ersten Male nach Hannover kommen, von großem Interesse sein zu sehen, wie denn diese Bibliothek, die so viel in alle Welt sendet, aussieht. Und der Bau ist sehenswert.

Sie merken, meine Damen und Herren, daß ich hier in Ansätzen historisch vorgehe und dementsprechend den Präsidenten der Universität Hannover, Herrn Prof. Dr. Hinrich Seidel, als dritten Gast und Grußwortredner begrüße.

Daß nun die Bibliotheken der Medizinischen und der anderen Hochschulen, die zahlreichen Spezial- und Institutsbibliotheken nicht noch gesondert aufgeführt werden als gewichtige Stimmen im hannoverschen bibliothekarischen Konzert, sei bitte entschuldigt.

Das Thema „Hannover und seine Bibliotheken" abschließend sei noch ein historisches Faktum angeführt, das vielleicht die Begründung liefert, warum hier seit jeher so gute bibliothekarische Arbeit erbracht wird.

Schon sehr früh wußte man hier, was Bibliotheken und Bibliothekare leisten können. Und so mußte vor dem hannoverschen Rat am 8. Februar 1609 der Bibliothekar Georg Repper folgenden Eid schwören:

„Ich gelobe und schwere, daß ich eines Erbarn Rades zu Ihrer liberei Bibliothecarius sein will, alle und jede Bücher, so uf E. W. Bibliotheca itzo vorhanden, mit allem fleiss inventirn, dieselbe neben denen, so nach der Handt weiters und mehr darauss geschasst, mit Rhatt der jenen, so aus dem Mittel eines Erbarn Rades mit zu solchem Behuf werden zugeordnet werden, in eine richtige Verzeichnis bringen, jede zu ihrer gebührenden Stelle ordnen und sezzen lassen, dieselbe getreulich beieinander behalten, was zu Zeiten daraus verliehen, darüber allemahl recognition und Bekentnis nehmen, solches hernacher wiederumb einfordern, und bey solcher gemeiner Statt Bibliotheca und vornehmen Kleinodt nach äusserstem meinen Vleyss und Vermögen also handeln will, als ich getraue vor Gott und I. E. W. zu verantworten. So als mir Gott helfe."

Jürgen Busch, der in seiner Assessorarbeit diesen Eid überliefert hat, betont zu Recht, daß ... „in der Formulierung der Aufgaben eine bemerkenswerte Kenntnis dessen, was ein Bibliothekar zu leisten hat ... vorhanden sei. Es fällt auf, daß ... der Gedanke der Öffentlichkeit betont wird."*

Der Bibliothekskongreß ist immer eine Art Heerschau oder Mustermesse oder Informationsmarkt, auf dem sowohl die neuen Entwicklungen und Trends diskutiert als auch das bisher Erreichte demonstriert wird. Dem Neuen wird Genüge getan in den Abteilungen des Tagungsprogramms unter Themen wie: Bibliotheken vor neuen Entwicklungen, Die Bibliothek von morgen, Die Arbeit der Öffentlichen Bibliotheken in den 80er Jahren. Dem Erreichten ist die Veranstaltungsreihe „Bibliotheksplan 1973 – eine Bilanz nach 10 Jahren" gewidmet.

Der Präsident des Bundesrates, der Ministerpräsident des Landes Nordrhein-Westfalen, Johannes Rau, hat uns ein Grußwort geschickt, dessen Eingangssätze an dieser Stelle zitiert werden sollen:

„Der dritte Bibliothekskongreß findet in einer Zeit statt, die charakterisiert ist durch große wirtschaftliche Schwierigkeiten und eine daraus folgende erhebliche Enge aller öffentlichen Haushalte. Sie ist im bildungspolitischen Bereich darüber hinaus gekennzeichnet durch Ernüchterung nach einer Phase des Ausbaues und der hoffnungsvollen, weitgreifenden Planung."

Ohne den Ministerpräsidenten kritisieren zu wollen, muß doch festgestellt werden, daß beim Betrachten der Entwicklung der Bibliotheksetats der Ausdruck Enge der öffentlichen Haushalte sehr euphemistisch erscheint. Seit dem Heraufkommen der Finanzkrise geht es mit den Bibliotheken bergab. Zwar läßt sich kein einheitliches Bild von der Etatsituation der Bibliotheken gewinnen, man kann jedoch gewisse Strukturen erkennen. Danach ist es nördlich der Mainlinie offensichtlich schlimmer als im Süden, und die Kommunen sind härter getroffen als die Länder, d.h. die Öffentlichen Bibliotheken sind ärger dran als die wissenschaftlichen.

Natürlich können bei einer Krise der öffentlichen Finanzen die Bibliotheken nicht wie in einem Dornröschenschlaf unangetastet bleiben. Eine vernünftige Reaktion des Deutschen Bibliotheksverbandes ist die Herausgabe der Schrift

* Busch, Jürgen: Die Ratsbibliothek in Hannover. In: Hannoversche Geschichtsblätter. Neue Folge. Bd. 10. 1957, S. 202.

„Etatkürzungen in Bibliotheken". Doch was mancherorts geschieht, ist nicht mehr nur mit Enge der Öffentlichen Haushalte zu erklären.

Da – wie schon gesagt – ein großer Überblick sehr schwer zu gewinnen ist, nehmen wir, pars pro toto, das Land Nordrhein-Westfalen, in dem ja knapp ein Drittel der deutschen Bibliotheken angesiedelt ist. Zwar sank dort der Erwerbungsetat der Bibliotheken der wissenschaftlichen Hochschulen in den letzten drei Jahren nur um 13%, d.h. um 6 Millionen von 41 Millionen auf 35 Millionen, entscheidend aber ist, daß 25% weniger Bücher angeschafft werden konnten, also statt 803000 nur 599000. Die Zahl der Zeitschriftenabonnements sank um 10000 von 107000 auf 97000.

Auch gegenläufige Tendenzen sind möglich, das zeigt die achtprozentige Steigerung der Erwerbungsetats bei den niedersächsischen Hochschulbibliotheken, ja bei den Landesbibliotheken bis zu 17%.

Zurück zur Situation in Nordrhein-Westfalen:
Bei den Öffentlichen Bibliotheken liegt die Kürzungsrate der Anschaffungsetats im Schnitt bei 20%, bei einem Drittel der Büchereien gar bei 50%. Die Zuschüsse des Landes sind um 60% reduziert, teilweise um 100%, so bei den kirchlichen Büchereien, den Krankenhaus- und Altenheimbüchereien. Man mag in Buch und Bibliothek einen Streit darum führen, was gefährlicher sei, die Kürzung des Buchetats oder die Reduzierung des Stellenplans. Keine Diskussion braucht mehr geführt zu werden über jene 22 Büchereien an Rhein und Ruhr, die in den letzten beiden Jahren geschlossen wurden. Im kulturellen Bereich gibt es keine Politik des stop and go, wenn dort einmal stop gesagt wird, so heißt das aus.

Die Kommunale Gemeinschaftsstelle für Verwaltungsvereinfachung (KGST) veröffentlicht in diesen Tagen ein Papier, in dem über 50 Möglichkeiten, in Öffentlichen Büchereien zu sparen, aufgelistet werden. Im Vorwort steht, Erfolg habe man nur, wenn vernünftig gespart werde. Dieses vernünftig Sparen als Motto in das Ohr derer, die über uns und unsere Bibliotheken entscheiden!

Es liegt bei diesem Wunsch nahe, den Vertreter des Bundesministers für Bildung und Wissenschaft, Herrn Staatssekretär Piazzolo, zu begrüßen und ihm zu danken für geplante Grußworte. Ihrem Ministerium, Herr Staatssekretär, hat das deutsche Bibliothekswesen und insbesondere das Öffentliche Bibliothekswesen viel Förderung durch die Finanzierung von Projekten zu danken. Voraussetzungen für zentrale Dienste, so z.B. die Lektoratskooperation, wurden auf diese Weise geschaffen. In den finanzschwachen Zeiten sind wir in besonderer Weise auf diese Entwicklungen angewiesen. Hoffen wir, daß auch weiterhin bibliothekarische Innovationen von Ihrer Seite gefördert werden können.

Was wäre ein derartiger Kongreß ohne die Mitwirkung der ausländischen Kollegen. Unserer Einladung sind 52 Bibliothekare aus 14 Ländern gefolgt. Herr Willem Koops wird als Sprecher der ausländischen Gäste und Vertreter der Internationalen Vereinigung der bibliothekarischen Verbände (IFLA) das Wort ergreifen. Wir freuen uns, daß wir auch den IFLA-Vizepräsidenten, Herrn Dr. Geh, unter uns haben.

Für die im ABD-Kreis zusammengeschlossenen Verbände des Archiv-, Bibliotheks- und Dokumentationswesens wird Herr Prof. Canisius als Vertreter der befreundeten und verwandten Vereinigungen ein Grußwort sprechen. Den Herren Koops und Canisius sei Dank.

Der Schmuck eines Kongresses sind seine Gäste, die dann auch namentlich vorgestellt werden sollen.

Ich begrüße
- den Vertreter der CDU-Landtagsfraktion, Herrn Eugen Kohlenbach
- den Vertreter der FDP-Landtagsfraktion, Herrn Walter Hirche
- als weiteren Vertreter des Bundesministeriums für Bildung und Wissenschaft, Herrn Dr. Axel Vulpius
- den Vertreter des Bundesministeriums für Forschung und Technologie, Herrn Ministerialrat Dr. Heinz Lechmann
- die Vertreter des Niedersächsischen Ministeriums für Wissenschaft und Kunst, Herrn Staatssekretär Dr. Weert Börner und Herrn Leitenden Ministerialrat Hans-Joachim Ulrich
- die Herren Vertreter des Niedersächsischen Landkreistages und des Niedersächsischen Städteverbandes
- den Präsidenten des Niedersächsischen Landesverwaltungsamtes, Herrn Günther Steiner
- die Mitglieder des Präsidiums des Deutschen Bibliotheksverbandes, die Herren Dr. Ernst Pappermann, Kurt Kreuser und Dr. Burkhardt
- den Vorsitzenden des Landesverbandes Niedersachsen im Deutschen Bibliotheksverband, Herrn Winfried Hartmann, MdL
- den Vertreter der Deutschen Forschungsgemeinschaft, Herrn Dr. Horst Braun
- den Direktor des Deutschen Bibliotheksinstituts, Herrn Prof. Günther Beyersdorff.

Mit besonderem Gruß und Dank seien erwähnt die Mitarbeiter der Verlage, des Buchhandels und aller Firmen, die mit ihren Ausstellungen den Informationswert dieses Kongresses erheblich steigern. Presse, Rundfunk und Fernsehen, die über unsere Arbeit und den Kongreß berichten, seien herzlich begrüßt und bedankt.

Nun habe ich nicht alle Vertreter von Behörden und Verbänden nennen können. Wir haben noch ein großes Programm. Ich bitte um Verständnis.

1983 ist das Jahr des 50-Jahre-Gedenkens. Untersuchungen zur *Gleichschaltung* unserer Verbände liegen erst in Ansätzen vor. Jürgen Hering ging bei der Eröffnung des vorjährigen Bibliothekartages in Darmstadt auf die Rolle von Bibliothekaren bei den Bücherverbrennungen ein. In den von Bibliotheksverbänden mitgetragenen Veranstaltungen zum Tag des Buches 1983 wurde sowohl bei Walter Jens in Berlin als auch bei Hans Mommsen in Düsseldorf deutlich, daß wir die Bücherverbrennungen am 10. Mai 1933 nicht als interessantes historisches Phänomen betrachten können, sondern mit der Virulenz des Denkens, das hierzu führte, rechnen müssen. Die Zahl der Veranstaltungen, Ausstellungen und anderer Aktivitäten, die zum 10. Mai 1983 von den Bibliotheken initiiert oder mitgetragen wurden, geht in die Tausende, doch damit ist das Problem nicht erledigt. Ein Bibliothekskongreß im Jahre 1983, der unter dem Motto steht „Die gesellschaftspolitische Aufgabe der Bibliotheken", tut gut daran, sich bei der Eröffnung zu besinnen, und sei es durch eine so provokante Formulierung wie „Bücher müssen brennen". Herr Michaelis, wir danken Ihnen, daß Sie bereit sind, diesen Part der Bewußtmachung zu übernehmen.

Eine Ortsbestimmung des deutschen Bibliothekswesens, gründend auf den Ausformungen in der Vergangenheit, wird dann Herr Prof. Raabe vornehmen. Die Veranstalter waren sehr daran interessiert, bei diesem Kongreß auch die historische Dimension zu ihrem Recht kommen zu lassen. Daß Herr Raabe aus Wolfenbüttel hierfür der richtige Referent sei, ist jedem Kenner der bibliothekarischen Szene deutlich. Herr Raabe, auch Ihnen unser herzlicher Dank!

Bibliothekare aller Sparten sind heute hier versammelt. Es ist nun zufällig ein Öffentlicher Bibliothekar Präsident der Deutschen Bibliothekskonferenz, er darf den Bibliothekskongreß, der sich der gesellschaftpolitischen Aufgabe der Bibliotheken widmet, getrost eröffnen mit dem Zitat eines Schriftstellers, da die Öffentlichen Bibliotheken der Schönen Literatur in besonderem Maße verbunden sind.

Heinrich Böll schrieb kürzlich an den Kölner Oberbürgermeister von seinen Sorgen um das Schicksal der Bibliotheken:

„Ich kann nicht ermessen, wo überall gespart werden muß, weiß nur, daß es besonders gefährlich und sinnlos ist, an Bibliotheken so radikal zu sparen, wie es allenthalben geschieht. Gerade in Zeiten wirtschaftlicher Schwierigkeiten – und es werden noch härtere Zeiten kommen – sinkt nicht die Bedeutung der öffentlichen Bibliotheken, sie steigt, wie nicht nur die Erfahrung – siehe den Zulauf zu Bibliotheken in den Zeiten der Weltwirtschaftskrise! – auch die Logik beweist: weniger Menschen können sich Bücher kaufen, die sie dringend benötigen, mehr Menschen haben Zeit, die sie nicht sinnlos vertun, sondern sich im allerweitesten Sinne weiterbilden, weiterinformieren wollen; es wird mehr ‚Freizeit' geben, immer mehr, wie ich fürchte, es werden möglicherweise sogar Menschen zu Lesern, die vorher keine waren usw. – und genau in diesem Augenblick wird der Bestand der Bibliotheken reduziert!"

Böll geht dann noch auf die besondere Situation in Köln ein und schließt seinen Appell mit den Sätzen:

„Es ist mir ernst, ernst auch im Hinblick auf alle die entmutigten Leser, die Arbeitslosen, die vielen Menschen, deren ‚Freizeit' veröden könnte. Und Sie wissen, wieviel Gefahren eine verödete Freizeit in sich bergen kann."

Grußwort
des Präsidenten des Bundesrates, Johannes Rau

Der dritte Bibliothekskongreß findet in einer Zeit statt, die charakterisiert ist durch große wirtschaftliche Schwierigkeiten und eine daraus folgende erhebliche Enge aller öffentlichen Haushalte. Sie ist im bildungspolitischen Bereich darüber hinaus gekennzeichnet durch Ernüchterung nach einer Phase des Ausbaus und der hoffnungsvollen, weitgreifenden Planung. Weiter zeichnet sich mit den Möglichkeiten der modernen Elektronik ein grundlegender Wandel vieler Bereiche ab, dessen Folgen auf allen Gebieten noch kaum abzusehen sind. In einer solchen Situation liegt es nahe, daß Sie sich als Vertreter aller Sparten des Bibliothekswesens unter dem Thema „Die gesellschaftspolitische Aufgabe der Bibliotheken – Gegenwartsprobleme und Zukunftsperspektiven" versammeln und nach der Ortsbestimmung des deutschen Bibliothekswesens fragen, daß Sie untersuchen, was aus dem im Geiste des Anfangs der siebziger Jahre heraus geschaffenen Bibliotheksplan '73 geworden ist, und daß Sie über die neuen Entwicklungen sprechen, vor denen die Bibliotheken stehen.

Es ist also ein Augenblick des Sichbesinnens nach einer Phase des Ausbaus in den vergangenen Jahren, im Angesicht der gegenwärtigen, vor allem finanziell bedingten Probleme und vor schwierigen, in vielem noch nicht klar erkennbaren Herausforderungen der Zukunft. Auf dem 70. Deutschen Bibliothekartag in Wuppertal vor drei Jahren habe ich bereits die Auffassung vertreten, daß trotz allem technischen Wandel und trotz aller Herausforderung auch zukünftig das Buch das wichtigste Kommunikationsmedium sein wird, daß dem Bibliothekar weiterhin eine zentrale Rolle in unserer Kulturgesellschaft zukommen wird und daß die künftige Bedeutung des Bibliothekswesens kaum überschätzt werden kann. Leibniz, als Bibliothekar gerade dem Tagungsort Hannover besonders verbunden, hat von der Bibliothek als „Schatzkammer des menschlichen Geistes" gesprochen. Ihnen als Bibliothekaren ist die „schöpferische Verwaltung" dieses Schatzes, des Wissens, das in den Bibliotheken aufbewahrt ist, anvertraut. Ich wünsche Ihnen sehr, daß Sie auf Ihrem Kongreß in Auseinandersetzung mit grundsätzlichen Fragen des nüchternen, aber unentbehrlichen Details einen wichtigen Beitrag dazu leisten, die jahrtausendealte, mit der Kultur des Menschen unlösbar verbundene, für uns alle unverzichtbare Institution der Bibliothek lebendig zu erhalten und es ihr zu ermöglichen, auch den Anforderungen der Zukunft gerecht zu werden.

Grußwort
des Staatssekretärs im Ministerium für Bildung und Wissenschaft, Harro Piazolo

Es gehört inzwischen zur guten Tradition, daß ein Vertreter der Bundesregierung zur Eröffnung des Bibliothekskongresses spricht. Ich danke Ihnen dafür, daß Sie auch diesmal daran festgehalten haben. Ganz von ungefähr kommt diese Tradition freilich nicht; ist doch der Bund nicht nur Träger oder Finanzier einer großen Zahl von Bibliotheken, sondern fördert auch das gesamte Bibliothekswesen auf mannigfaltige Weise. Vor allem aber hat die Bundesregierung ein ideelles bildungspolitisches Interesse am Gedeihen der deutschen Bibliotheken.

Zunächst jedoch will ich mich dem Thema stellen, das Sie alle vorrangig bewegt: die finanzielle Situation der Bibliotheken. Dabei kommt es mir nicht darauf an, Ihnen noch einmal die Gründe für die Sparmaßnahmen darzulegen. Sie wissen alle, daß gespart werden muß, daß wir über unsere Verhältnisse gelebt haben und daß die öffentliche Hand nur so viel Geld ausgeben kann, wie sie einnimmt. Wenn die Steuereinnahmen sinken, sinken auch die Ausgaben. Entscheidend wird dann, welche Prioritäten man setzt.

Für den Bund kann ich sagen, daß er das Bibliothekswesen keineswegs auf die unterste Sprosse der Förderungsleiter gesetzt hat. Ich habe einmal nachprüfen lassen, in welchem Umfang die vom Bund getragenen Bibliotheken Kürzungen hinnehmen mußten. Das Ergebnis war erfreulich: so gut wie keine. Betrachten wir darüber hinaus die anderen Tätigkeitsbereiche des Bundes im Bibliothekswesen, dann stellen wir die gleiche Tendenz fest. In der Hochschulbauförderung, in deren Rahmen der Bund bisher schon fast 1 Milliarde DM für Bibliotheken bewilligt hat, werden weiterhin hohe Beträge zur Verfügung gestellt. Die für die Bibliotheksentwicklung besonders wichtige Deutsche Forschungsgemeinschaft, die vom Bund mitfinanziert wird, erhält sogar steigende Mittel und kann ihre traditionsreiche Förderung wichtiger bibliothekarischer Projekte – die Mittel liegen zur Zeit wenig unter 20 Millionen DM jährlich – fortsetzen. Für Fachinformationsprojekte bei Bibliotheken gewährt das Bundesministerium für Forschung und Technologie nach wie vor Förderungsmittel. Das vom Bund mitfinanzierte Deutsche Bibliotheksinstitut kann aller Voraussicht nach auch für das nächste Jahr mit einer kleinen Mittelsteigerung rechnen. Die Bundesregierung setzt sich ferner dafür ein, daß im Rahmen der Gemeinschaftsförderung vor allem die Zentralen Fachbibliotheken überproportional Fördermittel erhalten (z.B. hat sich der Etat der von Bund und

Ländern finanzierten Technischen Informationsbibliothek, Hannover, in der Zeit von 1980 bis 1983 mehr als verdoppelt, der Etat der Zentralbibliothek der Medizin in Köln ist immerhin um 57% gestiegen); dies geschieht, damit angesichts von Mittelkürzungen bei einzelnen Bibliotheken wenigstens an einer Stelle umfassende Buchbestände vorhanden sind. Und schließlich beabsichtigt das Bundesministerium für Bildung und Wissenschaft, die Projektförderung, die auch 1983 1 Million DM übersteigt, nach Möglichkeit im bisherigen Umfang fortzusetzen.

Dies alles kann sich sicherlich sehen lassen. Und ich möchte an dieser Stelle an die anderen Träger von Bibliotheken appellieren, bei der Setzung von Prioritäten ähnlich zu handeln wie der Bund und die Bibliotheken nicht deswegen, weil in aller Regel keine gesetzliche Verpflichtung zu ihrer Finanzierung besteht, unter den Sparmaßnahmen überproportional leiden zu lassen. Wir brauchen die wissenschaftlichen Bibliotheken für Forschung und Lehre; beiden kommt nach Auffassung der Bundesregierung hohe Priorität zu. Wir brauchen die Öffentlichen Bibliotheken und die sie unterstützenden, nach meiner Kenntnis vorzüglich arbeitenden Staatlichen Büchereistellen, um unseren Bürgern mehr von dem nahezubringen, was uns die Vergangenheit lehrt, was uns Schriftsteller und Dichter zu sagen haben und was zum Nachdenken, zum Lernen oder einfach zum sich Freuen anregt.

Bevor ich auf Zukunftsaufgaben und Zukunftsprobleme der Bibliotheken noch näher eingehe, ein abschließender Hinweis. Vor einigen Jahren hat Professor Clemens Geissler aus Hannover anläßlich einer Jahrestagung des Deutschen Bibliotheksverbandes darauf aufmerksam gemacht, daß die Gründung örtlicher Bibliotheksförderungsvereine den Bibliotheken gute Dienste leisten könnte. Auch wenn dies doch manchmal auf Skepsis gestoßen ist, frage ich mich, ob nicht mancher Bibliotheksdirektor heute froh wäre, wenn er eine schlagkräftige Truppe von Mitstreitern im Rücken hätte. Jede Einrichtung braucht nun einmal bestimmten Rückhalt in der Politik und bei den Bürgern.

Nun zum Hauptthema Ihres Kongresses:

Wie Sie wissen, möchte die neue Bundesregierung einige neue Akzente setzen, um dem sich ausbreitenden Pessimismus, der wachsenden Gleichgültigkeit zu steuern und dem Bürger dabei zu helfen, wieder mehr Sinn in seinem Leben und Handeln zu finden. Zu den Grundsätzen, denen wir zum Durchbruch verhelfen wollen, gehört die Stärkung von Eigeninitiative und Eigenverantwortung. Wir glauben, daß dem verbreiteten Gefühl der Ohnmacht gegenüber Verwaltungsapparaten und schwer durchschaubarer Technik gerade auch auf diesem Wege entgegengewirkt werden kann. „Wir wollen nicht mehr Staat, sondern weniger; wir wollen nicht weniger, sondern mehr persönliche Freiheit“, so hat Bundeskanzler Helmut Kohl es in seiner Regierungserklärung formuliert. Nicht das Verstecken hinter Kollektiven und Kollektiventscheidungen, nicht ein alles überspannendes Netz von Gesetzesbestimmungen und Verwaltungsvorschriften, nicht die staatliche Förderung und damit Lenkung nahezu aller Schritte sind somit das erstrebenswerte Ziel, sondern das Bewußtsein dafür zu stärken, daß es zu allererst Sache jedes einzelnen ist, für sein Fortkommen und sein Glück das Heft in die Hand zu nehmen. Gelangweilte junge Menschen scheinen uns zu wenig gefordert zu sein, unzufriedene, kritisierende Bürger haben vielleicht manchmal das rechte Augenmaß verloren, es fehlt ihnen die Fähigkeit zum Vergleichen und zum Erkennen des real Erreichbaren. Wer selbst mehr Verantwortung für sein Leben trägt, wird sich weniger leicht Utopien hingeben, wird nicht nur Forderungen gegenüber der Gemeinschaft stellen, sondern auch gegen sich selbst.

Wie aber lassen sich Eigeninitiative und Eigenverantwortung stärken? Ich glaube, daß das Buch dabei eine wichtige Funktion übernehmen kann, daß die Bibliothek ein wichtiger Vermittlungsort sein kann. Das Buch ist – gerade auch im Unterschied zu den Massenmedien – ein Medium, das die Aktivität des Lesenden herausfordert. Die Bibliothek ist eine Stätte des selbstgesteuerten, nicht-organisierten Lernens. Lesen vermittelt dabei nicht nur Kenntnisse, sondern fördert Einsichten, Kreativität und Urteilsfähigkeit. Es fordert zu Identifikation oder Nichtidentifikation mit den Gedanken und Meinungen des Autors heraus. Wer eine Bibliothek zu nutzen versteht, für den ist sie eine unerschöpfliche Quelle von Sinngebung und Informationen.

Und noch mehr. Wir hören heute allenthalben – vor allem bei jungen Menschen –, man habe Angst. Der Bericht der Enquête-Kommission des Deutschen Bundestages Jugendprotest im demokratischen Staat, der kürzlich vorgelegt wurde, bringt drängende Fragen junger Menschen und ihre Unsicherheit zum Ausdruck. Wir sind alle aufgefordert, einer „no future"-Mentalität dieser Generation entgegenzuwirken. Eine Gesellschaft versagt, die nicht in der Lage ist, ihren Kindern und Jugendlichen Hoffnung und Mut zur Gestaltung ihrer eigenen Zukunft zu geben. Notwendig ist ein neuer gesellschaftlicher Grundkonsens. Hierfür sind alle politischen und geistigen Kräfte zusammenzufassen. Die Vermittlung dessen, wie man schwierige Situationen meistern kann und welche Sorgen andere Gesellschaften drücken, ist mir eine wichtige Aufgabe des Bibliothekswesens. Helfen Sie deshalb auch durch Ihre Arbeit mit, daß Hoffnung und Mut Pessimismus und Resignation überwinden.

Ich habe bewußt zur Eröffnung dieses Kongresses das Schwergewicht meiner Ausführungen nicht auf bibliothekstechnische oder bibliotheksplanerische Fragen gelegt. Sie werden diese Dinge, wie der Tagungskalender zeigt, im Laufe der nächsten Tage noch eingehend behandeln. Mir schien es darauf anzukommen, daß auch einmal wieder etwas zum Sinn Ihrer Arbeit gesagt wird.

Kehren wir dennoch zurück zu den Hilfsmitteln und Strukturen. Sparmaßnahmen einerseits, Aufrechterhalten des bibliothekarischen Auftrags andererseits erfordern neue Überlegungen. Man darf Ihnen, den Bibliothekaren, bescheinigen, daß Sie im großen Kreis der von Etatkürzungen betroffenen Einrichtungen eine der wenigen Gruppen sind, die nicht nur Klagen und Proteste vorgebracht haben, sondern auch mit konkreten Vorschlägen zur Überwindung der schwierigen Situation reagierten. Sie haben zwar nachdrücklich auf die Folgen gerade der Kürzungen des Erwerbungsetats hingewiesen – die übrigens nach meinen Informationen keineswegs überall und in allen Sparten eingetreten sind –, Sie haben aber auch zu verstehen gegeben, daß Sie sich den Sparnotwendigkeiten nicht generell verschließen können, und haben Hinweise dafür gegeben, wie man die Auswirkungen durch Rationalisierungsmaßnahmen und durch Verbesserung der zentralen Dienste mildern kann. Diesen Weg sollten wir weiter verfolgen.

Glücklicherweise stehen den Bibliotheken gerade jetzt neue Techniken und neue Medien zur Verfügung, die es erlauben, auf die derzeitigen und künftigen Probleme flexibel zu reagieren. Zu nennen sind hier der Einsatz der Datenverarbeitung bei der Katalogisierung beim Nachweis der Bestände, bei der Durchführung von Bestellungen und bei der Information des Benutzers; sodann der Einsatz von Bildschirmtext mit der Möglichkeit, neue Benutzerschichten zu erreichen, den Zugriff auf bibliothekarische Datenbasen zu vereinfachen und diesen auch zu verbilligen. Sie werden sich mit diesen und anderen wichtigen Fragen im Verlauf des Kongresses intensiv befassen. Ich kann Ihnen aus der Sicht des Bundesministeriums für Bildung und Wissenschaft versichern, daß wir das Unsere dazu beitragen wollen, zum Teil auch schon beigetragen haben, um Ihnen bei diesen Entwicklungen behilflich zu sein. Wir sind für weitere Vorschläge offen und sehen hier alles andere als pessimistisch in die Zukunft.

Die Bundesregierung räumt den Bibliotheken und Ihrer Arbeit einen hohen Stellenwert ein. Die Bibliotheken sind für uns in vielfacher Hinsicht von großer Bedeutung:

– Sie sammeln, pflegen und präsentieren einen wichtigen Anteil unseres Kulturgutes – das ist ihre traditionelle Funktion
– sie sind Stätten des Lernens oder Informierens für eine Gesellschaft, die immer stärker auf das Lernen und Weiterlernen angewiesen ist
– sie erfüllen eine unersetzliche Funktion bei der Unterstützung der Forschung, ein Bereich, von dem der Fortbestand unserer Gesellschaft existentiell abhängig ist.

Sie werden im Verlauf des Kongresses an der besseren Wahrnehmung aller dieser Aufgaben arbeiten. Dafür wünsche ich Ihnen viel Erfolg.

ROLF MICHAELIS

Bücher müssen brennen

Die Deutschen als Leser, Büchersammler und Buchbarbaren

Bibliothekare, die sich zu einem Kongreß in Hannover versammeln, sind in dieser Stadt zu Gast auch bei einem der größten ihres Berufes – bei Gottfried Wilhelm Leibniz. Herzog Johann Friedrich holte den damals dreißigjährigen Universal-Gelehrten im Jahr 1676 als Hofrat und Bibliothekar nach Herrenhausen. Als Johann Friedrichs Bruder und Nachfolger, Ernst August, 1692 Kurfürst von Hannover wurde, durfte sich Leibniz, der seit 1690 nebenamtlich auch Bibliothekar an der Herzoglichen Bibliothek in Wolfenbüttel war, kurfürstlicher Hofbibliothecarius nennen. Als solcher zieht er 1699 mit seinen Bücherschätzen, an die er nur ungern jemanden heranläßt, nach Hannover, wo er sich während der vierzig Dienstjahre, die zugleich seine vierzig letzten Lebensjahre sind, kreuzunglücklich fühlt. So klagt er 1695 in einem Brief an Thomas Burnet:

„Was mich am meisten behindert, ist, daß ich nicht in einer großen Stadt wie Paris oder London lebe, die eine Überfülle von hervorragenden Gelehrten beherbergen, von deren Wissen und Können man profitieren und von denen man sich gelegentlich auch helfen lassen kann; denn die meisten Dinge können nicht von einem einzelnen ausgeführt werden. Hier findet man kaum jemanden, mit dem man darüber sprechen kann. Ein Leben am Hofe und gelehrte Gespräche schließen im Grunde genommen einander aus, und wenn es nicht die Kurfürstin Sophie gäbe, würde noch weniger davon die Rede sein.“[1]

Haben die Hannoveraner diesen gelehrten Stubenhocker gekannt, gar geliebt, der sich selber so sieht, in einem Selbstporträt, das er in der 3. Person verfaßt hat, als er 1676 in den Dienst des Welfenhauses tritt?

„Er ist hagerer mittelmäßiger Statur, hat ein blasses Gesicht, sehr oft kalte Hände, Füße, die wie die Finger seiner Hände nach Verhältniß der übrigen Theile seines Körpers zu lang und zu dünn sind... Er hatte von Kindheit an kein scharfes Gesicht, seine Stimme ist schwach und mehr fein und hell als stark, auch ist sie biegsam, aber nicht mannigfaltig genug, denn die Kehlbuchstaben und das K. sind ihm schwer auszusprechen... Sein nächtlicher Schlaf ist ununterbrochen, weil er spät zu Bette geht und das Nachtsitzen dem Arbeiten

[1] Hannoversches Lesebuch. Hrsg. von Henning Rischbieter. Velbert 1978. Bd. 1. S. 26.

am frühen Morgen bei weitem vorzieht... Schon seit seinem Knaben-Alter führte er eine sitzende Lebensart und machte sich wenig Bewegung... Sein Hang zur Gesellschaft ist schwächer als derjenige, welcher ihn zum einsamen Nachdenken und zur Lectüre treibt... Das Lachen verändert häufiger seine Mine, als es seine innern Theile erschüttert."[2]

Als der Schulmeister, Idyllen-Dichter und Homer-Übersetzer Johann Heinrich Voß, ein Jahrhundert später das Grab des 1716 gestorbenen Philosophen im Amt des Bibliothekars in Hannover sucht, macht er eine betrübliche Erfahrung, die er in folgende Verse bringt:

„Wo von den Seinigen verkannt
Leibniz, wie Kestner rühmt, sein Wort in Ehren fand,
in jener weisen Stadt des feineren Cheruskers
ging einst ein Fremdling um, mit gläubigem Vertraun,
Leibnizens Denkmal wo zu schaun.
Dem, für die Nachwelt, Kunst des Griechen oder Tuskers
den Dank der Mitwelt eingehaun.
Vergebens fragt er die Minister
und alle Räth und alle Priester;
sie sahn ihn an und schwiegen düster.
Selbst das lebendige Register
der Seltenheiten, selbst der Küster,
sprach: Was weiß ich von dem ungläubigen Philister?
Zuletzt erscheint der Mann, der seines Lehrers Sarg
einsam um Mitternacht begleitet, –
ein alter Jude wars – und leitet
ihn zu der öden Gruft, die dich, o Leibniz, barg! –"[3]

Leibniz, von dem Joris Vorstius und Siegfried Joost in ihren „Grundzügen der Bibliotheksgeschichte"[4] rühmen, er habe „das Wesen der Bibliothek so tief erfaßt wie keiner vor ihm", weil er folgende Forderungen an eine Bibliothek gestellt habe: sie soll „eine Schatzkammer des menschlichen Geistes sein, alle originalen Gedanken, die je schriftlich fixiert wurden, enthalten. Auf die Zahl der Bände, ihren äußeren Umfang oder ihren Seltensheitswert kommt es dagegen nicht an. Notwendig ist ein fester, jährlicher Etat, aus dem alle wissenschaftlich wertvollen Neuerscheinungen in ‚proportionierlicher Kontinuation' angeschafft werden müssen. Oberste Pflicht der Bibliotheken ist die

[2] Hannoversches Lesebuch, S. 27.
[3] Hannoversches Lesebuch, S. 89.
[4] Joris Vorstius und Siegfried Joost: Grundzüge der Bibliotheksgeschichte. Wiesbaden 1977. S. 47.

Zugänglichmachung ihrer Schätze durch sorgfältige Kataloge nach Verfassern, nach Erscheinungsjahren und in systematischer Form (auch Schlagwort-Indices seien von Nutzen); sodann durch möglichst ausgedehnte Öffnungszeiten, Heizung und Beleuchtung und liberale Ausleihe. Damit ist die moderne wissenschaftliche Gebrauchsbibliothek, wie sie erst im 19. Jahrhundert in die Praxis umgesetzt wurde, theoretisch vollständig vorgebildet."[5]

Leibniz hat zum Amt des Bibliothekars, das er in der Theorie so gründlich expliziert, ein – sagen wir mal: eher laxes Verhältnis. Das bezeugt der Bericht eines weltmännischen Bücher-Narren, der den Bücherwurm an der Leine um 1700 besucht hat. Der Frankfurter Polyhistor, Ratsherr und Bürgermeister Zacharias Conrad von Uffenbach überlebt im Gedächtnis zumindest der Bibliothekare, weil er eine in ganz Europa berühmte Bücher-Sammlung von mehr als 40000 Titeln angelegt hat, vor allem aus dem Gebiet der Geisteswissenschaften. Uffenbachs Kollektion von rund 35000 Gelehrtenbriefen des 16. und 17. Jahrhunderts wurde von seinen Erben 1735 an den Hamburger Hauptpastor an St. Katharinen und Orientalisten Johann Christoph Wolff verkauft und ist noch heute – in zweihundert Bänden – als *Supellex epistolica* der Uffenbach-Wolffschen Briefsammlung) ein Schatz der Hamburger Staatsbibliothek. Zacharias Conrad von Uffenbach kam auf einer seiner Reisen mit seinem jüngeren Bruder Johann Friedrich Armand um 1700 nach Hannover. In seinen „Merkwürdigen Reisen durch Niedersachsen, Holland und Engelland", ein Jahr nach seinem Tod in Ulm und Memmingen 1735 erschienen, nimmt Uffenbach den Leser mit in die hannöversche Bibliothek:

„Nachmittags liessen wir billig unser erstes seyn, bey dem Weltberühmten und Grundgelehrten Herrn geheimden Rath von Leibnitz uns zu melden, der uns auch sogleich erlaubte, zu ihm zu kommen. Ob er wohl über sechzig Jahre alt ist, und mit seinen Pelz-Strümpfen und Nachtrock mit Pelz befüttert, wie auch mit seinen grossen Socken von grauem Filze, an statt der Pantoffeln, und einer sonderbaren langen Perücke ein wunderliches Aussehen hat, so ist er dannoch ein sehr leutseliger Mann: wie er uns dann mit der größten Höflichkeit empfienge, und von allerhand politischen und andern gelehrten Dingen uns unterhielte...

Ich suchte mit Fleiß, dergleichen Discurse abzubrechen, und ihn zu bitten, uns so wohl seine eigene, als die Churfürstliche Bibliothek zu zeigen, wornach ich die gröste Begierde hatte. Allein es geschahe, wie uns war vorher gesagt worden, daß er beydes bey jedermann abzulehnen gewohnt seye. Dann was die Churfürstliche anbelangt, sagte er, es seye eine Bibliotheque de Cabinet, und nichts als neue historische Bücher darinne, sie seye auch noch in solcher Unordnung,

[5] Vorstius – Joost, a. a. O. S. 47.

daß er keinen Menschen hinein führen könnte. Man hat mich aber versichert, daß sie gar zahlreich und beträchtlich seye, und es wäre nur des Herrn von Leibnitz eigenes Wesen Schuld daran, indem er so gar alleine darinnen wurmen wollte, daß auch der Churfürst selbst sie nicht einmal könnte zu sehen bekommen, sondern der Herr geheimde Rath pflege es mit dem Vorwande, daß sie noch nicht in Ordnung seye, jederzeit abzulehnen. Was seine eigene Bibliotheck betrift, so brauchte er eben dergleichen Entschuldigung von der Unordnung, und fügte bey, es seye mit einander nichts besonders, wenn er etliche Codices, so er uns holen und zeigen wollte, ausnehme[6]."

Wozu diese Erinnerung an den vielleicht nicht beschaulichen, aber doch wunderlichen Alltag eines Bibliothekars vor dreihundert Jahren? Weil dieser hochgebildete Bibliothekar, der sich selber gern als einzigen Leihgeber, einzigen Ausleiher, einzigen Leser in seinem riesigen kurfürstlichen Büchersaal sah, ein prophetisches Wort gesagt hat, das nach dreimal hundert Jahren seine Berechtigung in unseren Tagen zu verlieren scheint. Der kurfürstliche Bücherwart, dem es schon um die Wende vom 17. zum 18. Jahrhundert nicht mehr gelang, trotz seiner klug ausgetüftelten Ordnung in Register und Kataloge, die Neuerscheinungen und Neuerwerbungen zu wissenschaftlichem Gebrauch in Reih und Glied zu stellen, hat uns den gern wiederholten Seufzer hinterlassen: „Die Bibliotheken werden endlich Städte werden." Wenn man sich umschaut, wo gerade nur in der Bundesrepublik Deutschland Bibliotheken geplant, gebaut, eingeweiht, eröffnet oder zu vergrößernder Renovierung geschlossen werden, möchte man Herrn Professor Leibniz noch immer recht geben.

Da läuft aber, zum Tag des Buches, im Westdeutschen Fernsehen am 12. Mai ein Film von Heinrich Breloer, genannt „Die Buchmaschine". In diesem Film tritt freundlich lächelnd ein Kollege des Naturwissenschaftlers Leibniz auf, der Astrophysiker Reinhard Breuer, und zerstreut alle Ängste vor einem Babylon der Bücher auf der grünen Wiese – und zerstört aber auch allen in Jahrtausenden gewachsenen Glauben an eine Kultur des Buches. Reinhard Breuer streckt eine Hand der Kamera entgegen, krümmt die Hand zu einer kleinen Schale und sagt: „Schon in wenigen Jahren wird eine ganze Bibliothek in diese hohle Hand passen."

Mich auf den Besuch bei Ihrem Kongreß und auf diese Rede vorbereitend, bin ich doch erschrocken. Sollte „die größte bibliothekarische Veranstaltung der Bundesrepublik", sollte der alle fünf Jahre zusammentretende Deutsche Bibliothekskongreß, an dem sich alle sechs in der Deutschen Bibliothekskonferenz vereinten Fach- und Berufs-Verbände beteiligen, zum Kehraus für einen ganzen Berufsstand werden? Wäre es da nicht besser, in Hamburg zu bleiben, in eine

[6] Hannoversches Lesebuch, S. 55.

Bibliothek zu eilen und sich auf die altmodische Art, also mit einem Buch in der Hand, nicht den grünflimmernden Bildschirm vor tränenden Augen, noch einmal voll und satt zu lesen? Und hatte nicht auch der Präsident der Deutschen Bibliothekskonferenz, Johannes Schultheis aus Bochum, in einem Interview zu verstehen gegeben, daß es auf eine der Hauptfragen der Tagung, nämlich die Frage nach dem Bibliotheksplan 1973, zehn Jahre später nur traurige Antworten zu sammeln geben werde? Johannes Schultheis hat am 22. April 1983[7] erklärt: „Als Folge der Rezession und der schrumpfenden öffentlichen Etats wird in Hannover eine ganz erschreckende Bilanz gezogen; die negative Entwicklung hat die damaligen Planungen ad absurdum geführt. 1973 waren im Bibliotheksplan mindestens zwei Bücher pro Einwohner als Minimum gefordert worden. Von diesem Ziel ist man 1983 in vielen Städten und Gemeinden weiter denn je entfernt."

Wie sieht da die Zukunft des Bibliothekswesens aus? Wird es so kommen, wie es in dem Fernseh-Film der Astrophysiker Breuer, durchaus idyllisch, ausmalt? Mit dem Blick auf die zehn Millionen Mark teure „Buchkomplettierungsanlage" des Bertelsmann Verlages, die in Berlin schon 25 Millionen Taschenbücher jährlich drucken, binden und in transportgerechte Paket-Stapel einschweißen kann; mit dem Blick auf eine ähnliche Anlage für Leinen-Bände, die der Bertelsmann Verlag im Juni, also in wenigen Tagen, in Gütersloh einschalten will, schon um seinen Umsatz von 1982, sechs Milliarden Mark, zu sichern, kommt auch unser Astrophysiker ins Träumen. Zwar räumt er ein:
„In dem Augenblick, wo es am leichtesten ist, Bücher zu machen, wo deshalb auch am meisten Bücher hergestellt werden, in dem Augenblick geht diese Kultur des Buches zugrunde, aber er sagt dies voraus: Bücher werden, da bin ich ziemlich sicher, überhaupt gedrucktes Papier wird nicht mehr die dominante Rolle als Textüberträger spielen. Auch im Konsum von Texten nicht – also, beim Vorgang des Lesens... Man wird zum Beispiel einen Taschenbildschirm haben, den man sich am Gürtel befestigt wie einen kleinen Walkman. Und dieser Taschenbildschirm entspricht nicht nur einem Buch, sondern einer ganzen Bibliothek. Ich werde mich also auf meine Parkbank in der Abendsonne hinsetzen können... und wähle einfach aus 20000 Büchern, die ich per Modul vorher hineingesteckt habe, und fange an, die Seiten zu lesen, die auf dem Bildschirm abrufbar erscheinen."

Horror-Vision oder realistische Prognose für Leser der neunziger Jahre? Immerhin endet auch im Börsenblatt für den Deutschen Buchhandel der Bericht über die Veranstaltung „Lesen und Fernsehen in der Mediengesellschaft" während der Buchhändlertage Ende April in Mainz mit der als „leicht melan-

[7] Buchreport. 22. April 1983, Nr. 16, S. 29.

cholisch" gekennzeichneten Feststellung: „Der langsame Abbau der Lesefreundlichkeit läßt sich einfach nicht leugnen."[8]

In Heinrich Breloers Film über die Abschaffung der Bücher, die beschleunigt wird durch gigantische Papierverarbeitungsmaschinen, die in der Stunde 10000 Bücher drucken und in Klarsicht-Folie verpackt ausspucken und auf den schönen Namen Buchkomplettierungsanlage hören –: In Heinrich Breloers Film kommt, neben besorgten Handwerkern des Druckgewerbes und zukunftsfrohen Managern, am Ende auch ein Schriftsteller zu Wort, der Lyriker, Essayist und Kulturkritiker Hans Magnus Enzensberger. Zum kopfschüttelnden Entsetzen der modernen Bücher-Freunde, die in Entzückung geraten nicht mehr über den sogenannten Inhalt eines Buches, sondern über die produktionstechnisch reibungslose und immer schnellere Fertigung des Produktes Buch in immer größerer Stückzahl, erklärt Enzensberger:

„Am besten wäre ein leeres Buch. Die Autoren stören sowieso nur. All diese Gedanken und alles, was da drinsteht... Ich meine, für den Umsatz, für den Buchhalter, für den Konzernmanager und für den Technokraten ist das, warum Bücher da sind, unverständlich. Also, wenn es möglich wäre, Bücher ohne Text zu verkaufen, würden sie das natürlich lieber heute als morgen tun."

Und dann springt Hans Magnus Enzensberger mit einem für diesen Leichtfuß gewichtiger Zeit- und Gesellschaftskritik charakteristischen Salto vom festen Boden pessimistischer Zivilisationskritik in die luftigen Gefilde eines listigen Optimismus, wenn er sagt:

„Man kann nicht zu irgendeinem dieser Leute hingehen und sagen, warum wirfst du dich der Lokomotive nicht entgegen? Das kann er nicht. Ich glaube, man muß den Zug abfahren lassen und sich dann, wenn er vorbeigefahren ist, im historischen Rücken dieser Erscheinungen einrichten. Und da glaube ich schon an die menschliche Zähigkeit, zu überleben. Wir werden den Fortschritt überleben... Denn das Buch ist ein Medium, das unübertroffen ist. Es schweigt, es wartet, es belästigt nicht, es ist sehr ökonomisch. Ich bin nicht gezwungen, den ganzen Äther zu benutzen... Ich brauche keinen Recorder, ich brauche gar nichts – nur dieses Ding. Es wartet still in seiner Ecke, bis ich es benutze. Es ist tausendfältig. Es ist so vielfach wie das Leben."

Das Buch schweigt, es wartet, es belästigt nicht, sagt Enzensberger. Ja, es schweigt, auch wenn man es verbrennt – um danach nur inständiger darauf zu warten, daß es zu einem Leser sprechen kann. Er war auch Bibliothekar, der Schriftsteller, der als einer der berühmtesten Nachfolger des Bibliothekars Leibniz im Bergwerk der Bücher in Wolfenbüttel nach Gold grub und über das Thema Bücherverbrennung, das so alt ist wie das des Bücherschreibens, folgendes schrieb – Gotthold Ephraim Lessing:

[8] Börsenblatt. 26. April 1983, Nr. 33, S. 1097.

„Hoffentlich bin ich der Meinung nicht allein, daß es auf alle Weise erlaubt ist, ein von Obrigkeitswegen, auch aus den triftigsten Gründen, verbranntes Buch wieder herzustellen. Denn ein solches Verbrennen hat die Absicht nicht, das Buch gänzlich zu vernichten; es soll diese Absicht nicht haben; es kann sie nicht haben. Es soll und kann allein ein öffentlicher Beweis der obrigkeitlichen Mißbilligung, eine Art von Strafe gegen den Urheber sein. Was einmal gedruckt ist, gehört der ganzen Welt auf ewige Zeiten. Niemand hat das Recht, es zu vertilgen. Wenn er es tut, beleidigt er die Welt unendlich mehr, als sie der Verfasser des vertilgten Buches, von welcher Art es auch immer sei, kann beleidigt haben. Er stürzet sie vorsätzlich in Ungewißheit und Zweifel; er beraubt sie des einzigen Mittels, selbst zu sehen, selbst zu urteilen; er verlangt, auf eine eben so vermessene als lächerliche Art, daß sie ihm blindlings glauben, ihn blindlings für einen ebenso ehrlichen als einsichtsvollen Mann halten soll."[9]

Für jemanden, der geboren wurde, als Hitler und seine Schläger die Macht – wie es unser beschönigender Sprachgebrauch nennt – schon „ergriffen" hatten, ist die „Bücherverbrennung" ein durchaus historischer Vorgang und als solcher von einer seltsamen, ja faszinierenden Ambivalenz. In das Erschrecken vor der Barbarei, hinter der man rasch – und viele Deutsche haben es damals so gesehen – weit schlimmere Brände ahnen konnte, mischt sich ein Staunen über so viel Angst vor dem geschriebenen und gedruckten Wort – Angst, die ja auch eine Form des Respektes, ja der Hochachtung sein kann.

Ich habe das so empfunden, als ich zum erstenmal mit der Tatsache vertraut gemacht wurde, daß man Bücher nicht nur kaufen, lesen, sammeln, sondern auch verbrennen kann. Und mein erster Bücherverbrenner war selber ein berühmter Bücherschreiber und hieß – Johann Wolfgang von Goethe. Jedenfalls berichtet Ernst Wilhelm Weber in seinen 1865 in Weimar erschienenen Beiträgen „Zur Geschichte des Weimarischen Theaters" glaubhaft die folgende Szene, die zu dem – heftiger Empfindungen fähigen – Menschen Goethe sehr wohl, nicht aber zu dem Ideal vom Weimarer Klassiker passen will, das noch immer manche Köpfe besetzt hält:

„Als Goethe das Kleistsche ‚Käthchen von Heilbronn', was ihm sein treuer Sekretär Kräuter (gemeint ist wohl: Riemer) zubrachte, da es in Weimar viele entzückte, unter andern Falk und Schulze, und viele es auf der Bühne zu sehen wünschten, gelesen hatte, sagte er: ‚Ein wunderbares Gemisch von Sinn und Unsinn! Die verfluchte Unnatur!' und warf es in das lodernde Feuer des Ofens mit den Worten: ‚Das führe ich nicht auf, wenn es auch halb Weimar verlangt.'"

Weil Tragödien – und natürlich ist die Verkennung des einen Genies deutscher Dichtung durch das andere eines der traurigsten Kapitel unserer – nicht

[9] Zitiert nach: Das Vorspiel. Die Bücherverbrennung am 10. Mai 1933. Hrsg. von Thomas Friedrich. Berlin: Verlag LitPol 1983. S. 5.

nur – literarischen Geschichte in klassischer Zeit – : Weil also Tragödien ihr Satyrspiel haben, schließt Webers Bericht mit einem durchaus haushälterischen Satz, der jedem Bibliothekar Ehre gemacht hätte: „Riemer war erschrocken, weil er das Exemplar geborgt hatte.“[10] An der häuslichen Szene, die doch auch öffentlichen Charakter hat und die Goethes Biographen gern übergehen, ist mehreres erwähnenswert. Hat nicht Kleist selber Werke, die er für mißlungen hielt, hat er nicht selber sein „Guiskard“-Drama den Flammen übergeben? Glühen in seinen Werken nicht die Feuer-Bilder oder schlagen, im „Käthchen“, als echte Flammen aus einer mittelalterlichen Burg? Und ist in den letzten Briefen, auch in denen der Freunde nach seinem gewaltsamen Tod, nicht immer wieder vom Verbrennen von Dokumenten und Briefschaften die Rede? Und andererseits: wie stark muß das „Gemisch von Sinn und Unsinn“ den Theaterintendanten im Rang eines Ministers erregt haben, daß er das Buch nicht gelangweilt dem Überbringer zurückgab oder voll Hohn auf den Tisch warf – nein, ein ihm gar nicht gehörendes Buch in die Flammen schleuderte. Die Betroffenheit durch das Buch des jungen Kollegen drückt sich gerade im Willen aus, das Werk nicht nur, wie zuvor Kleists „Zerbrochnen Krug“ in Grund und Boden zu inszenieren, sondern physisch zu vernichten, es zu Asche zu machen. Der Akt der Barbarei ist zugleich eine Geste der literarischen Wertschätzung, die sich in der unter zivilisierten Menschen üblichen Form nicht auszusprechen wagt.

Die gleiche Doppelwertigkeit bestimmt – zu Recht – das Urteil über die „Bücherverbrennung“, was nicht heißt, daß es für diesen Akt von Vandalismus irgendeine Entschuldigung gäbe oder auch nur eine Sekunde des Zögerns beim Protest gegen jede Art der Unterdrückung geistiger Freiheit. In nichts ist die von den Nazis organisierte Verbrennung von Büchern, die im besten Sinn aufklärerischen Geistes waren, zu vergleichen mit den beiden historischen Ereignissen, die in Deutschland die Erinnerung an brennende Schriften wachgehalten haben. Als Luther im Dezember 1520 bei der Heiligkreuzkapelle vor dem Elstertor in Wittenberg, wo sich damals der Schindanger befand, einen Druck der päpstlichen Bann-Androhungs-Bulle ins Feuer warf, zitternd und betend, wie er später gestand, war das eine Geste des Widerstands und der Revolte gegen die Unterdrückung neuer wissenschaftlicher Erkenntnisse. Als er am Tag nach der Verbrennung, bei der auch andere theologische Schriften, einige Exemplare des Kanonischen Rechts und ein Beichthandbuch dem Feuergericht überantwortet worden waren, in seiner Vorlesung auf das Schauspiel einging, nannte er die Verbrennung „etwas Geringes“, denn eigentlich wäre der päpstliche Stuhl

[10] Heinrich von Kleists Lebensspuren. Hrsg. von Helmut Sembdner. 2. Aufl. Bremen 1964. S. 343.

zu verbrennen, als Sinnbild eines als falsch, als korrupt erkannten kirchlichen Rechtssystems.[11]

Und so bedenklich es stimmt, deutsche Studenten am 18. Oktober 1817, zur dreihundertsten Wiederkehr des Reformationsfestes, auf den Wartenberg ziehen zu sehen, wo sie etwa 30 Bücher und Zeitschriften verbrennen –: sie durften sich als revolutionäre Demokraten fühlen. Sie verbrannten auch einen „preußischen Ulanenschnürleib, einen Haarzopf, der als Symbol des Absolutismus galt, und einen österreichischen Korporalstock". Damit wandten sich, wie Gerhard Sauder[12] schreibt, „die jungen Leute, die als Freiwillige an den Feldzügen von 1813/1815 teilgenommen hatten, gegen Drill und Zwang der stehenden Söldner-Heere". Und in einer „Verteidigungsschrift", die immerhin nötig war, erklärte Hans Ferdinand Maßmann, der mit einigen Studenten, ohne Benachrichtigung des „Festausschusses", das Autodafé vorbereitet hatte, ausdrücklich:

„Wir wollten verbrennen und haben verbrannt... die Grundsätze und Irrlehren der Zwingherrschaft, Knechtschaft, Unfreiheit und Ungerechtigkeit... Geheimkrämerei..., des Kastengeistes und der Drillerei (Leibes und der Seele)..."

Sind sie damit nicht benannt, die Teufel, die aus den am 10. Mai vor fünfzig Jahren entzündeten Flammen über Deutschland gekommen sind: Knechtschaft, Unfreiheit, Ungerechtigkeit?

So haben beide recht, der später in einem sowjetischen Lager umgekommene Schriftsteller Ernst Ottwalt, wenn er vom 10. Mai 1933 als einem „Tag der Schmach und der Schändung" spricht[13], und der Lyriker Alfred Wolfenstein, der sich, von ständiger Flucht durch Frankreich erschöpft, wenige Tage vor der Befreiung, am 22. Januar 1945 in Paris das Leben nahm, wenn er sechs Jahre nach der „Bücherverbrennung", ein paar Wochen vor dem Überfall der Nazi-Armee auf Polen, in der „Pariser Tageszeitung" den 10. Mai zum Ehrentag für das Buch ausruft:

„An diesem Tage hat ein Propagandaministerium zu Berlin dem Buch eine ewige Lichtreklame geschaffen... Die Verbrennung war nur ein symbolischer Akt – aber gerade in dieser Eigenschaft schlägt sie so deutlich nach der entgegengesetzten Seite aus. Sie offenbart mit Symbolkraft die Bedrohlichkeit des Buches für Gewalttäter.[14]"

[11] Die Bücherverbrennung. Hrsg. von Gerhard Sauder. München 1983. S. 13.
[12] Die Bücherverbrennung, S. 18.
[13] Dort wo man Bücher verbrennt. Hrsg. von Klaus Schöffling. Frankfurt 1983. S. 98.
[14] In jenen Tagen. Schriftsteller zwischen Reichstagsbrand und Bücherverbrennung. Leipzig 1983. S. 513f.

Aus solchen Worten klingt ein Echo jener Einsicht, die achtzehneinhalb Jahrhunderte früher der römische Geschichtsschreiber Tacitus wohl am einprägsamsten formuliert hat. Nach der Schreckensherrschaft des Kaisers Domitian schreibt Cornelius Tacitus in den Annalen über das auf Senatsbeschluß verbrannte Geschichtswerk des Politikers Cremutius Cordus, der sich danach umbrachte, indem er jede Nahrung verweigerte:

„Man hat nicht nur gegen die Autoren, sondern auch gegen ihre Bücher gewütet, indem man besondere Kommissare beauftragte, die Geisteserzeugnisse der bedeutendsten Köpfe auf offnem Markte zu verbrennen. Natürlich meinte man in diesem Feuer die Stimme des Volkes, der Freiheit und das Gewissen töten zu können. Man hatte ja obendrein die großen Philosophen ausgewiesen und alle echte Kunst und Wissenschaft ins Exil getrieben, damit nirgends mehr etwas Edles und Ehrliches anklagend auftrete... Während in fünfzehn Jahren... gerade die geistig Lebendigsten durch das Wüten des Führers umkamen, sind nun wir wenigen... nicht nur die Überlebenden von anderen, sondern auch von uns selber, weil ja mitten aus unserem Leben so viele Jahre gestohlen wurden, in denen wir aus jungen zu alten Männern geworden sind, ... indessen wir zur Stummheit verurteilt waren.[15] Und von einem anderen Werk, der Schmähschrift des Aulus Didius Gallus Fabricius Veiento, berichtete Tacitus, das Werk sei nur solange gesucht und gelesen worden, wie es unter Gefahren erworben wurde; später habe die Aufhebung der Zensur es in Vergessenheit geraten lassen[16]."

Können wir, können Politiker aus der Geschichte der Verfolgung von Literatur, von Kunst etwas lernen? Wenn die Sache nicht so beschämend kleinkariert wäre, könnten wir dem Schriftsteller und Filmemacher Herbert Achternbusch gratulieren, daß sein jüngster Film, „Das Gespenst", von der Jury der evangelischen Filmarbeit ausgezeichnet als „Film des Monats", dem bekannten Filmkenner Friedrich Zimmermann so mißfallen hat, daß er, der als Innenminister der Bundesrepublik Deutschland über die Auszahlung von Drehbuchprämien entscheiden darf, die letzte Rate von 75000 Mark nicht auszahlen will – und damit dem Ansehen des deutschen Films und der deutschen Kultur im In- und Ausland sicher keinen Dienst erweist, also von der Bundesrepublik keinen Schaden wendet, was er immerhin bei der Vereidigung beschworen hat. Die Verfolgung von Kunst, die in unserem Grundgesetz ausdrücklich als „frei" erklärt wird, hat zu keiner Zeit und mit keiner Begründung ihren Zweck erreicht, im Gegenteil: Wolfgang Speyer schreibt in seiner – leider – auch für unsere Tage noch aktuellen Untersuchung über „Büchervernichtung und

[15] In jenen Tagen, S. 527.

[16] Wolfgang Speyer: Büchervernichtung und Zensur des Geistes bei Heiden, Juden und Christen. Stuttgart 1981. S. 68.

Zensur des Geistes bei Heiden, Juden und Christen", schon im Jahre 96 nach Christi Geburt habe der Geschichtsschreiber Tacitus „auf die stets neu zu belegende Tatsache hingewiesen, daß eine zensurierte Schrift ein größeres Lesepublikum gerade anzieht und so der Zweck des Leseverbots vereitelt wird".[17]

Und das Jahrbuch für Antike und Christentum, dem Innenminister der Christenunion zur Lektüre empfohlen, gibt in seinem 13. Jahrgang (Münster, 1971) im Artikel über *Büchervernichtung*, den alten Tacitus referierend, dazu den treffenden Kommentar: „Ruhm und Ansehen des verurteilten Schriftstellers" steigen „bei der Nachwelt, die Schande" bleibt „auf der Seite des Verurteilenden."[18]

Für die vor fünfzig Jahren verbrannten Bücher gilt, was zwei von den Nazis verfolgte Schriftsteller geschrieben haben. Ludwig Renn kann am neunten Jahrestag der Bücherverbrennung feststellen:

„Hitler bewirkt mit seinen Verfolgungen nur, daß die Deutschen sehr aufmerksam ihre Klassiker lesen, vor allem deren Rufe nach Freiheit. Wozu also die Verbrennung? Ein verbranntes Buch gleicht dem Phönix, der, verbrannt, verjüngt aufersteht."[19]

Und Bodo Uhse schreibt schon wenige Monate nach dem, was Arnold Zweig vier Tage nach dem Autodafé „die Hexenverbrennung der Bücher" nennt[20]:

„Niemals haben die Flammen der Scheiterhaufen Licht um sich verbreitet... Verliebt in das Spiel mit dem Feuer, vergaßen die Herren, daß auch die Symbolik der Dialektik der Dinge unterworfen ist. Es war ihnen nicht bewußt, was eine Liste der in der Welt verbrannten Bücher, die zu vervollständigen sie sich vermaßen, darstellt. Es ist eine Ehrenliste der Menschheit... Wer nicht eine Weltanschauung, sondern nur einen Gummiknüppel hat, geht den Ideen gern aus dem Wege. Wer immer lügt, ist besessen von Angst vor der Wahrheit. Wer befiehlt, will Gehorsam und nicht Überzeugung... Vor Jahrhunderten konnte man wirklich verbrennen. Die Technik war unvollkommen, die Auflagen klein, die Zahl der Leser gering... Man konnte Bücher auf Jahre und Jahrzehnte hinaus aus der menschlichen Geistesgeschichte ausstreichen. Die Entwicklung der Buchdrucktechnik, die ungeheure Ausbreitung der Kenntnis des Lesens haben Auflagen von Hunderttausenden von Exemplaren geschaffen. Die paar hundert Scheiterhaufen im Reich vernichteten nur einen geringen Teil der Auflagen. Die Bücher sind noch da... Sie werden in Heimlichkeit gelesen. Ihre Worte wirken. Die Geste der Verbrennung war eine Geste der Ohnmacht."

[17] Speyer, a. a. O. S. 68.
[18] Speyer, a. a. O. S. 134.
[19] Dort wo man Bücher verbrennt, S. 132.
[20] In jenen Tagen, S. 288.
[21] In jenen Tagen, S. 505.

Es überrascht, daß die Geste der Ohnmacht viel zu wenig bedacht wird, wenn von der Verbrennung von Büchern die Rede ist. In dieser Stunde, vor Leuten, die – wenn sie von Büchern reden, Bücher in die Hand nehmen, um sie zu lesen, zu katalogisieren, aus dem Regal zu holen oder ins Magazin zu stellen – immer auch an das Papier denken, ja die Qualität des Papiers beurteilen können, darf einen Augenblick auch von der für alle Feuerwerker des Buches leidigen Tatsache gesprochen werden, daß bedrucktes Papier, gefalzt, gebunden, von Heizungstechnikern als wenig geeignetes Brennmaterial eingestuft werden müßte. Um es banal zu sagen: Bücher wollen nicht brennen.

Es waren wohl weniger Gründe, die verbrannten Bücher auch noch verächtlich zu machen, sondern ganz praktische, nämlich: die in den Flammen schmorenden Schwarten, wie einen Braten, zu wenden, die es den Studenten beim Wartburgfest 1817 geraten sein ließen, mit einer Heugabel[22] zum Scheiterhaufen zu ziehen. Goethe, der keine Scheu hatte, Kleists Schauspiel „Käthchen von Heilbronn", das im Nebentitel „oder Die Feuerprobe" heißt, ins Feuer zu werfen, hatte als Vierzehnjähriger Gelegenheit, eine der damals in Deutschland durchaus üblichen „Bücherverbrennungen" auf dem Platz vor dem Römer mitzuerleben, woran er sich im 4. Buch von „Dichtung und Wahrheit" so erinnert:

„Verbrannt wurde ein komischer Roman aus Frankreich, der zwar den Staat, aber nicht Religion und Sitten schonte. Es hatte wirklich etwas Fürchterliches, eine Strafe an einem leblosen Wesen ausgeübt zu sehen. Die Ballen platzten im Feuer, und wurden durch Ofengabeln aus einander geschürt und mit den Flammen mehr in Berührung gebracht. Es dauerte nicht lange, so flogen die angebrannten Blätter in der Luft herum, und die Menge haschte begierig danach. Auch ruhten wir nicht, bis wir ein Exemplar auftrieben, und es waren nicht wenige, die sich das verbotne Vergnügen gleichfalls zu verschaffen wußten. Ja, wenn es dem Autor um Publizität zu tun war, so hätte er selbst nicht besser dafür sorgen können."

In der Ausstellung der Berliner Akademie der Künste zur Bücherverbrennung 1933, „Das war ein Vorspiel nur...", ist ein angesengtes, halb verbranntes Exemplar von Arthur Schnitzlers Novelle „Casanovas Heimfahrt" zu sehen, das ein Zeuge des faschistischen Feuerzaubers in Berlin, ähnlich wie der schon mit vierzehn Jahren an frivolen französischen Romanen interessierte Goethe, aus der Asche gerettet hat.

Das verkohlte Buch in Berlin weckt die Erinnerung an ein anderes Aschen-Buch, von dem Thomas Mann in seiner Sendereihe „Deutsche Hörer" am 25. Mai 1943 berichtet:

[22] Die Bücherverbrennung, S. 18.

„Als ich mich im Sommer 1932 an der Ostsee aufhielt, bekam ich ein Paket zugeschickt, aus dem mir, als ich es öffnete, schwarze Asche, verkohltes Papier entgegenfiel. Der Inhalt bestand aus einem verbrannten, nur gerade noch erkennbaren Exemplar eines Buches von mir, des Romans ‚Buddenbrooks' – mir übersandt vom Besitzer zur Strafe dafür, daß ich meinem Grauen vor dem heraufkommenden Nazi-Verhängnis öffentlich Ausdruck gegeben hatte. Das war das individuelle Vorspiel zu der ein Jahr später, am 10. Mai 1933, vom Nazi-Regime überall in Deutschland in großem Stil veranstalteten symbolischen Handlung: der zeremoniellen Massenverbrennung von Büchern freiheitlicher Schriftsteller."[23]

Nein, sie wollten nicht brennen, die Bücher, und sie wollen nicht brennen:

„Obwohl man vorsorglich ihre Leinen- und Pappeinbände entfernt hatte, brannten die Bücher nicht gut. Man mußte immer wieder Petroleum zu Hilfe nehmen, und der dichte Ölruß, der in weichen, schwarzen Flocken durch die Luft wirbelte, ließ die Assoziation ‚Brandstiftung' noch zwangloser auftauchen."

Die Berliner, die damals zum Schauspiel der Verbrennung pilgerten, unterhielten sich auch so, wie es Arnold Zweig in seinem „Rückblick auf Barbarei und Bücherverbrennung", einen „Freundesbericht" zitierend, erzählt:

„Nee, da müßte man die ganzen Biecher nehmen und den Hausfrauen in die Waschkiche jeben, damit se können die Wäsche mit kochen, da würde man wenigstens Kohlen sparen."[25]

Und weil Bücher, anders als im Freien, in der Glut eines Ofens gar nicht anders können, als doch zu verbrennen, überrascht es nicht, in der Ausstellung der Berliner Akademie einen mit Heil Hitler! unterzeichneten Brief, leider von Studentenhand, zu lesen, in dem die angehenden Akademiker der Albertus-Magnus-Universität am 14. Mai 1933 den vorgesetzten Stellen der Nazi-Partei „Bericht" erstatten über den „Verlauf der Aktion ‚Wider den undeutschen Geist' in Königsberg". Der „Hauptamtsleiter für Aufklärung" – in Immanuel Kants Königsberg hatten die hirnlosen Hitlerjünglinge tatsächlich die Stirn, ihr Büro so zu nennen – der „Hauptamtsleiter für Aufklärung und Werbung" meldet: „Aus feuertechnischen Gründen konnte nur ein Teil der eingesammelten Bücher auf dem Scheiterhaufen verbrannt werden; die übrigen Bücher werden zum Heizen verwandt."[26]

Wer dächte da nicht an den gemütlichen, grün glasierten, von vier sitzenden Löwen auf den Köpfen getragenen Rokoko-Ofen im Städtischen Museum

[23] In jenen Tagen, S. 516f.
[24] Dort wo man Bücher verbrennt, S. 99.
[25] In jenen Tagen, S. 288.
[26] Das war ein Vorspiel nur. Berlin 1983. S. 212.

Carolino-Augusteum, an dem die Besucher der Salzburger Festspiele, besinnungslos im Urlauber-Glück, jedes Jahr zu Tausenden vorbeischlendern. Dabei handelt es sich um nichts Schrecklicheres als um ein Krematorium des Geistes – um es in der objektiven Sprache des beschreibenden Kunsthistorikers Professor Dr. Max Dvořák zu sagen:

„Das vierseitige Untergestell gestaltet die Form einer zweireihigen Bücherstelle mit weißen, als Werke verschiedener evangelischer und anderer Theologen bezeichneten Feuerstelle. Das profilierte, vorn geschwungene Gebälk trägt ein Schriftband mit der Aufschrift „Bibliotheca Vulcano consecrata"[27].

Wenn wir das Schriftband ins Christliche und Deutsche übertragen –: müssen wir dann annehmen, die Fürsterzbischöfe im verregneten Salzburg hätten sich an den Büchern von Ketzern gewärmt, an den wissenschaftlichen Arbeiten also doch auch von Kollegen der eigenen theologischen Fakultät, die „der Hölle geweiht" sind?

Vielleicht haben doch all die Autoren recht, die – wie Romain Rolland – das Verbrennen von Büchern als etwas „Kindliches"[28] belächeln? Sicher ist Hans Mayer zuzustimmen, wenn er, an die Konzentrationslager, aber auch an Oradour und Lidice denkend, schon 1948 die Frage stellt, „ob man diese ganze Bücherverbrennung des 10. Mai 1933 nicht allzu wichtig nimmt."[29] Und doch bleibt unvergeßlich der Bericht, den die Familie aufgezeichnet hat während des sich über 24 Stunden quälenden Sterbens des russischen Erzählers und Dramatikers Maxim Gorkij. Die letzten zusammenhängenden Sätze, die der im Delirium lallende Schriftsteller, dessen Werke von den Nazis auch verbrannt wurden, gekeucht hat, ehe er am 18. Juni 1936 um 10 Uhr 11 gestorben ist, lauten:

„Infanteriebataillone marschieren – in braunen Uniformen – in Deutschland – werden Bücher verbrannt – auf den Straßen – der Pöbel – der Krieg... Kriege – werden kommen – seid bereit – gebt acht – Kriege werden kommen..."[30]

Auch hier hat Thomas Mann 1943 schon gerecht bilanziert, wenn er von einem „wüsten, traurigen und ominösen Jux", gleichzeitig aber davon spricht: „Das Hitler-Regime ist das Regime der Bücherverbrennungen und wird es bleiben."[31]

Wozu solche Erinnerung heute? Nur weil das runde Datum von fünfzig Jahren lockt? Oder nicht vielleicht doch deshalb, weil – um Brecht zu zitieren – „der Schoß ist fruchtbar noch, aus dem das kroch"? Am Düsseldorfer Rheinufer

[27] Die Kunstsammlungen der Stadt Salzburg. Wien 1919. S. 263.
[28] In jenen Tagen, S. 369.
[29] Dort wo man Bücher verbrennt, S. 155.
[30] György Rado: Maxim Gorkijs Tod. Wort für Wort. In: Der Monat 6/1969, S. 76.
[31] In jenen Tagen, S. 517.

verbrannte der „Jugendbund für Entschiedenes Christentum" im Herbst 1965 nicht nur die üblichen Schundhefte, sondern auch Bücher von Albert Camus, Vladimir Nabokov, Erich Kästner – dessen Bücher auch schon am 10. Mai 1933 zu Flammen-Ehren kamen – und Günter Grass. Und wie reagierte die Renommier-Zeitung von Alexander Caesar Springer, dessen Gazetten doch verpflichtet sind, die Wiederholung nazistischer Barbarei zu verhindern? Ein Mann, der selber Bücher geschrieben hat, Armin Mohler, entblödet sich nicht, in der *Welt* (30. Oktober 1965) juxend zu gestehen, man solle „nicht das Kind mit dem Bad ausschütten". Er selber habe, natürlich privat, und „um seine Bekannten davor zu bewahren", den Bestseller von Günter Grass, „Die Blechtrommel, in den Ofen gesteckt": „Der ... angesammelte urinsäuerliche Sexualmief war mir einfach zuviel." Auf solchem Niveau, das seit dem 10. Mai vor fünfzig Jahren, für manche Herrenschreiber, gleich niedrig geblieben ist, finden literarische, finden geistige Auseinandersetzungen immer noch statt. Haben Sie gelesen, was manche Zeitungen vor wenigen Wochen berichten – ja, man muß schon sagen: mußten. Während einer Gedenkfeier zum 100. Todestag von Richard Wagner in der Wiener Staatsoper zerriß der als Fernseh-Plauder-Onkel mehr denn als Musikwissenschaftler berüchtigte Marcel Prawy den Artikel eines als Kritiker bestens bekannten Mannes – nur weil Hans Weigel mit Wagner, Wagners Dichtung, Wagners Musik nichts anzufangen weiß. Otto Hochreiter wurde Zeuge dieser Szene:

„Ein großer Teil des Publikums applaudierte dem feurigen Opernnarren, zu dem er sich allzu gern selbst stilisiert. Jene Besucher, welche die historisch belastete Bedeutung dieser öffentlichen Ausschreitung sofort begriffen, schwiegen betroffen, und einige verließen bestürzt das Haus, von dem sie Kultur und nicht rasenden Vandalismus ... erwartet hatten; wo doch die Lage ohnehin durch antisemitische Ressentiments gegen den neuen Staatsoper-Direktor Lorin Maazel angespannt genug ist."[32]

An dieser – bescheidenen, aber nicht versteckten – Stelle möchte ich die Nennung des Namens, des Mannes, des Wissenschaftlers unterbringen, dem ich diese Worte vor einem Kongreß von Bibliothekaren widme. Gerade weil Kurt Tucholsky, der von den Nazis aus seiner deutschen Heimat vertrieben, am 21. Dezember 1935 in der schwedischen Emigration nicht mehr leben wollte, nicht mehr leben konnte, so recht hat, wenn er, an seinen Redaktions-Kameraden der „Weltbühne", Carl von Ossietzky, denkend, der damals schon im Konzentrationslager mit dem fürchterlichen Namen „Sonnenburg" gefoltert wurde, so recht hat, wenn er an Walter Hasenclever schreibt: an Walter Hasenclever, den deutschen Dichter, der sich, aus Angst vor den eigenen,

[32] Frankfurter Rundschau. 23. Februar 1983, S. 9.

deutschen Landsleuten am 23. Juni 1940 im Internierungslager Les Milles das Leben nahm... – meine Damen und Herren – Sie merken: Ordentlicher Satzbau ist nicht mehr möglich, wenn wir von Bücher, Bibliotheken, Dichtern Deutschlands während der letzten fünfzig Jahre sprechen – die vielen, die zu vielen Toten legen sich allem quer, was ein feierlicher Eröffnungs-Vortrag sein soll.

Gerade weil Tucholsky so recht hat, wenn er Hasenclever warnt: „Märtyrer ohne Wirkung, das ist etwas Sinnloses"[33], möchte ich an einen Menschen erinnern, der die – Zeichen setzende – Sinnlosigkeit eines solchen – anonymen – Märtyrer-Opfers nicht gescheut, sondern den Mut gehabt hat, schon sehr früh Widerstand zu leisten. Erich Kästner, dessen Bücher am 10. Mai vor fünfzig Jahren brannten, der – übrigens – von einer Kollegin erkannt und beim Namen genannt damals auf dem Platz zwischen Oper und Alter Bibliothek dem Autodafé seiner Bücher zuschaute, hat 1958 in einer Gedenkrede auf den Tag der brennenden, der verbrannten Bücher den richtigen, den – schrecklichen – Satz gesagt:

„Der Held ohne Mikrophone und ohne Zeitungsecho wird zum tragischen Hanswurst. Seine menschliche Größe, so unbezweifelbar sie sein mag, hat keine politischen Folgen. Er wird zum Märtyrer. Er stirbt offiziell an Lungenentzündung. Er wird zur namenlosen Todesanzeige."[34]

Weil Tucholsky, weil Kästner recht haben, weil 350 Jahre nach seiner Verurteilung ein Papst allmählich zuzugestehen bereit ist, dem Wissenschaftler Galileo Galilei seien Leiden zugefügt worden[35], und weil, während wir hier ruhig sitzen können, fast tausend – dem Namen nach bekannte Schriftsteller und Wissenschaftler – in aller Welt gefangengehalten und gefoltert werden, sei an einen Mann erinnert, der ohne an Mikrophone und Zeitungsecho zu denken nein gesagt hat, als er seine moralischen und wissenschaftlichen Grundsätze verraten sah. Im April 1933 fand der Theaterwissenschaftler Max Herrmann am Schwarzen Brett der Berliner Universität ein Plakat mit „12 Thesen wider den undeutschen Geist". Als 5. These mußte Max Herrmann lesen:

„Der Jude kann nur jüdisch denken. Schreibt er deutsch, dann lügt er. Der Deutsche, der deutsch schreibt, aber undeutsch denkt, ist ein Verräter!..."

Max Herrmann schrieb an die für ihn zuständige Behörde, das Preußische Kultusministerium, am 1. Mai 1933 einen Brief, in dem wir lesen:

„Hierdurch spreche ich die ergebene Bitte aus, mich freundlichst auf kurze Zeit zu beurlauben, so lange nämlich, wie in der Universität die von der Deutschen Studentenschaft erlassene Erklärung ‚Wider den undeutschen Geist' öffentlich aushängt. Meinem Ehrgefühl, das in meiner allzeit gehegten und

[33] In jenen Tagen, S. 162.
[34] In jenen Tagen, S. 531.
[35] Süddeutsche Zeitung. 10. Mai 1983.

bekundeten nationaldeutschen Gesinnung tief verwurzelt ist, widerstrebt es auf das entschiedenste, meine akademische Tätigkeit in einem Haus auszuüben, in welchem über die Angehörigen einer Gemeinschaft, zu der ich durch meine Geburt gehöre, öffentlich gesagt wird: ‚Der Jude kann nur jüdisch denken; schreibt er deutsch, dann lügt er.' Das widerstrebt mir um so entschiedener, als ich ja gerade das Wesen deutschen Geistes den Studenten verkündet habe. Ich schreibe deutsch, ich denke deutsch, ich fühle deutsch und ich lüge nicht."

Max Herrmann, den wir keinen Augenblick lang verwechseln sollten mit dem Wolfgang Herrmann, einem Berliner Volksbibliothekar, der den Nazis die Schwarze Liste für ihr Feuerwerk schöngeistiger Literatur angefertigt hat, mit demselben Eifer, mit dem der Vorstand des Börsenvereins der Deutschen Buchhändler zu Leipzig, schon am Tag nach der „Bücherverbrennung", den neuen Herren auf ekelhafte Weise zu Diensten war und Feuchtwanger, Kerr, Kisch, Heinrich Mann, Tucholsky, Arnold Zweig – um nur wenige zu nennen – als „für das deutsche Ansehen schädigend erachtete" –: Max Herrmann, der tapfere, unbekannte, vergessene Mann wurde 1942 nach Theresienstadt verschleppt, wo ihn seine deutschen Landsleute 1944 ermordet haben. Mit ihm und seinen Namen nennend, gedenke ich der Millionen Namenlosen, die im Namen Deutschlands umgebracht worden sind.

Nichts törichter, als zu argwöhnen, die Gefährdung der Kultur der Bundesrepublik Deutschland – und sie ist gefährdet – käme aus solcher Ecke. Nein. Die Gefahren – vielleicht noch nicht für uns – sicher aber für unsere Kinder – kommen aus einer Begriffsstutzigkeit, aus einem Unvermögen, zu erkennen, daß ein Land ohne große Rohstoff-Reserven auf dem Weg ist, Entwicklungsland zu werden. Viel zu wenig wird bedacht, daß scheinbar nebensächliche Entscheidungen, zur Zeit also: Einsparungen, etwa am Etat der Bibliotheken, also am kulturellen Haushalt, politische Folgen schlimmer Art haben werden, also selber hochpolitische Entscheidungen sind. Müßte es nicht zu denken geben, daß der Etat für Kultur in Deutschland, seit Kaiser Wilhelms Zeiten, über ein Prozent des Gesamtvolumens des Staatshaushaltes nie hinausgekommen ist? Sicher, die Ausgaben auch für Kultur sind um Millionen gewachsen. Aber im Verhältnis zu den anderen Ausgaben, die wir mit unseren Steuern finanzieren, krebst der Haushalt für alle Kultur-Leistungen nach wie vor um das kleinliche, kleine eine Prozent herum, mal etwas mehr, zur Zeit wieder mal etwas weniger. Während die von Geldmangel ebenso gepeinigte französische Regierung nicht daran denkt, bei der Kultur zu sparen, im Gegenteil, gerade in Zeiten der Rezession darauf vertraut, daß Menschen in wirtschaftlicher Not Kultur brauchen, die Hilfe von Kultur, den Trost von Kultur, die Aufmunterung durch Kultur, die Weiterbildung mit und in Kultur – und die Bibliotheks-Etats – die allerdings jahrelang beschämend niedrig waren – um 219 Prozent, die

Zuschüsse sogar um 887 Prozent erhöht, denken die meisten deutschen Politiker bei Kultur, bei Bibliothek mit einer an Schwachsinn grenzenden Kurzsichtigkeit nur an den Rotstift. Sicher, wir sind in Hannover. Und sind nicht in Niedersachsen gerade Etat-Beschränkungen aufgehoben worden? Aber warum war es ein Kultusminister dieses Landes Niedersachsen, Herr Remmers, der resignierend feststellen mußte – und ich zitiere die folgenden Wort mit allem Respekt vor der drastischen Ausdrucksweise eines wind- und sturmerprobten niedersächsischen Realisten und Realpolitikers: „Bildungspolitik ist wie Pinkeln gegen den Wind. Man macht sich nur die eigene Hose naß."

Und ist der neue Minister, Herr Johann-Tönjes Cassens, ehe er jetzt, wie das Land Baden-Württemberg, einige der Geldfesseln für Bibliotheken wieder aufschloß, sehr viel mehr beraten gewesen, wenn er als Ausgleich für die Streichung von Zuschüssen an die öffentlichen Büchereien die Hilfe des Landes bei der Fortbildung anbot? Die Fachzeitschrift „Buch und Bibliothek" jedenfalls konnte da nur höhnen:

„So sind denn in Niedersachsen demnächst hochgebildete Bibliotheks-Mitarbeiter vor leeren Regalen zu erwarten, und die Benutzer werden sich – statt Bücher auszuleihen – darauf beschränken müssen, geistvolle Gespräche mit den Bibliothekaren zu führen."

Auch wenn die Situation in Niedersachsen im Augenblick etwas günstiger zu sein scheint: Es rächt sich, daß die Bundesrepublik, anders als ein kleines Land wie Dänemark, kein Bibliotheks-Gesetz zustandegebracht hat, das Länder und Städte zur Förderung der Buchkultur verpflichtet. Erinnern Sie sich an den Anfang unserer Hannoveraner Betrachtung? Schon vor dreihundert Jahren verlangte ein Bibliothekar dieser Stadt, Gottfried Wilhelm Leibniz, einen festen jährlichen Etat, die „proportionierliche Kontinuation" der Ankaufs-Politik. Die Kultur-Banausen, die Deutschland seit den Zeiten von Leibniz regieren, man kann es, leider, höflicher nicht sagen, haben auch dies verhindert. Die jetzt als Sparkommissare auftreten, sind in Wahrheit Verschwender: Sie arbeiten nicht mit dem in Büchereien angesammelten Geistes- und Geldes-Wert, nötigen also kommende Generationen zu Mehrausgaben, wenn die jetzt geschaffenen Lücken geschlossen werden müssen – oder ganze Büchereien zu Ruinen einer willentlich, wenn auch aus Unwissenheit, um das Wort Dummheit zu vermeiden, zerstörten Kultur werden sollen –: auch weil die Leute, die sich so gern auf Goethe berufen, nie darüber nachgedacht haben, was der Dichter, was der – Minister! – gemeint haben könnte, als er, vor den Schätzen der Göttinger Bibliothek staunend, gesagt hat: „Man fühlt sich wie in der Gegenwart eines großen Capitals, das geräuschlos unberechenbare Zinsen spendet." Derselbe Goethe, Minister im benachbarten Sachsen-Weimar, gab auch schon den Rat, „daß Landesherren für öffentliche Anstalten keine größern Vortheile gewinnen können, als wenn sie (Bücher-)Sammlungen festhalten und so einen wissenschaftlich vereinten Körper beisammen erhalten.“[36]

Bei all dem habe ich noch kein Wort darüber verloren, was die nicht mehr wegzudenkende 35- oder wahrscheinlicher: die 30-Stunden-Woche bei zu ahnenden vier Millionen Arbeitslosen bedeutet. So wie unser Land eines Tages in die zu Recht so genannte Bildungs-Katastrophe gestolpert ist, so wie wir alle jetzt, kaum beunruhigt, mit dem Elend junger Leute, die keine Arbeit, die nicht einmal eine Ausbildungsstätte finden, weiterleben, so tappen wir – sehenden Auges! – in eine Katastrophe der Bildungslosigkeit. Die wird sich, um es auch für Politiker verständlich zu sagen, als revolutionäre, als bürgerkriegsähnliche Situation zeigen. Aber als der junge CDU-Politiker Wissmann seine Parteifreunde während der Debatte über den Jugend-Report mahnen wollte, aufzuwachen, ehe Scheiben klirren, da fand er nur leere Bänke. Was hat Hölderlin vor fast zweihundert Jahren gesagt, über uns gesagt, über uns Deutsche in seinem Brief-Roman „Hyperion“?

„Barbaren von Alters her, durch Fleiß und Wissenschaft und selbst durch Religion barbarischer geworden... Ein jeder treibt das Seine... Deine Deutschen bleiben gerne beim Nothwendigsten, und darum ist bei ihnen auch so viel Stümperarbeit und so wenig Freies, Aechterfreuliches... Die Tugenden der Deutschen aber sind ein glänzend Uebel und nichts weiter; denn Nothwerk sind sie nur, aus feiger Angst, mit Sclavenmühe, dem wüsten Herzen abgedrungen, und lassen trostlos jede reine Seele, die von Schönem gern sich nährt, ach! die... den Mislaut nicht erträgt, der schreiend ist in all der todten Ordnung dieser Menschen.“[37]

[36] Goethe-Wörterbuch. Stuttgart 1983. Sp. 640.
[37] Friedrich Hölderlin: Hyperion. Tübingen 1799. T. 2, S. 113f.

PAUL RAABE

Gelehrte Tradition und preußisches Erbe

Zur Ortsbestimmung des deutschen Bibliothekswesens

Walter Höllerer, Autor und Bücherfreund, Literaturprofessor und Bibliotheksleser, machte sich auf dem Bibliothekartag 1979 in Berlin zum vehementen „Anwalt der Bibliothek"[1]. Lassen Sie mich einige Sätze ins Gedächtnis rufen, damit wir den begonnenen Dialog über Jahre und Städte hinweg fortführen. „Vielleicht ist es möglich", sagte er, „daß die vielen Spezialfragen, die von den Sachzwängen aufgeworfen werden, den Blick zuweilen freilassen auf die Bibliothek, wie sie ist, wie sie sein könnte und wie sie gefährdet ist... Immerhin wäre es ja möglich, daß wir, im Verhandeln von Sachzwängen und das Wort ‚Fortschritt' im Ohr, genau dorthin kommen, wohin wir nicht wollen. ...Sicher, die Bibliothek ist mit abhängig vom allgemeinen Bewußtsein und seinen Organisationsformen, – aber, das ist nicht gering einzuschätzen, gerade die Bibliothek wirkt auch, so wie sie sich tätig organisiert und welche Atmosphäre sie in sich zuläßt, auf dieses allgemeine Bewußtsein zurück, ... Es könnte ja sein, und das gehört zum Alptraum des Bibliothekars und des Autors, daß selbst die Bibliothek, dieses stolze, immer lebendige Gedächtnis der Menschheit, sich so organisiert, daß es dem Gehirn die kleinsten Spezialistentümer verigelt anbietet. ... Wie die Bibliothek sich selbst auffaßt und darstellt, das hat seine Auswirkung auf den jeweiligen Zustand des Menschheits-Gedächtnisses."[2]

Das sind Warnungen, die wir uns heute immer mehr von den Benutzern sagen lassen müssen. Unsere Bibliotheken sollten menschlicher sein: so das Monitum von Bernhard Fabian.[3] Der nordrhein-westfälische Ministerpräsident Johannes Rau, der auf dem Wuppertaler Bibliothekartag 1980 den Bibliotheken eine zentrale Rolle für die Forschung, die Wissenschaft, die Kultur beimaß, erwar-

[1] Walter Höllerer: Der Autor als Anwalt der Bibliothek. In: Zentrale Einrichtungen und zentrale Dienste im Bibliothekswesen. Frankfurt a. M. 1980. (Zeitschrift für Bibliothekswesen und Bibliographie. Sonderheft 29). S. 10–24.

[2] Höllerer, a.a.O. S. 22f.

[3] Bernhard Fabian: Auf der Suche nach der humanen und effizienten Bibliothek. In: Bibliotheken im Verbund, Arbeitsplätze und neue Techniken. Frankfurt a. M. 1981. (Zeitschrift für Bibliothekswesen und Bibliographie. Sonderheft 32). S. 126–138.

tete von ihnen die „schöpferische Verwaltung unseres nationalen Wissens". „Der Bibliothekar", sagte er, „ist nicht bloß der Verwalter von Büchern, sondern der Fachmann für den Umgang mit dem zur Zeit und auch für die Zukunft nach meiner Überzeugung wichtigsten Kommunikationsmedium, dem Buch. Deshalb hat der Bibliothekar eine zentrale Rolle in unserer Kulturgesellschaft."[4]

Schriftsteller, Wissenschaftler und Politiker drängen auf eine bibliothekarische Selbstbesinnung, auf eine allgemeine Orientierung. Angesichts der technokratischen Sachzwänge und der Konkurrenz der neuen Medien, die sich aus der Beherrschbarkeit der Massengesellschaft ergeben, ist es nötig, den Ort näher zu bestimmen, der den wissenschaftlichen und öffentlichen Bibliotheken von berufener Seite eingeräumt wird. Wenn diese Ortsbestimmung vor dem Hintergrund der gelehrten Tradition und des preußischen Erbes im deutschen Bibliothekswesen versucht werden soll, so leiten sich daraus die Fragen nach der Alternative seiner technokratischen oder seiner humanen Zukunft ab.

1.

Nicht jeder Bibliothekar will es heute mehr wahrhaben – doch man sollte daran immer wieder erinnern –: Unsere wissenschaftlichen und öffentlichen Bibliotheken stehen in einer langen Tradition. Sie sind ohne Geschichte in ihrer heutigen Funktion nicht zu verstehen, denn sie sind von der Geschichte geprägt. Für den großen Philosophen und Gelehrten Gottfried Wilhelm Leibniz, der als Hofrat die kurfürstliche Bibliothek in Hannover über Jahrzehnte verwaltete und im Nebenamt die Bibliothek zu Wolfenbüttel leitete, – für ihn, den weitblickenden „Wissenschaftspolitiker", war die Büchersammlung „die Schatzkammer aller Reichtümer des menschlichen Geistes, zu der man seine Zuflucht nimmt für die Künste des Friedens und des Krieges. ... Sie ist... vergleichbar einer Versammlung der größten Menschen aller Jahrhunderte und aller Nationen, die uns ihre auserlesensten Gedanken mittheilen".[5]

Die zum Topos gewordene enzyklopädische Vorstellung von der Bibliothek als dem „Gedächtnis der Menschheit" verband sich bei Leibniz mit ihrem praktischen Nutzen: Sie sollte in erster Linie der gelehrten Tätigkeit dienen, darüber hinaus aber im gleichen Maße der Ort sein, an dem man aus Büchern Kenntnisse und Wissen für den praktischen Lebensgebrauch erwerben konnte. Die Bibliotheken im 17. und 18. Jahrhundert hatten überschaubare Bücherbestände. Man konnte noch unter der Vorstellung leben, von dem Universum

[4] Johannes Rau: Festvortrag. In: Bibliotheken im Verbund, Arbeitsplätze und neue Techniken. Frankfurt a. M. 1981. (Zeitschrift für Bibliothekswesen und Bibliographie. Sonderheft 32). S. 19.

[5] Gottfried Wilhelm Leibniz: Deutsche Schriften. Berlin 1840. Bd. 2.

des Wissens und Glaubens umgeben zu sein. Der Bibliothekar war – und das entsprach der höfisch geprägten Gesellschaftsform – noch der Herr der Bücherschätze, so wie es Lessing aus Wolfenbüttel 1770 stolz seinem Vater schrieb: „Die Stelle ist so, als ob sie von je her für mich gemacht wäre... Eigentliche Amtsgeschäfte habe ich keine andere, als ich mir selbst machen will. Ich darf mich rühmen, daß der Erbprinz mehr darauf gesehen, daß ich die Bibliothek, als daß die Bibliothek mich nutzen soll."[6]

Die Bibliothekare standen in der humanistischen Tradition, sie waren Erben der Antike: Gelehrte als Aufseher der Bücherschätze, Kenner ihrer Inhalte, Anreger und Mittler der gelehrten Welt. Die Bibliothek nahm im Bewußtsein des Mittelalters und der frühen Neuzeit eine hervorragende Stellung ein. Man kann das an der eindrucksvollen Fassade der Bibliothek von Ephesus erahnen: Bibliotheca docet. Die humanistischen Wissenschaften waren nicht denkbar ohne die Bibliotheken der Städte und Universitäten, Klöster und Kirchen, ohne die privaten und öffentlichen Büchersammlungen.

Die gelehrte Tradition des bibliothekarischen Berufes leitet sich aus der Geschichte der Bibliotheken her. Die Bibliothekare waren als Polyhistoren und enzyklopädische Gelehrte im 17. und 18. Jahrhundert an der Entwicklung der Humaniora in Europa beteiligt. Ihre bibliographischen und lexikalischen Werke, historischen Darstellungen und fachwissenschaftlichen Abhandlungen waren die unentbehrlichen Grundlagen einer gelehrten Welt, die sich noch als Res publica literaria verstand. Die Bibliothekare wirkten an diesem Vermittlungsprozeß und dem permanenten Gespräch der Gelehrten als Bücherverwalter und Bücherkenner, als Philologen und Historiker mit. Das galt auch noch für das 19. Jahrhundert, in dem neben den gelehrten Bibliothekaren in den fürstlichen und kommunalen Bibliotheken die Professorenbibliothekare die Wissenschaft mittrugen. Man erinnere nur an die Brüder Grimm und Heinrich Hoffmann von Fallersleben, an Robert von Mohl und Friedrich Ritschl. Bis in unser Jahrhundert spielten die Bibliothekare in der geisteswissenschaftlichen Forschung eine beachtliche Rolle. Insbesondere waren es die bibliotheksspezifischen Fachgebiete wie die Handschriftenforschung, die Einbandgeschichte, die Inkunabelkunde, alle Disziplinen der Buch- und Bibliotheksgeschichte, die bis in unser Jahrhundert von Bibliothekaren gefördert wurden als Beiträge zur Literatur- und Kulturgeschichte des Mittelalters und der Neuzeit. Was im Streit um den Begriff der Bibliothekswissenschaft verlorenging, war dieser selbstverständliche Anteil der Bibliothekare an der historischen Erforschung ihrer Bestände und ihrer Institutionen.

[6] Gotthold Ephraim Lessing an seinen Vater. Wolfenbüttel, 27. Juli 1770. In: Lessings sämtliche Schriften. 3. Aufl. Bes. von Franz Muncker. Leipzig 1904. S. 329f.

Diese gelehrte Tradition ist heute auf dem Wege, zu einer historischen Reminiszenz zu werden. In einem Zeitalter, das technischen Fortschritt und sozialen Aufstieg mit Verlusten an humanen und geistigen Wertvorstellungen erkaufen mußte, blieben auch die Bibliotheken und die Bibliothekare von solchen radikalen gesellschaftlichen, wissenschaftlichen und kulturellen Veränderungen nicht verschont. Sie führen heute, am Ende des 20. Jahrhunderts, immer mehr zu Fragen über den Sinn und die Aufgaben des bibliothekarischen Berufes.

Doch ehe die Folgen des Verlustes an gelehrter Tradition beschrieben werden, soll der Gewinn an berufsständischer Sicherung betont werden. Im Zuge der Einbindung der wissenschaftlichen Bibliotheken in die Verwaltungsstrukturen des Staates entstanden im Laufe des 19. Jahrhunderts bekanntlich die verschiedenen Laufbahnen der Bibliothekare. Längst ist der gehobene Dienst zur tragenden Säule der täglichen Pflichten geworden, der den Bibliothekar des höheren Dienstes entlastet oder entlasten sollte. Der Diplom-Bibliothekar wird inzwischen auf den Fachhochschulen ausgebildt und somit auf einen Beruf vorbereitet, der ihm die Chance des Aufstiegs zu selbständigem, verantwortungsvollem Handeln erlaubt. Der Diplom-Bibliothekar wird wiederum durch den sogenannten mittleren Dienst entlastet, der sich auf der anderen Seite zum einfachen Dienst abgrenzt. Durch einen solchen hierarchischen, aber hoffentlich in Zukunft mehr durchlässigen Aufbau wird unser Problem, das einst im Mittelpunkt bibliothekarischen Wirkens stand, zu einer speziellen Frage: Die Pflege der gelehrten Tradition sollte vor allem Sache der Bibliothekare sein, die durch Studium und Ausbildung darauf vorbereitet sind.

Bedenken wir eine andere Entwicklung: Mit der Ausprägung des Bildungswesens im 19. Jahrhundert sind die Bibliotheken gegründet worden, die der breiten Öffentlichkeit belehrende und unterhaltende Literatur zur Verfügung stellen. Mit dem Volksbüchereiwesen ist ein anderer Typus des Bibliothekars entstanden, als man ihn an den wissenschaftlichen Bibliotheken antrifft. Es ist der von einem pädagogischen Auftrag geprägte, dem Leser und der Öffentlichkeit aufgeschlossen zugewandte, dem Autor verbundene Bibliothekar an der Institution, die heute nicht zu Unrecht „Öffentliche Bibliothek" genannt wird. Diese nimmt ja einen Teil der Aufgaben wahr, die in der alten Gelehrtenbibliothek – die Äußerung von Leibniz bestätigt das – letzten Endes schon angelegt war.

Es ist in diesem Zusammenhang nicht notwendig, die Ausfächerung des Berufs des Diplom-Bibliothekars an öffentlichen Bibliotheken darzustellen. Die verschiedenen Zielsetzungen – hier wissenschaftliche, dort Bildungsaufgaben – werden in der heutigen Bibliothekswelt endlich wieder als zwei Teile eines gemeinsamen bibliothekarischen Auftrags im Dienst einer unterschiedlich orientierten Öffentlichkeit verstanden.

2.

Nach diesen einleitenden Bemerkungen zur Tradition des bibliothekarischen Berufs ziehen wir eine zweite Linie vom 19. Jahrhundert zur Gegenwart, die wiederum von den wissenschaftlichen Bibliotheken ausgeht und ihre finanzielle Situation heute begründet. Es geht um das preußische Erbe, dessen positive wie negative Auswirkungen die Veröffentlichungen zum Preußenjahr 1981 bewußt gemacht haben. So stellt Christian Graf von Krockow in seinem Buch „Warnung vor Preußen" die Frage, ob die Bundesrepublik nicht weit mehr von ihrem preußischen Erbe bewahrt hat, als sie an ihrer Oberfläche zu erkennen gibt... Als These formuliert: „Wesentliche Züge der politischen Kultur unseres Landes werden bis in ihre vorbewußte Tiefe, oder gerade in ihrer Tiefe, von preußischen Prägungen bestimmt; sie wären anders kaum zu verstehen."[7]

In der Tat will es auch bei der Betrachtung der heutigen Struktur des wissenschaftlichen Bibliothekswesens scheinen, daß darin mehr Preußisches weiterlebt, als man sich klarmacht. Die Disziplinierung in der Zusammenarbeit durch Ordnungssysteme, die abstrakte Aufteilung der wissenchaftlichen Fachliteratur nach Sondersammelgebieten, die zentrale Förderung durch die Deutsche Forschungsgemeinschaft, die Verabsolutierung der überregionalen Literaturversorgung und infolgedessen das Übergewicht des Leihverkehrs im bibliothekarischen Denken, die Dominanz der Technisierung des Bibliotheksbetriebs: dies alles, was unseren bibliothekarischen Alltag im allgemeinen prägt, hängt mit einer Entwicklung zusammen, die, wenn auch unter anderen Zeichen, von Preußen ihren Ausgang nahm.

Zitieren wir zunächst Wieland Schmidt, den Berliner Altmeister der Bibliothekswissenschaft: „Der große politische Wandel seit den Zeiten Wilhelm von Humboldts war die Reichsgründung. Eine Kulturhoheit war auf keinem Gebiet an das Reich übergegangen, sie war bei den Ländern verblieben... Daß aber das Reich höhere und übergreifendere Aufgaben im kulturellen Bereich zu erfüllen hatte, als sie von der Mehrzahl der Länder bisher wahrgenommen werden konnten, war eine zwingende Gegebenheit. Sie führte zu dem Vorsatz Althoffs, die preußischen kulturellen Landesinstitutionen so stark auszubauen, daß sie stellvertretend Reichsinstitutionen gleichkamen."[8]

[7] Christian Graf von Krockow: Warnung vor Preußen. Berlin 1981. S. 177.

[8] Wieland Schmidt: Von der Kurfürstlichen Bibliotehk zur Preußischen Staatsbibliothek. 1661–1945. In: Staatsbibliothek Preußischer Kulturbesitz. Festgabe zur Eröffnung des Neubaus in Berlin. Wiesbaden 1978. S. 58.

Der erwähnte Friedrich Althoff lenkte als preußischer Ministerialdirektor von 1882 bis 1907 die Geschicke der Wissenschaft im Preußischen Kultusministerium. Er war zweifellos einer der bedeutendsten preußischen Beamten, dem nicht nur die deutschen Universitäten, Kliniken und wissenschaftlichen Institute ihren Aufschwung verdankten, sondern der auch die damalige Königliche Bibliothek zu Berlin und die zehn preußischen Universitätsbibliotheken in Berlin, Bonn, Breslau, Göttingen, Greifswald, Halle, Kiel, Königsberg, Marburg und Münster so ausgestaltete, daß sie auf lange Zeit hin von diesem Impuls lebten. Mit starker Hand regierte Althoff von Berlin aus, beraten von Bibliothekaren wie Otto Hartwig in Halle, Carl Dziatzko in Göttingen und Wilhelm Erman in Berlin. Er war ein Verwaltungsbeamter, der angesichts preußischer Sparsamkeit den größtmöglichen Nutzen für die Bibliotheken stiften wollte. Seine Reformen waren in Anbetracht der Verhältnisse und unter den Bedingungen des Wirtschaftsaufschwungs nach 1871 notwendig und auch überfällig. Durch Althoffs Aktivität wurden sie konsequent in eine Richtung gelenkt. Zitieren wir Wieland Schmidt weiter: „Was zunächst nur für Preußen galt, wurde nach dem ersten Weltkrieg durch die Notgemeinschaft der deutschen Wissenschaft und nach dem zweiten Weltkrieg durch die Deutsche Forschungsgemeinschaft für das gesamte deutsche Bibliothekswesen gültig.“[9]

Nach Wieland Schmidt führt die Linie konsequent von Preußen zur Gegenwart: Althoff als Urahn der Deutschen Forschungsgemeinschaft. Die Gleichschaltung durch das Dritte Reich und die Zerstörung der Bibliotheken werden allerdings ebenso übergangen wie die Tatsache ignoriert, daß die Bundesrepublik in staatlicher Hinsicht so gut wie nichts mit dem Erbe des Preußischen Staates zu tun hat.

Doch ehe wir diesem Problem weiter nachgehen, verweilen wir noch ein wenig bei Friedrich Althoff und der preußischen Bibliotheksreform. Die Sondersammelgebiete, die für die preußischen Bibliotheken eingeführt wurden, hatten den Leihverkehr zur Folge, der zuerst 1892 zwischen Göttingen und Marburg geregelt wurde. Jedes Buch außerhalb der Königlichen Bibliothek durfte ja nur einmal vorhanden sein. Den Nachweis sollte ein Zentralkatalog führen: Deshalb entstand der Preußische Gesamtkatalog, der wiederum die Vereinheitlichung der Katalogregeln zur Voraussetzung hatte. So kam es zu den Preußischen Instruktionen, die ja am eindrucksvollsten preußische Ordnung noch heute in vielen Bibliotheken belegen. Es entstanden auch die Berliner Titeldrucke und schließlich das Auskunftsbüro der deutschen Bibliotheken.

Neben diesen Regelungen und Uniformierungen der Bibliotheksverwaltung standen noch weitergehendere Reformen: die Entstehung des Berufsbibliothe-

[9] Wieland Schmidt, a.a.O. S. 60.

kars, die Ordnung seiner Ausbildung, die Schaffung des mittleren, d. h. des heutigen gehobenen Bibliotheksdienstes zu seiner Entlastung, die Regelung erträglicher Etatverhältnisse, die Errichtung neuer Bibliotheksgebäude, die Schaffung der ersten Professur für Bibliothekswissenschaft und anderes mehr. Die Königliche Bibliothek zu Berlin, seit 1918 die Preußische Staatsbibliothek, übernahm die führende Rolle im preußischen Bibliothekswesen. Die Universitätsbibliotheken wurden in unterschiedlicher Form aufgewertet: Ihre dominierende Stellung im heutigen Bibliothekswesen läßt sich aus der preußischen Ära herleiten.

Im Aufschwung des Bibliothekswesens in Preußen bestätigten sich die preußischen Tugenden: Die Förderung der Kultur und der Wissenschaften im Zeichen nationaler Verherrlichung deutschen Wesens verband sich mit der Sparsamkeit und Nüchternheit, wie sie dem preußischen Geist entsprach.

Trotz aller Kritik, die am preußischen Weg anzumelden ist, hat man festzustellen, daß die gelehrte Tradition bibliothekarischen Wirkens durch die Reformen nicht angetastet werden sollte[10]. Der Respekt vor der Leistung und Bedeutung Althoffs darf dennoch nicht darüber hinwegtäuschen, daß die Förderung der zentralen preußischen Bibliotheken zunächst die übrigen in den annektierten Gebieten in schwere Krisen stürzte, von denen sich z. B. die damalige Provinzialbibliothek Hannover, die heutige Niedersächsische Landesbibliothek, erst in den letzten beiden Jahrzehnten erholte, was für die Landesbibliothek Wiesbaden bis heute nicht gilt, während das dritte Opfer, die Landesbibliothek Kassel, inzwischen aufgehoben worden ist.

Auch die nichtpreußischen Bibliotheken kamen zum Teil in Schwierigkeiten: „Wie diese Dinge in den kleineren deutschen Ländern im einzelnen sich entwickelten, ist für den Gesamtverlauf unerheblich. Maßgebend war nur das Vorgehen in dem Reformland Preußen, dem man sich früher oder später anschließen mußte."[11]

Das durch das preußische Bibliothekswesen geprägte System änderte sich in der Weimarer Republik wenig. Bis zur Zerstörung unseres Landes war die Preußische Staatsbibliothek das Herz des deutschen Bibliothekswesens trotz der Deutschen Bücherei und der sich redlich abmühenden großen Staats- und

[10] Das kam in der Berufung Adolf von Harnacks, des großen Gelehrten, 1905 zum Generaldirektor der Kgl. Bibliothek zu Berlin zum Ausdruck, was viele hauptamtliche Bibliothekare freilich als Rückschlag empfanden. Friedrich Schmidt-Ott hat diese denkwürdige Tat erläutert: „War der wissenschaftliche Bibliotheksdienst unter Althoffs Händen zu einem planmäßig aufgebauten, seiner selbst bewußten Berufszweig erwachsen, so galt es nun, einem Überwiegen der jung entwickelten Bibliothekstechnik vorzubeugen, indem die Person des Generaldirektors die wissenschaftlichen Ziele aller bibliothekarischen Arbeiten in den Vordergrund stellte." (Erlebtes und Erstrebtes. Wiesbaden 1952. S. 132).

[11] Georg Leyh: Geschichte der Bibliotheken. In: Handbuch der Bibliothekswissenschaft. Bd. 3, II. Wiesbaden 1957. S. 322.

Landesbibliotheken. Die bibliothekspolitischen Entscheidungen im Reich wurden in Berlin getroffen.

Die Teilung der Preußischen Staatsbibliothek 1945 empfindet L. Buzas zu Recht „als gleichnishaft für die Zerschlagung Preußens"[12]. Wenngleich das preußische Erbe nicht nachhaltiger und offenkundiger in den Bibliotheken zerstört werden konnte, so ist doch vieles tradiert worden, das ein halbes Jahrhundert geprägt hat. Mit der Einrichtung der Sondersammelgebiets-Bibliotheken entstand in der Nachkriegszeit das die wissenschaftlichen Bibliotheken heute prägende System der Literaturversorgung. Die alten preußischen Vorstellungen von einer sparsamen Zentralisation durch Förderung von Leihverkehr und Zentralkatalogen wurde so erneut verwirklicht, indem die Nachfahren Althoffs bewußt an die Berliner Tradition anknüpften.

Der bewundernswürdige Wiederaufbau des Bibliothekswesens nach 1945 in der Bundesrepublik ermöglichte den meisten alten Staats- und Universitätsbibliotheken – allein von Göttingen und Heidelberg abgesehen – Neubauten; die personelle und sachliche Ausstattung wurde besonders in den hinter uns liegenden reichen siebziger Jahren kräftig angehoben. Neue Bibliotheken entstanden im Zusammenhang mit den Neugründungen der Universitäten.

Durch das System einer überregionalen Literaturversorgung auf der Grundlage der Sondersammelgebiets-Bibliotheken wurden freilich die Förderungsmaßnahmen einseitig: Nur die Staats- und Universitätsbibliotheken kamen im großen und ganzen in den Genuß der zentralen Zuschüsse. Die alten Landes- und Stadtbibliotheken, die nicht mehr mithalten konnten, gerieten teilweise ins Abseits[13].

Der konsequente Ausbau des Leihverkehrs und der Zentralkataloge ist letzten Endes die Folge preußischer Sparsamkeit. Wenn die Schwerfälligkeit dieser Systeme heute oft beklagt wird, so hat man die Gründe auch darin zu suchen, daß vielen Bibliotheken mit Hinweis auf diese Systeme die Mittel für einen großzügigen Bestandsaufbau verweigert wurden. Er allein hätte die Autarkie schaffen können, die man sich im Vergleich zu amerikanischen Institutionen wünschte.

Die Sparsamkeit, ein für die öffentliche Hand selbstverständlicher Grundsatz der Haushaltsführung, hat sich über ein Jahrhundert auf unsere Bibliotheken so ausgewirkt, daß ihrem Bewegungsspielraum meist äußerst enge Grenzen gesetzt wurden. Gewiß, in den letzten Jahren haben manche Bibliotheken, und

[12] Ladislaus Buzas: Deutsche Bibliotheksgeschichte der neuesten Zeit (1800–1945). Wiesbaden 1978. S. 20. – (Elemente des Buch- und Bibliothekswesens. 3).

[13] Vgl. Paul Raabe: Alten Bibliotheken eine Zukunft. Gedanken zur Überwindung des Notstandes in den deutschen Landes- und Stadtbibliotheken. In: Zeitschrift für Bibliothekswesen und Bibliographie. 25 (1978), S. 353–369.

nicht nur die neu gegründeten, aus dem Vollen schöpfen können. Aber man sollte dennoch nachdrücklich vor den Folgen der falsch verstandenen Sparsamkeit warnen. Wenn die Bibliotheksetats bei steigenden Preisen heute stagnieren oder gar drastisch gekürzt werden, so können die Bibliotheken ihre öffentliche Aufgabe zum Allgemeinwohl nicht mehr erfüllen. Da ihr Ansehen nicht groß ist, wird man solchen Warnungen kaum besondere Beachtung schenken. Aber gerade weil die Verhältnisse so sind, hat man sie erneut zu bedenken.

Die durch die preußische Verwaltung vorgeprägte Tugend leistete selbstverständlich auch allen technokratischen Strukturen in den Bibliotheken Vorschub: Die Rolle betriebswirtschaftlichen Denkens leitete in manchen Institutionen die Entfremdung zwischen Bibliothekar und Buch, zwischen Bibliothek und Wissenschaft ein. Die wissenschaftlichen Bibliotheken sind dem Sog der technischen Perfektion der modernen Welt ausgesetzt. Sie haben die EDV und die neuen Medien so in den Mittelpunkt ihres Denkens gerückt, daß das Buch darüber in Vergessenheit zu geraten droht. Man verbindet mit der Anwendung der neuen Technologien die Hoffnung, der Büchermassen und der Massenbenutzung besser Herr zu werden.

Gelehrte Tradition hat unter diesen Bedingungen in den Bibliotheken heute einen schweren Stand. Das preußische Erbe hat zur fortschreitenden Veränderung der Bibliotheken unter dem Druck der Kräfte des industriellen Zeitalters beigetragen.

Doch im deutschen Bibliothekswesen gibt es auch andere Entwicklungslinien. Im 18. Jahrhundert vollzog sich der Übergang vom Gelehrten zum Gebildeten. Für die Angehörigen der bürgerlichen Aufklärungsgesellschaft wurden die Bücher und ihre Lektüre zum Mittel sozialen Aufstiegs und führten zum kulturellen Wandel des 19. Jahrhunderts. Das Buch, nicht mehr der Schicht der Gelehrten vorbehalten, wurde für breite Bevölkerungskreise Mittel zur Fortbildung und Belehrung, auch zur Unterhaltung und Erbauung. Auf privater Basis schlossen sich Bürger in der Aufklärung zu Lesegesellschaften und Lesezirkeln zusammen, und unter der Devise „Bildung macht frei" entstanden im 19. Jahrhundert jenseits staatlicher Aufsicht bürgerliche Vereine zur Förderung der Volksbildung. Sie wurden Träger der Volksbibliotheken. Das heutige Öffentliche Bibliothekswesen bildete sich auf der Grundlage der zahlreichen Sozietäten heraus. Von dem Willen zur Emanzipation beseelt, wurde das Volksbüchereiwesen ein zuerst von den wissenschaftlichen Bibliothekaren verachtetes, heute weitgehend integriertes Netz von Bibliotheken, deren Träger die Kommunen sind. Die Zweigleisigkeit des deutschen Bibliothekswesens ist nur auf dieser Grundlage staatlicher und privater Institutionen zu verstehen. Dem preußischen Erbe steht eine demokratische Tradition aus dem Geist des vorwilhelminischen Deutschland an der Seite.

3.

Vor diesem historischen Hintergrund haben wir festzustellen, daß wir Bibliothekare heute am Scheidewege stehen. Für die Bibliotheken ist die technische Welt eine schwere Herausforderung. Man begrüßt begeistert den Fortschritt, oder aber man steht ihm skeptisch und reserviert gegenüber. Man bedient sich der Sprache der Technokratie, um zu verhindern, daß man ins Abseits gerät, oder aber man wartet ab, bis sich die sich überschlagende Entwicklung in der Daten- und Nachrichtentechnik beruhigt hat. Alle Beteiligten stehen unter dem Druck der von wirtschaftlichen Erwägungen gesteuerten technischen Neuerungen. Die Bibliothekartage der letzten zehn Jahre legen davon beredt und anschaulich Zeugnis ab. Die Einführung der EDV hat in den Bibliotheken den Zugriff zur Literatur erleichtert oder die Ausleihe beschleunigt. Für die großen Bibliotheken ist die Anwendung der Datenverarbeitung langfristig der einzige Weg, um mit der ständig wachsenden Literaturflut und den Benutzerwünschen fertig zu werden. Das Massenzeitalter fordert auch von den Bibliothekaren und den Bibliotheken seinen Tribut.

Allerdings darf man angesichts der Erfolge nicht in eine unberechtigte Euphorie verfallen. Niemand wird übersehen, daß durch diese Entwicklung langfristig die Bibliotheken in das Schlepptau technokratischer Strukturen geraten, die nicht im Sinne der Bibliothekare und nicht im Sinne ihrer Leser sein können. Wenn man betont, daß „die Bibliotheken... Betrieben vergleichbar" seien, „die nach wirtschaftlichen Gesichtspunkten organisiert und geführt werden müssen"[14], so sollte man der Feststellung entgegenhalten, daß Bibliotheken letzten Endes keine Fabriken sind, sondern Orte des Lesens und des Lernens, der Wissenschaft, der Besinnung und des Nachdenkens. Sie sind Stätten geistigen Lebens, der Bildung und der Selbstfindung. Da sich aber wirtschaftliches Denken der Bibliothekare immer mehr bemächtigt, gibt es inzwischen Bibliotheken, die in der Tat mehr unpersönlichen Betrieben ähneln als kulturellen Stätten. Der Architektur mancher Bibliotheksneubauten fehlt oft die Stille und Intimität, die der Leser, der Gelehrte von seiner Bibliothek erwartet. Bernhard Fabian hat vor einigen Jahren „auf der Suche nach der humanen und effizienten Bibliothek" aus der Sicht des Benutzers beherzigenswerte Vorschläge gemacht, die wir sicherlich nicht überhören sollten[15].

[14] Hans-Peter Geh: Berufsbild und Ausbildung des Bibliothekars. In: Zur Theorie und Praxis des modernen Bibliothekswesens. Bd. 1. München 1976. S. 231.

[15] Bernhard Fabian (Anm. 3). In seiner Kritik der modernen Architektur z. B. setzt er sich mit der „Ideologie der Transparenz" auseinander, die sich „teils als ästhetische Progressivität maskiert". Er fährt fort: „Alles hat klar, offen und überschaubar zu sein, und es ist schon in der Konzeption kein Platz mehr für einen Leser, der sich auf sich selbst zurückziehen möchte, weil er sich von der Sache her auf sich selbst zurückziehen muß. Die proklamatorische Öffentlichkeit der Lesesäle, die

Was Bücherkenner, Leser, Benutzer unserer Bibliotheken beunruhigt, ist ihre offenkundige Anpassung an die Strukturen bürokratischer Einrichtungen, von denen sich die Bibliotheken durch die Atmosphäre unterscheiden sollten, die durch die Gegenwart der Bücher geprägt wird.

Es irritiert die interessierten, wohlmeinenden Freunde unserer Bibliotheken auch wohl, daß unter Bibliothekaren immer mehr über Informationen, Verbundsysteme, Medienträger und immer weniger über Bücher diskutiert wird. Unbewußt vollzieht sich eine Unterordnung des Bibliothekswesens unter ein Informationssystem, dessen Ausmaße sich in dem nun zusammengestrichenen IuD-Programm der Bundesregierung spiegeln[16]. Viele Bibliothekare erhoffen sich eine Integration der Datenkommunikation in das Bibliothekswesen. Aber ist es so ausgeschlossen, daß eines Tages Datenbank und Endverbraucher über Bildschirmtext oder andere Formen miteinander direkt verkehren könnnen? Die Ausschaltung der klassischen Bibliothek aus einem solchen Datenverbund wäre dann für viele möglicherweise eine befreiende Erlösung vom Alptraum der totalen Information.

Für die Traditionalisten unter den Bibliothekaren ist das Buch eben viel mehr als die Reduktion auf seinen Informationsgehalt. Das Lesen eines Buches vermittelt Gedachtes und Erforschtes, Erkanntes und Erlebtes. Das Buch ist geistiger Inhalt, eine Möglichkeit zur Belehrung, Erbauung und Unterhaltung, ein Weg zur Erkenntnis und Erfahrung. Sein Informationsgehalt ist oft gering, in manchen Büchern steht das Wesentliche zwischen den Zeilen. Anders ist es mit den in einer Zeitschrift mitgeteilten Ergebnissen einer naturwissenschaftlich-technischen Untersuchung: Hier kann das Resultat in einer Formel, einer Information zusammengefaßt werden.

Der Bibliothekar ist eben sehr viel mehr als ein Informationsvermittler. Er ist der professionelle Förderer des Buches und so der legitime Verbündete der Autoren, Verleger und Buchhändler. Angesichts der gefährdeten Lesekultur tritt er wie diese für das Lesen ein in der Überzeugung, daß das Buch als Medium in der Vielfalt seines Nutzens und seiner Nutzung unüberbietbar ist. Außerdem

Architekten und Unterhaltsträger gegen Bibliothekare und Benutzer durchzusetzen scheinen, ist daher nur konsequent. Und es scheint mir ebenso konsequent, daß die Bibliotheken neuerdings als Orte der Kommunikation stilisiert werden, obwohl sie von ihrer Zweckbestimmung her in erster Linie als Orte einer spezifischen Nicht-Kommunikation angesehen werden müssen." (S. 131 f.).

[16] Um Mißverständnissen vorzubeugen, sei betont, daß hiermit nicht der Nutzen und die Notwendigkeit des Informationswesens und speziell des IuD-Programms in Zweifel gezogen werden soll. Ich selbst habe für die Geisteswissenschaften schon 1966 *fachliche Dokumentationszentren* (heute Fachinformationszentren – FIZ – genannt) gefordert. (Paul Raabe: Dokumentation und Geisteswissenschaften). In: Zeitschrift für Bibliothekswesen und Bibliographie. 13 (1966). S. 16–31. – P. R.: Die Bändigung der Bücher, Dokumentation in den Geisteswissenschaften. Vortrag in Loccum 15. 2. 1966. In: Der Monat. 18 (1966), Heft 213, S. 61–68). Meine Einwände beziehen sich auf die nicht sinnvolle Gleichsetzung von Bibliothekswesen und Informationswesen.

sollte der Bibliothekar der Kenner der Bücher sein, ihrer Inhalte, ihrer Geschichte, ihrer Bedeutung im Zusammenhang ihrer Kultur. Als Bewahrer und Hüter des kulturellen Erbes steht er an der Seite der Gelehrten, Antiquare und Sammler[17].

Daß unter diesen vielfach sich erst allmählich abzeichnenden Veränderungen die gelehrte Tradition unter den Bibliothekaren verlorengehen kann, ist allzu verständlich. Man wird kaum sagen können, daß dieser Verlust die Bibliotheken hart träfe oder überhaupt noch berühre. Die wenigen gelehrten Bibliothekare sind längst in die Rolle der Außenseiter geraten. Die Folgen sind bekannt. Aus den Ausbildungs- und Prüfungsordnungen des höheren Dienstes werden die gelehrten Fächer wie Buchgeschichte und Bibliotheksgeschichte immer mehr verdrängt. Die selbstverschuldete Zerstörung unseres Geschichtsbildes und die Verkümmerung unseres historischen nationalen Bewußtseins infolge der Nazizeit ist offenkundig von den Bibliothekaren, die doch die Bewahrer der Geschichte sein sollten, meist tatenlos hingenommen worden. Wie ließe es sich sonst erklären, daß die größte wissenschaftliche Einrichtung des deutschen Bibliothekswesens, das Deutsche Bibliotheksinstitut in Berlin, die Förderung der auf Buch und Bibliothek bezogenen historischen Forschung in seiner Satzung ausgeschlossen hat. Angesichts der weltweiten Tendenzwende, angesichts der Rolle, die historisches Denken heute wieder unter den Völkern spielt, angesichts der erfolgreichen kulturpolitischen Bemühungen, das breite Geschichtsinteresse durch historische Forschung und Bildung zu befriedigen und die Überlieferung durch Denkmalpflege und Kulturgutschutz zu erhalten, ist es wohl an der Zeit, auf diese anachronistisch zu nennenden Verhältnisse in unserem Bibliothekswesen aufmerksam zu machen.

Können Bibliotheken unter den Bedingungen so noch ihre ureigenste Aufgabe – ich zitiere nochmals Walter Höllerer –, „das stolze, immer lebendige Gedächtnis der Menschheit" zu sein, erfüllen, wenn sie ihrer gelehrten Tradition den Boden entziehen? Ist hier nicht der Punkt, wo es um das Selbstverständnis der Bibliothekare geht und infolgedessen um ihr Ansehen in der Öffentlichkeit? Ist es denn damit getan, die Aufgaben der Bibliotheken allein in ihrer Funktion als Dienstleistungsbetriebe zur Abwicklung der Literaturversorgung bestimmter Bevölkerungsgruppen zu verstehen? Reicht eine solche Reduktion bibliothekarischer Existenz auf die Erledigung von Versorgungsvor-

[17] Ich erlaube mir, auch an dieser Stelle auf einige versteckte Veröffentlichungen zu verweisen, in denen das hier Angedeutete ausgeführt wurde: P. R.: Der Bibliothekar und die Bücher. In: Wolfenbütteler Beiträge. Bd. 2. Frankfurt 1972. S. 131–144. – P. R.: Das alte und das kostbare Buch – eine bibliothekarische Zukunftsaufgabe. In: Erlesenes aus der Welt des Buches. Festschrift für Gerhard Liebers. Wiesbaden 1979. S. 164–188.

gängen zur Beschreibung einer wissenschaftlich-kulturellen Instanz und eines Berufsbildes aus?[18]

In der Bedrängnis durch Alltagsprobleme, in Anbetracht der Massenbenutzer in den Universitätsbibliotheken, angesichts der Konkurrenz im Medienbereich, beansprucht durch die technisch immer mehr fortschreitende Datenverarbeitung, beschäftigt mit dem Ausbau aller detaillierten Verwaltungsstrukturen im Bibliotheksbetrieb verlieren – so will es uns manchmal scheinen – wir Bibliothekare die geistigen Grundlagen unserer Arbeit aus den Augen. Kulturpolitisch gesehen, stellen die wissenschaftlichen Bibliotheken mit ihren mehr als achtzig Millionen Bänden in unserem Lande ein nationales Kapital dar, das nach Wert und Bedeutung, nach Umfang und Inhalt zum wissenschaftlichen, kulturellen und politischen Ansehen unseres Landes in der Welt mehr beiträgt, als es den Politikern und Verantwortlichen bewußt gemacht wird. In unseren Bibliotheken wird ein kulturelles Erbe bewahrt und tradiert, das trotz hoher Verluste im letzten Kriege und trotz aller Defizite in den Beständen Zeugnis ablegt von der Bedeutung der wissenschaftlichen und literarischen Kultur Europas in der Form der Überlieferung in Handschriften, Büchern und Dokumenten. Dieses Erbe geht verloren, wenn es nicht gepflegt und erhalten wird, wenn es nicht durch die Bibliothekare ständig ergänzt und vermehrt, erschlossen und erforscht würde.

Wenn man über die majestätische Treppe die großzügigen Lesesäle der Bayerischen Staatsbibliothek in München betritt oder sich in dem weitläufigen, lichtdurchfluteten Gebäude der neuen Staatsbibliothek in Westberlin aufhält oder – in kleinerem Maßstab – die Bücherbestände des 16. und 17. Jahrhunderts inder Augusteerhalle der Herzog August Bibliothek in Wolfenbüttel betrachtet, hat man den Eindruck, daß diese äußere Repräsentation dem inneren Wert der Bücherbestände entspricht. Die reichen Schätze, die wir Bibliothekare bewahren, verdienen eine solche Darstellung für die Menschen heute, die auf der Suche nach der verlorenen Zeit in die Bibliotheken geraten.

[18] An dieser Stelle sei aus der Fülle der Literatur zum Berufsbild des wissenschaftlichen Bibliothekars nur an die Warnungen Georg Leyhs erinnert. „Wer vollends die geschichtliche Betrachtung und die Pflege der Überlieferung nicht als das Lebenselement der wissenschaftlichen Bibliotheken empfindet, der ist zum Bibliothekar nicht geboren. Geschichtslosigkeit ist die eigentliche Barbarei“ (Zeitschrift für Bibliothekswesen und Bibliographie. 63 (1948), S. 96 f.). Im „Handbuch der Bibliothekswissenschaft“ (2. Aufl. Bd. 3, II. 1957. S. 467f.) liest man: „Heute muß vor einer Überschätzung und Aufblähung des technischen Rahmenwerkes, das bloß Schale ist, gewarnt werden… Alle bibliothekarische Arbeit geht ins Leere, die nicht aus dem Bedürfnis wissenschaftlicher Arbeit herauswächst… Die Bedürfnisse der Gelehrten kennt nur, wer selbst als Gelehrter arbeitet… Das große ihm anvertraute geistige Kapital wird der Bibliothekar nur dann fruchtbar verwerten, wenn er, getragen von einer hohen Auffassung seiner spezifisch bibliothekarischen Pflichten, zugleich eine wissenschaftliche Persönlichkeit darstellt. Das ist die Lehre aus der Geschichte der Bibliotheken.“ – Wie weit haben wir uns von diesen goldenen Regeln bibliothekarischen Denkens entfernt!

Unsere Büchersammlungen sind mehr als geräuschvolle Betriebe, sie sind geistige und humane Zentren an den Universitäten und in den Städten, oder sie könnten es, wo dies verlorengegangen ist, eines Tages wieder sein. Hier liegen die Aufgaben der Zukunft vor uns, denn die Anstrengungen müssen sehr groß sein, um den Anspruch, den die Öffentlichkeit an die Bibliothek stellt, erfüllen zu können.

4.

Bei einer Ortsbestimmung kann man die Defizite unschwer aufzeigen, deren Beseitigung auch die Loslösung von vordergründigen Sachzwängen zur Folge haben wird. In den wissenschaftlichen Allgemeinbibliotheken waren 1979 etwas mehr als 8 000 Mitarbeiter tätig, alles in allem: die Bibliothekare der drei Laufbahnen, technische Kräfte, Magaziner, Hausmeister usw. Zur gleichen Zeit arbeiteten allein in den Max-Planck-Instituten 7000 Personen, also fast ebensoviele wie in den hundert wissenschaftlichen Bibliotheken zusammen. In den Kernforschungsanlagen der Bundesrepublik waren 1979 13 000 Menschen beschäftigt, in den weiteren Großforschungseinrichtungen sogar 18 000 Personen. Das zeigt bei aller Würdigung des Stellenzuwachses seit dem letzten Kriege die großen Rückstände im Personalstand unserer Bibliotheken. Schließlich studieren heute mehr als 1,1 Millionen junge Menschen an den Hochschulen, an denen im übrigen allein 127 000 Hochschullehrer tätig sind.

Um nicht in der notdürftigen Aufrechterhaltung der laufenden Bibliotheksgeschäfte steckenzubleiben, auf die die Bibliothekare ihre ganze Kraft verwenden müssen, ist so für die letzten zwei Jahrzehnte unseres Jahrhunderts eine Vermehrung des Personalstandes um mindestens 4 000 Mitarbeiter von 8 000 auf 12 000 ganz unerläßlich. Nur dadurch lassen sich bei einer langfristigen Einsparung von einigen hundert Mitarbeitern durch Rationalisierung die Aufgaben in den Bibliotheken so erfüllen, daß sie dem amerikanischen Standard nicht nur entsprechen, sondern auch die Verpflichtungen erfüllen, die jeder Leiter einer Bibliothek in der Verantwortung gegenüber seinen Aufgaben und Beständen einzulösen hat.

Wenn die Bibliotheken nicht das Ansehen in der Öffentlichkeit genießen, das sie verdienen, so liegt dies nicht zuletzt an den fehlenden oder unzureichenden Dienstleistungen, die die moderne Gesellschaft zu Recht von den Bibliotheken erwartet oder erwarten sollte: umfassende Bereitstellung der neuesten Literatur, extensive Betreuung und Beratung der Leser und Benutzer, großzügige Öffnungszeiten, vor allem amerikanische Öffnungszeiten an den Wochenenden, wissenschaftliche Bearbeitung der Bestände, Katalogisierung und Erschließung der alten und kostbaren Überlieferung, Anlage von Spezialkatalogen und

-verzeichnissen, fachmännische Restaurierung und Konservierung der Bücher, Durchführung von Forschung nicht nur im Bereich der Buchgeschichte, sondern vor allem auch in der unterrepräsentierten Wissenschaftsgeschichte, Veranstaltung von bücherorientierten Seminaren für Studenten und Schüler in den Räumen der Bibliothek, Durchführung aufklärender wissenschaftlicher und kultureller Veranstaltungen, Herausgabe von Informationsschriften und Veröffentlichungen. Dies sind einige der aus Personalmangel vernachlässigten oder nicht denkbaren oder auch nicht mehr gewünschten, aber über das Ansehen der Bibliotheken entscheidenden Aufgabenkomplexe, die selbstverständlich einer detaillierten, hier nicht möglichen Erläuterung bedürfen.

Wenn man sich die Bibliotheken als humane Orte geistigen Lebens in der heute sich immer mehr ausbildenden Freizeitgesellschaft vorstellt, hat man zunächst durch personelle Ausstattung die Voraussetzung zur Verbesserung der freundlichen Atmosphäre für die Leser und Gäste zu schaffen. Die Automatisierung wird so in Anbetracht der vielfältigen, differenzierten bibliothekarischen Aufgaben und Arbeiten neutralisiert, zurückgeschraubt auf den Anteil, den jeder der Datenverarbeitung zubilligen wird. Sie kann Arbeit erleichtern und beschleunigen; aber sie steht im Dienst des geistigen Gesamtkonzepts der Bibliothek.

Schließen wir die weiteren Wünsche an, um das in nur wenigen Bibliotheken verwirklichte Konzept zu ermöglichen, ehe von den Chancen einer Realisierung in den achtziger und neunziger Jahren die Rede sein soll. In den öffentlichen Haushalten schlugen die jährlichen Ausgaben für die wissenschaftlichen Bibliotheken 1979 mit 432 Millionen, 1981 mit 493 Millionen D-Mark zu Buche, also mit weniger als einer halben Milliarde. Den Max-Planck-Instituten standen 1979 weit mehr Mittel, nämlich über 700 Millionen D-Mark, zur Verfügung, der Kernforschung 1,684 Milliarden und den Großforschungseinrichtungen sogar 2,1 Milliarden D-Mark. Für das Thater zahlten die öffentlichen Haushalte 1980/81 Zuschüsse in Höhe von 1,48 Milliarden D-Mark, immerhin das Dreifache der Summe, die für das wissenschaftliche Bibliothekswesen im Lande ausgegeben wird. Sollte man die defizitäre Lage nicht als Folge des preußischen Erbes verstehen? Die Bibliotheken sind weit entfernt von dem, was sie zur Erfüllung ihrer wissenschaftlichen und kulturellen Belange benötigen. So ist im Laufe der Jahrzehnte eine Situation entstanden, die nun durch die Förderung technokratischer Systeme der überregionalen Literaturversorgung gemildert werden soll. Spätschäden falscher preußischer Sparsamkeit zeigen sich in den unzureichenden Beständen vieler Bibliotheken, und heute hemmen die zahllosen Leihverkehrswünsche die eigentliche Arbeit.

Nur durch zusätzliche Mittel über viele Jahre läßt sich einerseits der unausgewogene Bücherbestand ausgleichen, kann man andererseits mit der enormen weltweiten Bücherproduktion Schritt halten, und nur so könnten die amerikanischen Verhältnisse in den Bibliotheken erreicht werden, die angesichts der europäischen Tradition selbstverständlich sein sollten.

Man sollte auch einmal hervorheben, daß man bei der Förderung kultureller Institutionen immer nur von Subventionen statt von Investitionen spricht. Aber gerade die Anschaffungsmittel der Bibliotheken sind öffentliche Investitionen: Die Bibliothekare investieren für die Zukunft. Es ist merkwürdig, wie wenig man sich diesen plausiblen Zusammenhang vergegenwärtigt in einer Zeit, in der man die Notwendigkeit von Investitionen immer beteuert. Wem ist schließlich bewußt, daß von dem jährlichen Umsatz des deutschen Buchhandels nur ein Bruchteil auf die Bibliotheken entfällt?

Wenn man darauf hinweist, daß für den Ausbau des Bibliothekswesens fast eine Verdoppelung der bisherigen Sach- und Personalmittel, also eine Steigerung um etwa 400 Millionen D-Mark, erforderlich ist, so mag das in Anbetracht der derzeitigen Defizite der öffentlichen Haushalte weltfremd klingen. Doch wir Bibliothekare, die wir im Dienste der Wissenschaft für die Kontinuität unserer Kultur mitverantwortlich sind und in Instituten wirken, die das Wissen und die Erkenntnisse der Gegenwart in Büchern, Zeitschriften und Dokumenten für die Zukunft bewahren und vermitteln, können nicht einsehen, daß für den Straßenbau immer noch Jahr für Jahr 17 Milliarden D-Mark ausgegeben werden oder daß die laufenden zusätzlichen Ausgaben der öffentlichen Hand für den Sport mehr als 6 Milliarden jährlich betragen. Sosehr wir für frühere politische Entscheidungen Verständnis haben, müssen wir doch daran erinnern, daß heute auf Kosten dieser Ausgaben die geistige Kultur unseres Landes auf Dauer nicht wieder gutzumachenden Schaden nimmt. Einst war Deutschland eine führende Kulturnation. Längst sind wir als ein Land großen Wohlstandes und hoher Industrialisierung auf vielen wissenschaftlichen Gebieten zur Provinz herabgesunken. Um einen Weltanteil an der Wissenschaft langfristig zurückzugewinnen, bedarf es hoher Investitionen durch die Förderung der Elite und des Nachwuchses in den Wissenschaften und auf kulturellem Gebiet. An einer solchen Entwicklung sind die Bibliotheken als die Orte beteiligt, an denen die Bibliothekare dem einzelnen bei der Erwerbung seines Wissens und auf dem Wege seiner Forschungen zur Hand gehen. Deshalb erwarten wir langfristig politische Entscheidungen, die den Vorrang der Kultur vor der Wirtschaft nachhaltig sichern[19].

Angesichts der bevorstehenden Verkabelung, auf deren Folgen ich nicht eingehen kann, haben wir allerdings zu fragen: Wird sich nicht unter dem Druck

[19] Zu diesem komplexen Zusammenhang, über den es sehr viele Veröffentlichungen gibt, verweise ich auf meinen Vortrag *Kultur und Wirtschaft.* Hannover: Norddeutsche Landesbank 1980. (Schriftenreihe. Bd. 7).

der technischen Systeme eine oberflächliche Informationsgesellschaft entwikkeln? Werden nicht die Menschen selbst langfristig durch diese Entwicklungen programmiert? Gibt es unter diesen Vorzeichen überhaupt noch eine Chance, an eine Bildungsgesellschaft, den Traum der Nachkriegszeit, zu glauben? Nehmen wir Abschied von der Idee einer Kulturnation? Zweifel sind m.E. durchaus gerechtfertigt. Die autoritäre Disziplinierung der Informationsvermittlung sehen jedenfalls alle diejenigen als Gefährdung an, die für eine offene, freie Bildungsgesellschaft arbeiten. Dazu gehören nicht nur die Bibliothekare, sondern alle, die am kulturellen Leben mitwirken, auch die Wissenschaftler, die sich mit den geistigen Phänomenen unserer Welt auseinandersetzen.

Auch die Bibliothekare an Öffentlichen Bibliotheken fühlen sich herausgefordert. Sie sind in vieler Hinsicht, wie angedeutet, flexibler in ihrer Entwicklung und unmittelbarer betroffen in ihrer täglichen Arbeit. Ihre Bibliotheken sind vielfach zu lebendigen kulturellen Zentren in den Städten geworden, Orte intensiven kulturellen Lebens, Stätten des Lesens und der Begegnung. Ihre kommunale Zugehörigkeit birgt in Zeiten leerer Kassen – wie wir sie in diesen Jahren erleben – auch beträchtliche Risiken in sich: Manche Etats werden stark gekürzt, Zweigstellen geschlossen, Personalstellen gestrichen. Wenngleich der Bibliotheksplatn '73 den Öffentlichen Bibliotheken starken Auftrieb gegeben hat, wird niemand verkennen, daß immer noch ein Nachholbedarf, besonders auf dem Lande, besteht. Es ist selbstverständlich, daß im Vergleich zu wissenschaftlichen Bibliotheken den Öffentlichen Bibliotheken angesichts ihrer auch viel breiteren Aufgaben höhere Mittel zur Verfügung stehen müssen. Nach der Deutschen Bibliotheksstatistik 1981 verfügen die 826 Bibliotheken über fast 8900 Planstellen und über einen Gesamtetat von 617 Millionen D-Mark. Von den 30000 Stellen des Bibliotheksplans '73 ist man aber noch erschreckend weit entfernt. Dennoch hat sich im Gegensatz zu den wissenschaftlichen Bibliotheken eine gezielte Bibliothekspolitik in der Verbindung mit städtischer Kulturpolitik über Jahre ausgezahlt.

Daß freilich die Etats heute steigen müssen, ist unerläßlich. Kürzungen werden zu Rückschlägen führen, die ja im Bibliothekswesen immer schwerer aufzuholen sind als in anderen investiven Bereichen.

5.

Die Bilanz, die wir unter dem Blickpunkt der verlorengegangenen gelehrten Tradition in den Bibliotheken und aus den Folgen preußischen Erbes herleiten, ist im Hinblick auf die nicht zu unterschätzende Bedeutung des wissenschaftlichen Bibliothekswesens in der künftigen Gesellschaft beunruhigend. Unter den Lebensbedingungen der technischen Welt versuchen die Bibliothekare, sich diesen gewandelten Verhältnissen durch die Anwendung von Betriebslehre und Informatik anzupassen. Aber je weiter sie diese Technisierung führen, um so mehr geraten sie in die Sachzwänge technokratischer Systeme. Jeder Bibliothekar, der gemeinsam mit Lesern und Gästen, Benutzern und Freunden von der Ideee einer humanen Bibliothek als der Form einer wissenschaftlichen und kulturellen Institution beseelt ist, wird die Schwierigkeiten sehen.

Allein der Blick auf die paradiesischen Verhältnisse amerikanischer Bibliotheken, auch die Erfahrungen langjähriger beharrlicher eigener Bemühungen und die Verantwortung, die man für eine Gesamtentwicklung seines beruflichen Arbeitsfeldes mitträgt, ermutigen mich, in einer Zeit schwerer wirtschaftlicher Krisen in unserem Land Wünsche zur radikalen Verbesserung der personellen und finanziellen Verhältnisse des Bibliothekswesens in Deutschland zu äußern. Angesichts der immer mehr verlorengehenden Arbeitsplätze und der steigenden Massenarbeitslosigkeit – nicht zuletzt unter bewährten Wissenschaftlern – hat man zu überlegen, wie hier langfristig Abhilfe geschaffen werden kann. Deshalb dürfte es nicht uninteressant sein, daß die Bibliotheken 4000 Arbeitsplätze einrichten könnten; sie würden durch ihren Anteil an dem Abbau der Arbeitslosigkeit mitwirken. Durch ein auf zehn Jahre auszulegendes, staatlich zu finanzierendes Beschäftigungsprogramm für Arbeitskräfte in Bibliotheken könnten Arbeitsplätze für derzeitig Unbeschäftigte so eingerichtet werden, daß sie im Laufe der Jahre in die Haushalte der Bibliotheken eingegliedert werden. So ließen sich die Arbeiten leisten, die in den Bibliotheken heute nicht möglich sind oder vernachlässigt werden müssen. Nennen wir einige Beispiele:

1. Anzulernende Hilfskräfte können zur Verbesserung der Benutzungsbedingungen und vor allem zur Einrichtung der Wochenendöffnungszeiten eingesetzt werden. So entsteht das Angebot, das der Freizeitgesellschaft entspricht.
2. Durch Umschulung können für alle Bereiche der Buchpflege, der Restaurierung, Konservierung und Sicherheitsverfilmung Arbeitslose in die Bibliotheken eingegliedert werden.
3. Für die mechanische Erfassung und Erschließung der Bestände lassen sich Arbeitskräfte mit verschiedenartiger Vorbildung verstärkt einsetzen.
4. Arbeitslose Lehrer könnte man zu Bibliothekspädagogen fortbilden, die Schüler in Schülerseminaren und anderen Unterrichtsformen mit der Arbeit in Bibliotheken vertraut machen. Die reformierte Oberstufe, die propädeutische Kenntnisse vermitteln soll, könnte so effizienter werden.
5. Arbeitslose Wissenschaftler – darunter sind heute erschreckend viele Habilitierte – könnten die Forschung in den Bibliotheken aufbauen als Ansatz zur Rückgewinnung der gelehrten Arbeit der wissenschaftlichen Bibliothekare, vorzugsweise in der Wissenschaftsgeschichte, der Buch- und Bibliotheksgeschichte und anderen Bereichen.

6. Ein solches Beschäftigungsprogramm setzt freilich auch anteilig zusätzliche Arbeitsplätze für bibliothekarisches Fachpersonal voraus: Dieses steht nach und nach in größerem Maße auf dem Arbeitsmarkt ebenfalls zur Verfügung, da ja nicht mehr alle neu ausgebildeten Bibliothekare des höheren, gehobenen und mittleren Dienstes Stellungen in Bibliotheken finden.

Die Kosten des nur skizzierten Beschäftigungsprogramms, das man sich in Stufenplänen nach und nach verwirklicht denken könnte, liegen in der letzten Ausbauphase bei 200 Millionen D-Mark im Jahr. Dabei ist zu bedenken, daß die öffentliche Hand ja schon heute einen beträchtlichen Teil zur Finanzierung der Arbeitslosenunterstützung aufbringen muß. Der Betrag entspricht heute dem Bau von 20 km Autobahnstrecke[20].

In der Verbindung mit der Schaffung solcher Arbeitsplätze könnte man auch in Baumaßnahmen in den Bibliotheken zusätzlich investieren, so daß die Bauten für Bücher die Atmosphäre haben, die man sich für eine humane Bibliothek als Zentrum gelehrten und kulturellen Lebens wünscht. Ein solcher Ausbau könnte der noble Beitrag zu den Angeboten einer Freizeitgesellschaft sein, der man den optimalen Zugang zum Buch, zum Wissen, zur Belehrung und Unterhaltung ermöglichen möchte. Es will uns scheinen, daß ein solches Bibliotheksbauprogramm auch ein Kontrastprogramm zur Verkabelung darstellt.

Ergänzte man schließlich diese Bibliotheken um die notwendigsten noch fehlenden Bücher und Materialien, ermöglichte man ihnen den Kauf der Neuerscheinungen in dem wünschenswerten Umfang und entlastete so den Leihverkehr durch ein großzügiges Bücherangebot vor Ort, wie es in den USA

[20] In meinen Forderungen stimme ich überein mit den Überlegungen der modernen Kulturpolitiker. So führte Karla Fohrbeck in einem Vortrag *Kulturpolitische Interessen und Interessen an der Kulturpolitik. Europäische Perspektiven für die achtziger Jahre* aus: „Das wachsende Ausmaß an Arbeitslosigkeit, ob Jugend-, Frauen- oder Altersarbeitslosigkeit, heißt schließlich nicht, daß es in unserer Gesellschaft nicht ausreichend Arbeit gibt. Es bedeutet nur, daß wir bald keinen anderen Produktivitäts- und Arbeitsbegriff mehr kennen außer dem der Ökonomen, obwohl wir sehr viele Menschen haben, die gerne in anderen Arbeitssituationen als den rein ökonomischen, großindustriellen Verwertungszusammenhängen arbeiten würden:
So finden wir einen wachsenden Bedarf nach gesellschaftlicher Arbeit im kulturellen, im sozialen, im ökologischen, im öffentlichen Bereich, Bedarf nach integrativer und gestaltender, nach Arbeit im langfristigen gesellschaftlichen und aktuellen eigenen Interesse.
So dürfen sich alte Menschen ab 60 Jahren nicht mehr durch Produktivität bestimmen, sondern ausschließlich durch Konsum, ein großer Verlust erstens an geschichtlicher Erfahrung und zweitens an gesellschaftlicher Produktivität und ungenutzter Kommunikation.
So haben wir eine öffentliche Ideologie, in der es nahezu unkritisiert bleibt, wenn unter dem Vorwand von Arbeitsplatzsicherung in der Stahl- oder Autoindustrie der einzelne Arbeitsplatz mit mehreren 100000 DM subventioniert wird, während arbeitsplatzintensive Beschäftigung, wie z. B. die der Kulturbetriebe, abgebaut wird.“ (Loccumer Protokolle 32/1981. Die politische Zukunft Europas – Kulturpolitik in Europa. Rehberg-Loccum 1982. S. 32).

selbstverständlich ist, würde man in der Tat den Ansprüchen der Zukunft gewachsen sein.

Nochmals: Wir Bibliothekare stehen am Scheidewege. Wir haben uns am Ende dieses Jahrhunderts zu entscheiden, ob wir den bisherigen Weg zur technokratischen Perfektion weitergehen oder in der Verantwortung gegenüber der Überlieferung zur Rückgewinnung des Humanen in der industriellen Welt das Unsrige beitragen wollen. Vielen Bibliothekaren werden meine Gedanken fremd sein und utopisch klingen. Aber vielleicht regen sie zum Nachdenken an über die „Bibliothek, wie sie ist, wie sie sein könnte und wie sie gefährdet ist", um nochmals Walter Höllerer zu zitieren. Die hier vorgetragenen Vorschläge verlangen letzten Endes politische Entscheidungen. Aber die Voraussetzung ist, daß sie vom Konsens der Betroffenen getragen werden. Dazu ist es notwendig, daß wir von der zentralen Rolle des Buches in der künftigen Gesellschaft überzeugt und daß wir zur Verteidigung der Lesekultur in einer veränderten Medienlandschaft bereit sind. Wir Bibliothekare stehen in einer langen Tradition: Wir haben uns diesem Anspruch zu stellen. Nur so werden wir die Herausforderung der Zukunft bestehen können und in der Lage sein, den Dialog mit den Politikern zu führen. Es ist nicht ausgeschlossen, daß wir offene Türen einrennen. Jedenfalls schloß Johannes Rau seine zitierte Wuppertaler Rede 1980 mit Sätzen, die auch ich ans Ende meines Plädoyers für die humane Bibliothek der Zukunft stellen möchte:

„Gegenwartsschrifttum bereitzustellen und wissenschaftliche und technische Literatur aufzunehmen, all das ist selbstverständlich und muß selbstverständlich bleiben. Aber das zu erschließen, was unsere Geschichtlichkeit deutlich macht, das wäre der Beitrag der Bibliotheken zur Selbsterkenntnis und damit zur Humanisierung der Wissensgesellschaft der Zukunft. Deshalb stehen die Bibliotheken am Anfang eines langen Prozesses... Diese Wissensgesellschaft der Zukunft ist ja nicht nur eine, in der viel Wissen verbreitet wird, sondern sie ist auch eine Gesellschaft, in der an jeden einzelnen hohe Erwartungen und Anforderungen gestellt werden. Das Wissen des einzelnen wird, nach meiner Auffassung, allen neuen Entwicklungen zum Trotz, primär vom gedruckten Text, vom Buch und damit auch von der Bibliothek kommen müssen. Deshalb meine ich, auf die erste Leserevolution des achtzehnten und die zweite im neunzehnten Jahrhundert wird eine dritte folgen. In dieser Zeit ist die Bibliothek nicht das Arsenal des Vergangenen, sondern eine zentrale Institution der Zukunft. Darum sind die Erwartungen gegenüber Bibliothekar und Bibliotheken so groß und die Forderungen so hoch."[21]

[21] Johannes Rau (Anm. 4), S. 22.

2. BIBLIOTHEKSPLAN '73 – EINE BILANZ NACH 10 JAHREN

WILHELMINE HIRSCH

Bibliotheksplan '73
Die ländlichen Bibliotheken

Bibliotheken der 1. Stufe

Wir erinnern uns, daß das Jahr 1973 für die Bibliotheken in mehrfacher Hinsicht von Bedeutung war. Herausragendes Ereignis war das Erscheinen des Bibliotheksplans '73, aber gleichwohl wichtig auch das Entstehen des Deutschen Bibliotheksverbandes, die Verabschiedung des Bildungsgesamtplans und des zweiten KGST-Gutachtens Öffentliche Bibliothek, Ereignisse, die alle miteinander in Zusammenhang standen.

Beim ersten gemeinsamen Kongreß aller bibliothekarischen Verbände in Hamburg – auch dieses Faktum fällt nicht von ungefähr in das Jahr 1973 – wurde der Bibliotheksplan '73 dem damaligen Bundesminister für Bildung und Wissenschaft, von Dohnany, durch den Präsidenten der Deutschen Bibliothekskonfrenz, Dr. Süberkrüb, in einer eindrucksvollen Veranstaltung überreicht und der Öffentlichkeit vorgestellt. Viele guten Wünsche begleiteten ihn. Viele Hoffnungen knüpften sich daran.

Bei der anschließenden Podiumsdiskussion, an der neben Fachkollegen auch Vertreter der Träger teilnahmen, mischten sich einige kritische Töne in die Freude und Genugtuung über das Erreichte. Die Vertreter der Träger zeigten Wohlwollen und vorsichtige Zurückhaltung bei Fragen nach den Realisierungschancen.

Eine offizielle Stellungnahme der kommunalen Spitzenverbände blieb in der Folge aus. Ich erinnere daran, daß zum Bibliotheksplan 1969 eine gemeinsame Empfehlung der Kultusministerkonfrenz und der kommunalen Spitzenverbände erschien[1], in der das Vorhaben begrüßt, aber auch Kritik geübt und eine

[1] Gemeinsame Empfehlung der Kultusministerkonferenz und der kommunalen Spitzenverbände zum Bibliotheksplan 1969 des Deutschen Büchereiverbandes. Beschluß der Kultusministerkonferenz vom 12. März 1970. Abgedr. in: Mitteilungsblatt. Verband der Bibliotheken des Landes Nordrhein-Westfalen. N. F. 20 (1970), S. 385ff.

Reihe von Vorschlägen zur weiteren Behandlung des Themas gemacht wurden. Allein die Kultusministerkonferenz reagierte 1975 auf den Bibliotheksplan '73 mit einer Stellungnahme. Sie begrüßte besonders die angestrebte Integration des Bibliothekswesens durch Kooperation der Bibliotheken aller Typen und Träger und bezeichnete die „fachlichen Leitlinien und Orientierungsdaten als Grundlage für einen intensiven und organisierten Ausbau des Bibliothekswesens durch Bund, Länder und Gemeinden im Sinne einer gemeinsamen Aufgabe". Im Hinblick auf das von mir heute zu referierende Thema ist ein weiterer Passus der Stellungnahme als wichtig festzuhalten. Ich zitiere: „Zur Herstellung der Chancengleichheit im Sinne des Bildungsgesamtplans sollte die Entwicklung des Bibliothekswesens im ländlichen Raum einen besonderen Schwerpunkt haben." Zum weiteren Vorgehen schlägt die Stellungnahme die Erarbeitung konkreter Realisierungsstufen vor.

Realisierungsvorschläge in Form von Bibliotheksentwicklungsplänen auf Landesebene wurden in einigen, aber nicht in allen Bundesländern erarbeitet. Noch im gleichen Jahr 1973 erschienen die „Empfehlungen zum Ausbau des Bibliothekswesens in Nordrhein-Westfalen". Hierzu sprach der nordrhein-westfälische Städte- und Gemeindebund eine Empfehlung an die Mitgliedsstädte aus, rückte aber von der Zielvorstellung von zwei Medieneinheiten (ME) je Einwohner ab mit dem Hinweis auf die Richtzahl des Bildungsgesamtplans von einem Band je Einwohner und einer ME je zehn Einwohner.

Die Empfehlungen dienen bis heute als Grundlage der Landesförderung in Nordrhein-Westfalen.

Auch für das Land Niedersachsen entstand 1978 ein Bibliotheksplan mit konkreten Realisierungsvorschlägen. Mit der Entscheidung des Landes, die Förderung der Öffentlichen Bibliotheken ab 1982 einzustellen und die bibliothekarische Versorgung der Bevölkerung als originäre Aufgabe der Kommunen einzustufen, ist ein Abrücken von diesem Plan verbunden, wie es so auch deutlich formuliert wurde.[2] Der Innenminister des Landes Niedersachsen hat bei der Eröffnungsveranstaltung diese Entscheidung angesprochen. Ich meine, wir sollten uns deutlich bewußt machen, daß sich hier plötzlich ein Umdenkungsprozeß manifestiert hat. Die Frage, inwieweit die betroffenen Kommunen diesen Umdenkungsprozeß mitvollziehen, läßt sich zur Zeit noch nicht beantworten.

Gedankengänge ähnlicher Art sind auch aus Nordrhein-Westfalen bekannt. Hier liegt der Schwerpunkt auf der Förderung der überörtlichen Aufgaben mit geringem Spielraum für den Ausgleich von Strukturschwächen.

[2] Mitteilungsblatt der Bibliotheken in Niedersachsen. 1982, Nr. 52, S. 29.

Die Terminierung des zwischenzeitlich bereits reduzierten Bibliotheksgesetzes in Baden-Württemberg bis 1984 ruft Assoziationen hervor.

Interessant ist die gegenläufige Tendenz in Hessen. Hier stellt das Land seit zwei Jahren erstmalig Förderungsmittel in Höhe von einer Million DM für die Öffentlichen Bibliotheken bereit. In diesem Zusammenhang ist wohl auch der kürzlich erarbeitete Bibliotheksentwicklungsplan für das Land Hessen zu sehen, der der Landesregierung zur Zeit vorliegt.

In Bayern haben die Bibliotheksplanungen Eingang in die Landesplanung gefunden.

Von der gegenwärtigen Finanzsituation abgesehen läßt sich aus vielerlei Tendenzen erkennen, daß wir von unserem Wunschziel, gesetzliche Regelungen für die Öffentlichen Bibliotheken zu erreichen, zur Zeit wohl weiter entfernt sind denn je.

Wenn ich heute über die Wirkung des Bibliotheksplans '73 im Bereich der Bibliotheken der 1. Stufe und über die hier erfolgte Entwicklung in den vergangenen zehn Jahren berichten soll, so muß ich zunächst anmerken, daß es sich dabei keineswegs nur um die ländlichen Bibliotheken handelt, sondern um das ganze breite Spektrum der Bibliotheken in den ländlichen Gemeinden, den Klein- und vor allem den Mittelstädten bis unterhalb der Großstädte, also um einen nach Größe und Struktur sehr vielfältigen Bereich. Das Bild dieser außergroßstädtischen Bibliothekslandschaft wäre aber nicht vollständig, wenn man die Bibliotheken unterhalb der 1. Stufe ignorieren würde. Auch diese sind in die Betrachtung einzubeziehen.

Als die Bibliotheksplan-Kommission die Mindest-Normen der Bibliotheken der 1. Stufe als unterste verbindliche Richtschnur zur Abstimmung stellte, gab es bei einer Gegenstimme volle Zustimmung aller Beteiligten. Die Bibliothekare versprachen sich eine quantitative und qualitative Verbesserung im Bereich der Grundversorgung mit Hilfe des Bibliothkesplans. Besonders die Staatlichen Büchereistellen, die sich bei der vorangegangenen Fachkonferenz einstimmig für diese Normen ausgesprochen hatten, setzten ihre Hoffnung auf eine schnellere Entwicklung der großen Zahl kleiner, unzureichender Bibliotheken und sahen den kommenden Zeiten voller Optimismus entgegen, wie es einem Aufsatz unseres Kollegen Reinhard Meyer[3] von 1973 zu entnehmen ist.

Wenn wir auch heute wissen, daß die Realitäten im Bereich der Bibliotheken der 1. Stufe den Optimismus so nicht rechtfertigten, so muß doch gesagt werden, daß sich in den vergangenen zehn Jahren hier Wesentliches verändert hat. Aus vielen kleinen Einheiten entstanden leistungsfähige Bibliotheken. Der Wandel im äußeren Erscheinungsbild wird in einer Anzahl attraktiver Biblio-

[3] Reinhard Meyer: Bibliotheksplan II. In: Die Neue Bücherei. 1973, 1, S. 1ff.

theksbauten und verbesserter räumlicher Verhältnisse dokumentiert. Die Ausweitung und Qualifizierung der Angebote und Dienste dieser Bibliotheken prägt in weitem Ausmaß diesen Bereich. Es sind hier Bibliotheken entstanden, von denen viele ihren Platz in der Kulturszene ihrer Stadt behaupten.

Die Konzentration und Schwerpunktbildung ist aber ohne die kommunale Neugliederung, die ebenfalls in den zu betrachtenden Zeitraum fällt und in den einzelnen Bundesländern unterschiedlich streng durchgeführt wurde, nicht denkbar.

Vergegenwärtigen wir uns, daß in unserem Lande 40 Millionen Einwohner außerhalb der Großstädte leben in den heute dort bestehenden 8438 Städten und Gemeinden.

Wie sieht nun die Bibliothekslandschaft in diesem Raum aus? Hier gibt es inzwischen 674 hauptamtlich besetzte Öffentliche Bibliotheken – also Bibliotheken der 1. Stufe – in kommunaler oder kirchlicher Trägerschaft, einschließlich der 36 überörtlich operierenden mobilen Bibliotheken. Diese 674 Bibliotheken versorgen Orte mit insgesamt 18,9 Millionen Einwohnern, also weniger als die Hälfte der Einwohner im außergroßstädtischen Bereich. (Die 36 mobilen Bibliotheken sind mit je 30000 Einwohnern in die Berechnung eingeschlossen.)

Demnach finden 22 Millionen Menschen nicht einmal eine wenigstens halbtags besetzte Bibliothek am Ort und müssen sich nach wie vor mit kleinen, personell knapp besetzten und zwangsläufig wenig geöffneten Bibliotheken begnügen; oder sie finden unter Umständen auch nicht einmal diese vor. Eine erschreckende Vorstellung!

Doch betrachten wir zunächst die Bibliotheken, die sich auf dem Mindeststandard der 1. Stufe oder darüber befinden.

Im Vergleich zu 1973 haben wir eine Zunahnme um 64% von 411 auf 674 hauptamtlich besetzte Bibliotheken zu verzeichnen. In diesen Bibliotheken haben sich die Buch- und Medienbestände mehr als verdoppelt (1973: 9,3 Millionen, 1982: 20,4 Millionen): Auf jeden Einwohner der Bibliotheksorte entfallen heute 1,1 ME. Die Entleihungen haben sich ebenfalls mehr als verdoppelt (1973: 28 Millionen, 1982: 60,9 Milionen): Auf jeden Einwohner der Bibliotheksorte entfallen heute 3,2 Entleihungen. Die Zahl der hauptamtlichen Mitarbeiter ist von 1834 auf 2746 angestiegen (nahezu 50%).

Die Gesamtaufwendungen erreichen mit 219 Millionen DM annähernd das Vierfache des Aufwands von 1973. Die Inflationsrate ist hierbei zu berücksichtigen. Der Aufwand je Einwohner der Bibliotheksorte beträgt z. Z. 11,60 DM.

Viel zähe Geduld war erforderlich, um diesen Entwicklungsstand der Bibliotheken der 1. Stufe zu erreichen; darin sind sich die Kollegen aus diesen Bibliotheken mit denen der staatlichen Büchereistellen, die hier Wesentliches beigetragen haben, einig. Aber sind es Ergebnisse im Sinne des Bibliotheksplans? Wohl kaum.

Die Bibliotheken der 1. Stufe haben mit 1,1 ME je Einwohner der Bibliotheksorte gerade das Nahziel erreicht, das der Bibliotheksplan bis 1975 anvisierte.

Sie liegen zudem erheblich unter dem Standard der Großstadtbibliotheken, deren Bestände 1,6 ME je Einwohner und deren Gesamtaufwendungen 19 DM je Einwohner betragen.

Durchschnittswerte ebnen herausragende Ergebnisse ein. Es soll daher auch gesagt werden, daß einige Bibliotheken der 1. Stufe die Zielvorstellungen von zwei ME je Einwohner und sogar mehr erreicht haben, wie eine der „schönen" kleinen Tabellen in der Deutschen Bibliotheksstatistik ausweist; das ist bei neun Bibliotheken in Orten kleinerer Größenordnung der Fall. Sie verteilen sich ziemlich gleichmäßig über die Bundesrepublik Deutschland. Im Vergleich sind hier auch acht Großstadtbibliotheken zu nennen.

Die Versorgung der Bevölkerung mit Bibliotheken der 1. Stufe stellt sich in den einzelnen Bundesländern sehr unterschiedlich dar. Während beispielsweise in Nordrhein-Westfalen zwei Drittel der Bevölkerung an ihrem Ort die Angebote und Dienste einer hauptamtlich besetzten Bibliothek in Anspruch nehmen können, ist es in Baden-Württemberg, in Niedersachsen und im Saarland bereits weniger als die Hälfte, in Bayern gut ein Drittel, in Rheinland-Pfalz weniger als ein Drittel und in Hessen nur etwas mehr als ein Viertel.

Die vorhin so nüchtern zahlenmäßig betrachteten Bibliotheken der 1. Stufe sind von sehr unterschiedlicher Größe und Funktion, wie eingangs schon angedeutet wurde. Ich möchte hier auf eine Frage eingehen, die uns bei der Erarbeitung des Bibliotheksplans beschäftigt hat und auch heute wieder beschäftigt, die Situation der Bibliotheken in den Mittelzentren.

Der Bibliotheksplan '73 orientiert sich an den Kategorien der Landesplanung, wie es dem Text selbst zu entnehmen ist und wie es auch in der gemeinsamen Stellungnahme der Kultusministerkonferenz und der kommunalen Spitzenverbände von 1970 gefordert wurde. Hätte die Bibliotheksplankommission konsequent nach diesem Grundsatz gehandelt, so hätte sie eine eigene Stufe für die Bibliotheken in Mittelzentren einfügen müssen; dies war ein Diskussionspunkt in der damaligen Kommission, der von den Mittelstädten wie den Staatlichen Büchereistellen bei den Beratungen vorgebracht wurde. Ich erinnere mich, daß eine kleine Gruppe von Mittelstadtbibliothekaren seinerzeit gebeten wurde zu prüfen, ob es eine Funktionsbeschreibung für Bibliotheken in Mittelzentren geben könne. Die Überlegungen führten aber nicht zum Erfolg.

Aufgrund der Stellungnahme der Staatlichen Büchereistellen zum Entwurf des Bibliotheksplans '73 wurde dann im Text der Beschreibung der Bibliotheken der 1. Stufe eine Akzentuierung für die Bibliotheken in Mittelzentren angebracht.

Interessanterweise haben die Bibliotheksentwicklungspläne auf Landesebene hier eine Art Zwischenstufe eingeschoben, die den betreffenden Bibliotheken „Teilfunktionen von Bibliotheken 2. Stufe" zuordnen. Das KGST-Gutachten hebt sie ebenfalls heraus und nennt sie Mittelpunktbibliotheken, eine Bezeichnung, die in Nordrhein-Westfalen aufgegriffen wurde. Ein Förderungsprogramm des Landes besteht seit fünf Jahren für diese Bibliotheken, eine Maßnahme, die für die Strukturbildung des Bibliothekswesens außerhalb der Großstädte, ganz besonders im ländlichen Bereich, von besonderer Bedeutung ist.

Zur Zeit wird über ein DBI-Projekt eine Funktionsbeschreibung der Bibliotheken in Mittelzentren erarbeitet. So wird diesen Bibliotheken, die Aufgaben des gehobenen Bedarfs auch über ihren Ort hinaus wahrnehmen, die richtige Einschätzung zuteil, die aufgrund der Entwicklung dieser Bibliotheken gerechtfertigt ist.

Zur Vervollständigung des Bildes der Bibliothekslandschaft im außergroßstädtischen Raum sind die Bibliotheken unterhalb der 1. Stufe einzubeziehen, die kleineren Einheiten, die die Mindestnormen bisher – aus welchen Gründen auch immer – noch nicht erreichen konnten. Ihr Engagement ist oft groß, aber die Reichweite ihrer Tätigkeiten ist aus vorwiegend personellen Gründen begrenzt.

Ich hatte es mir relativ einfach vorgestellt, einen statistischen Gesamtüberblick über das Öffentliche Bibliothekswesen in der Bundesrepublik zu erhalten und daraus die Situation im ländlichen Bereich herausfiltern zu können; weit gefehlt! Weder das Statistische Jahrbuch für die Bundesrepublik Deutschland noch das Statistische Jahrbuch Deutscher Gemeinden boten da auch nur eine annähernd ergiebige Fundstelle. Letzteres brachte vor zehn Jahren eine Aufstellung der Gemeinden mit Bibliotheken, seitdem nichts Derartiges mehr bis auf eine aufschlußreiche Spalte über die Öffentlichen Bibliotheken in der Tabelle der gemeindlichen Kulturausgaben. Für unsere Statistik-Kommission sehe ich da ein dankbares Feld. Auch solche Dinge gehören zur Optik des Bibliothekswesens.

Mit freundlicher Hilfe des DBI, das eigens ein Programm erstellte, bin ich dann doch noch zu einer Statistik gekommen.

Da die statistischen Unterlagen 1972 für den Bereich der kreisfreien Städte und der Kreise vorliegen, mußte aus Gründen der Vergleichbarkeit die Statistik 1981 (neuere Zahlen waren noch nicht greifbar) auch so angelegt werden. Die kreisfreien Städte sind nicht ganz deckungsgleich mit den Großstädten und daher der Kreisbereich nicht ganz identisch mit den Städten und Gemeinden im außergroßstädtischen Raum. Es gibt da eine geringe Differenz und eine Verschiebung bei den Bibliotheken, die aber das Gesamtbild nicht wesentlich beeinflussen.

Nach dieser Statistik gibt es unterhalb der 674 Bibliotheken der 1. Stufe noch eine große Zahl kommunaler und kirchlicher öffentlicher Bibliotheken – insgesamt 6425 –, die das Bild der Bibliothekslandschaft im ländlichen Raum prägen. Oft befinden sich mehrere dieser Bibliotheken an einem Ort; die Überschneidungen sind nicht exakt zu ermitteln, aber die Statistik läßt den sicheren Schluß zu, daß es auch Gemeinden gibt, die keine Öffentliche Bibliothek besitzen. Die Bestände dieser kleinen Bibliotheken zählen zusammen 16,1 Millionen Medien – eine ganz stattliche Zahl. Setzt man sie in Relation zur Bevölkerung, so ergibt das 0,7 ME je Einwohner außerhalb der Bibliotheken der 1. Stufe. Die Schwäche dieser kleinen Bibliotheken liegt in der geringen Personalausstattung, den damit verbundenen geringen Öffnungszeiten und den daraus resultierenden geringen Entleihungen. Die Bestände werden nur annähernd 1,3mal umgesetzt. Die Leistungen dieser Bibliotheken liegen damit bei etwa einem Drittel der Leistungen der Bibliotheken der 1. Stufe. Die Aufwendungen je Einwohner liegen bei ca. drei DM.

Bibliotheksplan '73 und KGST-Gutachten haben hier offensichtlich wenig Wirkung gehabt.

Betrachtet man die Bibliothekssituation im kreisangehörigen Raum insgesamt und vergleicht dabei die Bibliotheken der 1. Stufe mit denen, die in der Ausstattung darunter liegen, so entfällt auf die Bibliotheken der 1. Stufe ¾ der Leistungen und 9/10 der Aufwendungen.

Doch zurück zu den Bibliotheken unterhalb der Norm der 1. Stufe. Es ist die Frage nach den Ursachen der Situation zu stellen. Des öfteren ist zu hören, daß alle Gemeinden infolge der kommunalen Neugliederung heute bibliotheksfähig seien. Ob aber alle kleinen Gemeinden eine Bibliothek am Ort nach den Normen der 1. Stufe unterhalten können oder aufgrund ihrer Siedlungsstruktur zweckmäßigerweise unterhalten sollten, ist noch sehr fraglich. 1980 gab es beispielsweise in Nordrhein-Westfalen, wo das Bibliothekswesen im außergroßstädtischen Raum ziemlich stark ausgebaut ist, keine einzige der 71 Gemeinden unter 10000 Einwohnern, die eine Bibliothek der 1. Stufe unterhielt.

Der Bibliotheksplan sieht für die dünn besiedelten Gebiete die mobile Bibliothek der 1. Stufe vor. Die staatlichen Büchereistellen, die sich hier sehr abplagen müssen, haben alle auf ein stärkeres Engagement der Kreise als Träger von überörtlichen mobilen Bibliotheken gehofft, das aber bis auf Einzelfälle und mit Ausnahme der Kreise in Schleswig-Holstein weitgehend ausgeblieben ist. Auf diese Weise hätte sich, besonders bei der Versorgung der weitläufigen und dünn besiedelten Flächengemeinden, eine wesentliche Verbesserung erzielen lassen, wie wir es aus der konsequenten Arbeit mit mobilen Bibliotheken in Schleswig-Holstein beispielhaft erleben. Hier sind allein 14 der 36 überörtlichen Autobusbibliotheken eingesetzt, und hier werden mit die höchsten Leistungen im gesamten kreisangehörigen Bereich mit 2,3 Entleihungen je Einwohner erreicht. Im Vergleich dazu liegen die Ergebnisse in Baden-Württemberg bei fast zwei Entleihungen, in Bayern bei 1,9, in Hessen bei 1,1, in Niedersachsen bei 1,8, in Rheinland-Pfalz bei 1, im Saarland bei 2 und in Nordrhein-Westfalen bei fast 2,9[4]. Hier kommt das hohe Ergebnis durch die starke Konzentration von mittelstädtischen Bibliotheken und einigen Großstadtbibliotheken zustanden, die in Nordrhein-Westfalen in den kreisangehörigen Raum fallen, im Gegensatz zu anderen Bundesländern, in denen eine Reihe von Mittelstädten kreisfrei sind. An den Maßstäben des Bibliotheksplans gemessen ist das Bibliothekswesen in den kleinen ländlichen Gemeinden mit Ausnahme von Schleswig-Holstein – und auch dort gibt es noch unterversorgte Gebiete – bundesweit ein ganzes Ende hinter den Vorstellungen und Erwartungen zurückgeblieben. Über weite Strecken hat sich kein Organisator und auch kein Finanzier für bibliotheksplangerechten Ausbau gefunden.

Der Ausbau der Bibliotheken in den Klein- und Mittelstädten, besonders aber die Entwicklung kleiner Einheiten zu Bibliotheken der 1. Stufe, muß im kommunalen Bereich wohl in erster Linie der intensiven Überzeugungs- und Entwicklungsarbeit der Staatlichen Büchereistellen/Fachstellen zugeschreiben werden, die sich hier unermüdlich für die Standardisierung der Bibliotheken eingesetzt haben. Entscheidend dazu beigetragen haben die Förderungsmittel der Länder, mit deren Hilfe Bibliotheksgründungen und Ausbaumaßnahmen angeregt und mitfinanziert werden konnten. Stagnation und sogar Rückschritt müssen besonders bei den kleineren Bibliotheken befürchtet werden ohne die Unterstützung durch die Landeszuwendungen. Mit dem materiellen Verlust ist zudem auch ein ideeller Verlust verbunden. Ich zitiere aus dem Jahresbericht Schleswig-Holstein von 1981: „Der Büchereiverein ist nun einmal entscheidend auf die Landesmittel zur Erhaltung und Entwicklung des Büchereiwesens angewiesen." Dies könnten alle Staatlichen Büchereistellen aus den Erfahrungen der täglichen Praxis gesagt haben, und deshalb sehen die Fachstellen in Niedersachsen angesichts des völligen Wegfalls der Förderungsmittel des Landes und die Staatlichen Büchereistellen in Nordrhein-Westfalen im Hinblick auf die starke Kürzung der Landesmittel der zukünftigen Entwicklung der davon betroffenen Bibliotheken sorgenvoll entgegen.

Darüber hinaus werden seit einiger Zeit Anzeichen erkennbar, nach denen eine Umstrukturierung der Staatlichen Fachstellen in Niedersachsen bzw. der

[4] Den Berechnungen liegen die Zahlen der kommunalen und kirchlichen öffentlichen Bibliotheken insgesamt zugrunde.

Staatlichen Büchereistellen in Nordrhein-Westfalen nicht auszuschließen ist. In Baden-Württemberg wurde bereits öffentlich darüber nachgedacht, ob die Fachstellen nach Wegfall der Landesförderung 1984 noch notwendig seien[5]. Alle an dieser Arbeit Beteiligten und davon Betroffenen wissen, daß bei einer gravierenden Änderung hier der Generalmotor für die Entwicklung des Bibliothekswesens im ländlichen Raum abgestellt würde und das dort Bestehende sich ohne die fachlichen Dienste und Hilfen der Fachstellen allein nicht erhalten könnte.

Dieser Aspekt gehört ganz wesentlich in die Betrachtung des Bibliothekswesens im ländlichen und mittelstädtischen Raum. Die Staatlichen Büchereistellen für diese Arbeit weiter auszubauen, forderte die gemeinsame Stellungnahme der Kultusministerkonferenz und der kommunalen Spitzenverbände bei den Vorschlägen zur weiteren Behandlung des Bibliotheksplans I.

Die Darstellung des Entwicklungsstandes des außergroßstädtischen Bibliothekswesens hat insofern einen breiten Raum eingenommen, weil das Erreichen der Mindestnormen hier zunächst einmal das Hauptziel darstellte.

Die Kooperation mit Bibliotheken anderer Träger, Aufgabenstellung und Größenordnung war der zweite Schritt auf dem Entwicklungsweg. Die Klein- und Mittelstadtbibliotheken sind – von den kleinen Gemeindebibliotheken ganz abgesehen – von ihrer Größe und ihren Möglichkeiten her besonders auf Kooperation mit anderen Instituten angewiesen, wenn sie ihre Aufgaben optimal erfüllen wollen. Im Bewußtsein dieser Tatsache haben diese Bibliotheken die Zusammenarbeit denn auch besonders gesucht. Schon Anfang der siebziger Jahre wurde in Nordrhein-Westfalen ein Katalog der Wünsche und Erwartungen an die Bibliotheken der 2. Stufe herangetragen, die darauf reagierten und ihre Überlegungen in mehreren Papieren niederlegten. Die Zusammenarbeit in diesem Bereich ist in einigen Regionen gut vorangekommen. Die Praxis hat inzwischen ergeben, daß die Dienste der Bibliotheken der 2. Stufe vorwiegend im benutzerbezogenen, weniger oder gar nicht im betriebsbezogenen Bereich liegen, wie der Bibliotheksplan es ursprünglich vorsah.

Eine gute Praxis der Zusammenarbeit ergibt sich in Nordrhein-Westfalen im Zuge der Neuordnung der Leihverkehrsregionen, bei der den Bibliotheken der 2. Stufe die Leitbibliotheksfunktion für die Öffentlichen Bibliotheken des Umlandes übertragen wird.

Die Kooperation der Bibliotheken untereinander ist auch auf anderen Gebieten durch viele Beispiele aus allen Bundesländern zu belegen. Der Zusammenarbeit mit den Schulbibliotheken kommt besondere Bedeutung zu, schon aus Gründen eines wirtschaftlichen Einsatzes der Mittel. Hier sind auch im länd-

[5] Buch und Bibliothek. 1983, 4, S. 300.

lichen Bereich vielerlei Formen der Zusammenarbeit zustande gekommen, wenn auch deutlich gesagt werden muß, daß wegen der überwiegend knappen Personalausstattung der Bibliotheken im außergroßstädtischen Raum kaum praktische Hilfeleistungen für Schulbibliotheken geboten werden können, was eigentlich notwendig wäre. Schulbibliothekarische Arbeitsstellen, wie sie zum Teil bei Großstadtbibliotheken bestehen, sind mir aus den mittelstädtischen Bibliotheken nicht bekannt.

Ich meine, daß sich die Vorstellungen von der Zusammengehörigkeit der Bibliotheken und der Einheit des Bibliotheksnetzes heute oft ganz selbstverständlich ausdrücken. Dies sollte man nicht gering einschätzen.

Von entscheidender Bedeutung für die Bibliotheken der 1. Stufe ist die Nutzung zentraler betriebsbezogener Dienste. Hilfen, die die kleinen Bibliotheken von den Staatlichen Büchereistellen, den regionalen Büchereiverbänden oder den Büchereizentralen erhalten, erwarten die Mittelstadtbibliotheken und die vorgenannten regionalen Einrichtungen von der EKZ und anderen Institutionen auf Bundesebene. Sie sind für die Bibliotheken der 1. Stufe von existenzieller Bedeutung, heute ganz besonders. Diese Bibliotheken sind auf die Dienste der regionalen wie der überregionalen Einrichtungen besonders angewiesen, nicht nur in technisch-organisatorischer Hinsicht, sondern weil sie auch, oder zumindest viele von ihnen, die fachliche Partnerschaft zur Lösung ihrer Probleme brauchen. Wichtig ist es, daß diese Bibliotheken den ständigen Anschluß an die Entwicklungen im Bibliothekswesen behalten und Neuerungen auf für sie Relevantes abschätzen können.

Es ist einmal der Slogan von der Vereinsamung in der Mittelstadtbibliothek gefallen; dies muß nicht sein. Sie kann durch vielerlei Kooperationsformen aufgehoben werden.

Wenn ich zum Schluß meiner Ausführungen ein kurzes Resümee ziehen soll, so bleibt festzuhalten, daß der Bibliotheksplan '73 die unverzichtbare Grundlage für die regionalen Entwicklungsplanungen im Bereich des ländlichen und mittelstädtischen Bibliothekswesens war und ist sowie richtungweisende Anstöße für die Kooperation der Bibliotheken und ihre Einbindung in das gesamte Bibliotheksnetz auf Landes- und Bundesebene gegeben hat, die feststellbare Ergebnisse gebracht haben.

Aufgrund seiner Konzeption als Rahmenplan ist der Bibliotheksplan '73 von den örtlichen Bibliotheksträgern nur in Verbindung mit dem KGST-Gutachten akzeptiert worden. Letzteres erhielt sein besonderes Gewicht durch die Tatsache, daß es aus der Werkstatt der Träger kam.

Träger wie Förderer der Bibliotheken haben den Bibliotheksplan als fachliches Instrument in weitem Maß zur Grundlage ihrer Planungen, aber nicht zum Maßstab ihres Handelns gemacht. Das Bewußtsein von der Notwendigkeit

Öffentlicher Bibliotheken war in unserer Gesellschaft wohl nicht ausreichend vorhanden. Es ist uns offenbar nicht gelungen, die gesellschaftliche Relevanz der Öffentlichen Bibliotheken deutlich zu machen.

Was realiter erreicht wurde, ist eine starke Festigung der Bibliotheksstruktur im mittelstädtischen Bereich in unterschiedlicher Ausprägung in den einzelnen Bundesländern. Weit zurückgeblieben sind die ländlichen Gemeinden; Ausnahmen, die vorhin angesprochen wurden, bleiben davon unberührt.

Durch die Sparmaßnahmen sind die Bibliotheken im außergroßstädtischen Bereich besonders empfindlich getroffen, da hier immer mit knapper Ausstattung gewirtschaftet werden mußte. Es gab hier nie fette Jahre und schon gar nicht ein Schlaraffenland. Deshalb sind Kürzungen so gravierend. Es wäre schlimm, wenn die hier in den vergangenen zehn Jahren mühsam entstandene Bibliotheksstruktur ins Wanken käme.

Wir kennen die großen Schwierigkeiten der öffentlichen Haushalte und müssen uns alle einschränken. Das ist das eine. Ich würde es aber für verhängnisvoll halten, wenn die Bibliothekare selbst von den einmal für richtig und notwendig erkannten fachlichen Grundsätzen und Normen abrücken würden. Das ist das andere.

Den Daten und Berechnungen liegen die Gesamtstatistik 1973 (Stand 31. 12. 1972) über die Deutsche Bibliotheksstatistik 1982 (Stand 31. 12. 1981) zugrunde.

Die Daten über die kirchlichen Bibliotheken basieren auf der Statistik der kirchlichen öffentlichen Büchereien in der Bundesrepublik 1971. Sie wurden aus Gründen der Vergleichbarkeit auf den Stand 1972 hochgerechnet.

GUSTAV ROTTACKER

Bibliotheksplan ’73
Die Großstadtbibliotheken und die Bibliotheken der Oberzentren

Bibliotheken der 2. Stufe

Die Aufgabe, eine Zehnjahresbilanz zu ziehen, scheint auf den ersten Blick recht reizvoll. Ist man doch zunächst überzeugt, daß sich in den zurückliegenden zehn Jahren viel getan hat, daß wir auf dem Weg zum „flächendeckenden Bibliotheksnetz“ ein gutes Stück vorwärts gekommen sind. Freilich, wenn man von der Großstadtsituation absieht und das Stadt- und Landgefälle betrachtet, kommen einem sofort berechtigte Zweifel an diesem Optimismus. Und wenn die Großstadtbibliotheken die Beschränkungen der letzten Jahre – denn diese haben im großstädtischen Bereich mit wenigen Ausnahmen weit mehr Wirkung gezeigt – kritisch durchleuchten, so erweist sich Skepsis als nur zu berechtigt.

Schauen wir uns aber zunächst die Zahlen der letzten zehn Jahre an: Ungefähre Angaben für die Jahre 1971/72 finden wir in den Anlagen 2 und 3 des Bibliotheksplans ’73. Damals hatten die Öffentlichen Bibliotheken (Stufe 1 und 2 des Plans) 47 Millionen Medieneinheiten verfügbar. Dieser Bestand sollte innerhalb von zwei Jahren auf 61 Millionen Medieneinheiten aufgestockt und im Verlauf von weiteren zehn Jahren (also bis 1985) auf 122 Millionen ausgebaut werden. Die Deutsche Bibliotheksstatistik weist für 1982 57 Millionen Medieneinheiten aus! Bei einer Fortschreibung bis 1985 könnte eventuell gerade das erreicht werden, was schon für 1975 als Nahziel gefordert war. Dabei haben die Bibliotheken der 1. Stufe mit 25% Steigerung mehr profitiert als die Großstadtbibliotheken (18%).

Die Vermehrungsetats für Medien betrugen 1971 rund 31 Millionen DM. Ohne Kostenerhöhung sollten 1985 292 Millionen zur Verfügung stehen. 1982 hatten die Öffentlichen Bibliotheken 75 Millionen DM für Medienbeschaffung, worin eine Preissteigerung von 54% enthalten ist.

Ausgehend von einem Personalbestand von 6332 Stellen in den Öffentlichen Bibliotheken (1972) hatte der Bibliotheksplan die Zielvorstellung von 30500 Beschäftigten. 1982 umfaßte das Personal 8973 Stellen in den Bibliotheken der 1. und 2. Stufe, wobei zur Zeit die Zahl der Planstellen eher rückläufig ist. Angesichts dieser Zahlen ist es sicher nicht unberechtigt zu fragen, ob der

Planungsidealismus der frühen Siebziger nicht doch allzu realitätsfern war. Schon bald kam damals auch in bibliothekarischen Kreisen diese Frage auf, zumal ja das in den kommunalen Verwaltungen wesentlich ernster genommene Gutachten der Kommunalen Gemeinschaftsstelle für Verwaltungsvereinfachung (KGSt-Gutachten Öff. Bibliotheken 1973) mit denselben Zahlen und Forderungen operierte. Jedoch wenn auch mitunter in den Verwaltungen laut wurde, daß diese Zahlen nicht ganz realitätsbezogen seien, beachtet wurden sie damals und werden sie auch heute noch. Gerade deshalb ist es wichtig, daß die KGSt trotz mancher Aufforderung kein modifiziertes Gutachten Öffentliche Bibliothek verfaßt, sondern nach wie vor zum dreiundsiebziger Gutachten steht. Die Empfehlungen zur Haushaltskonsolidierung in der Aufgabengruppe 42, die voraussichtlich in diesen Tagen noch veröffentlicht werden, setzen das Gutachten von 1973 nicht außer Kraft, sondern basieren auf den damaligen Empfehlungen.

So besehen hat trotz aller Ernüchterung, die uns exakte Zahlen vermitteln, eine Bilanz nach zehn Jahren etwas Gutes. Wird man sich doch bewußt, daß das fern gesteckte Ziel sehr wohl seine Wirkungen hatte und hat. Mit den Argumenten von Bibliotheksplan und KGSt-Gutachten ausgestattet haben in den letzten zehn Jahren die Bibliothekare der Öffentlichen Bibliotheken Aufmerksamkeit und Verständnis bei ihren Verwaltungen und in den kommunalen Parlamenten gefunden.

Lassen Sie mich einige Punkte herausgreifen, die in ihrer Wirksamkeit für die Großstadtbibliotheken besonders signifikant waren: Die im Bibliotheksplan geforderten „Grundsätze für den Bestandsaufbau" der Bibliotheken der 2. Stufe machten klar, daß die seit Jahren betriebenen Ansätze zu einem zentralen Besprechungswesen der Neuerscheinungen energisch vorwärts getrieben werden mußten. Die Forderung nach Neuanschaffung von jährlich 30 Prozent der deutschsprachigen Buchtitel (damals 12 500) bedurfte zum überlegten Bestandsaufbau einer Zusammenarbeit der Lektorate der großen Städte. Konsequent – trotz mannigfacher Schwierigkeiten – wurde 1976 nach einer Projektphase eine solche Kooperation institutionalisiert. Im Laufe der Jahre wurde der Informationsdienst der Lektoratskooperation zum, wenn auch nicht überall geliebten, jedoch unentbehrlichen Hilfsmittel der Bibliothekslektorate. Wenn auch in diesem Dienst noch nicht die geforderten 30% der deutschen Neuerscheinungen angezeigt werden, so deuten doch gerade auf dem jetzigen Kongreß gemachte Äußerungen darauf hin, daß dieses Ziel vielleicht erreicht werden kann.

Der im Bibliotheksplan geforderte – und mitunter auch belächelte – Ausbau eines „flächendeckenden Netzes" der Literaturversorgung ging nicht nur als Schlagwort „für jedermann an jeden Ort" in viele Texte ein, sondern zeitigte auch die Neufassung der Ordnung des Leihverkehrs in der Bundesrepublik Deutschland. Die 1979 verabschiedete Leihverkehrsordnung schloß nun, wie im Bibliotheksplan beabsichtigt, die Öffentlichen Bibliotheken in den Leihverkehr mit ein. Eine Arbeitsgruppe entwarf im Anschluß daran Empfehlungen für den Regionalen Leihverkehr, die 1981 veröffentlicht wurden. Es ist zu hoffen, daß jetzt nach der Schaffung der Grundlagen auch die Verwirklichung eines Regionalen Leihverkehrs mit Überleitungsmöglichkeit zum Überregionalen Leihverkehr in allen Bundesländern zum Tragen kommt. Hier allerdings zeigen sich besonders deutlich die Schwierigkeiten, die für Bibliotheken der 2. Stufe auftreten. Die fast ausschließlich von der Kommune finanzierte Öffentliche Bibliothek der 2. Stufe soll Bibliotheken der 1. Stufe, die nicht zur Gemeinde gehören, mit dort nicht vorhandener Literatur versorgen, ihnen als Leitbibliothek dienen und Informationen vermitteln. Gerade in Zeiten wirtschaftlicher Depression wird sich mancher Bibliotheksträger fragen, ob für solche Dienste Mittel von dritter Seite zu beanspruchen sind. Bei den Bundesländern ist jedoch meist keine Bereitschaft zu spüren, in diesen Zeiten ihre Zuschüsse zu erhöhen.

Im Verfolg des Bibliotheksplans wurden in vielen Städten und manchen Regionen Bibliotheksentwicklungspläne entworfen, die allgemein gerade beim Fehlen gesetzlicher Regelungen als sehr hilfreich empfunden wurden. Ein Plan, von der Gemeindevertretung gutgeheißen und verabschiedet, legt zwar manche mögliche Entwicklungen ohne Variierungsmöglichkeiten fest, hat aber auch den Vorteil, daß er in schwierigeren Zeiten nicht gleich ad acta gelegt wird; vielmehr wird nach ihm – ist er erst einmal begonnen – konsequent weitergearbeitet.

Nicht verschwiegen soll werden, daß in einigen Bereichen keinerlei Fortschritt erzielt werden konnte. Gesetzliche Regelungen für das Bibliothekswesen, mit Hilfe derer die Ziele des Bibliotheksplans erst realisiert hätten werden können, sind so ferne wie eh und je. Zwar hatte Baden-Württemberg 1975 ein „Gesetz zur Förderung der Weiterbildung und des Bibliothekswesens" erlassen, das „nach Maßgabe des Staatshaushalts" eine Förderung vorsah, die allerdings durch eine Novellierung 1979 nur bis 1984 als gezielte Bezuschussung gilt; dieses fragwürdige Gesetz hat trotz vieler Entwürfe in anderen Ländern keinen Nachfolger gefunden und wird dies auch in den nächsten Jahren nicht finden. Übirg bleiben hier nur die Aufbaupläne oder die Entwicklungspläne, die eigentlich Lückenbüßer sind.

Die Automatisierung im Bibliothekswesen ist auf dem besten Wege, zu einem Chaos in der deutschen Bibliotheksszene zu führen. Nicht nur, daß an verschiedensten Stellen an den gleichen Problemen gearbeitet wird, sondern auch, daß die notwendigen Absprachen untereinander und die Verständigung über mögliche Kompatibilitäten viel zu spät getroffen werden. Schwört doch jeder mit

Unterstützung seines Rechenzentrums auf seine Software; da jedes deutsche Bibliothekssystem seine eigenen Regeln hat – bewundernswert ist hier seit Urzeiten der Erfindungsreichtum der deutschen Bibliothekare –, besteht auch kaum die Chance, daß Software unverändert von einem andern System übernommen werden kann. Nachdem nun im Bereich der systematischen Bestandserschließung eine weitere Klassifikation eingeführt worden ist und somit in diesem Bereich nur über Schlagworte eine Verbindung zwischen den Öffentlichen Bibliotheken möglich ist, gelang es im Bereich der alphabetischen Titelaufnahme immerhin, die Gefahr eines Bruches zu bannen und in der RAK-ÖB neben der RAK-WB eine allgemein gültige Regelung zu schaffen. Vielleicht werden wir auch noch gezwungen, im Rahmen der Konsolidierungsmaßnahmen uns zentraler Dienste zu bedienen, in deren Gefolge Automation zwingend werden könnte.

Der Bestandsabbau ist ein im Bibliotheksplan '73 geforderter, bisher aber zentral noch nicht gelöster Bereich. Die Lektoratskooperation wird hier nur für einzelne Titel tätig; Löschung, Speicherung und Aktualisierung der Bestände bleibt dem einzelnen überlassen, der selten über die entsprechende Spezialkenntnis verfügt.

Schließlich seien noch einige Gebiete genannt, die sich in den letzten zehn Jahren entwickelt haben, die aber im Bibliotheksplan noch nicht genannt waren.

Im Bereich der Bibliotheken der 2. Stufe erhielt die Stadtteilkulturarbeit wachsende Bedeutung. Bibliothekszweigstellen in einzelnen Stadtbezirken wurden zu kulturellen Zentren, die über ihre eigentlich bibliothekarische Arbeit hinaus Veranstaltungen und Organisationsaufgaben übernahmen, die der Erhaltung einer kulturellen Eigenständigkeit des Stadtteils dienten.

Im Verfolg damit tauchte auch der Begriff Soziale Bibliotheksarbeit auf, eine Rückbesinnung auf die Arbeit mit Minderheiten, mit Gruppen, mit dem einzelnen. Viele dieser dankenswerten Initiativen tragen zweifellos zur Publizität der Bibliothek bei. Fraglich ist nur, ob diese personalintensiven Dienste in wirtschaftlich schwierigen Zeiten durchgehalten werden können.

Wenn wir uns aus der Sicht der Großstadtbibliotheken fragen, welche Bilanz nach zehn Jahren zu ziehen ist, so muß man trotz aller Skepsis in Bescheidenheit feststellen, daß uns der Bibliotheksplan etwas weitergebracht hat.

Das parallel zum Bibliotheksplan erscheinende KGSt-Gutachten Öffentliche Bibliothek hat trotz aller Einschränkungen nachhaltige Wirkung auf die gesamte weitere Entwicklung des Öffentlichen Bibliothekswesens ausgeübt. Dies gilt vor allem für die kommunalen Verwaltungen und die politischen Entscheidungsgremien. Ein kontinuierliches Wachstum – mit Einschnitten in den Jahren 1976/78 und 1982 ff. – kann immerhin festgestellt werden. Die Investitionsfreudigkeit für die Öffentlichen Bibliotheken hat in den Jahren des

Wachstums spürbar zugenommen: Neubauten und Erweiterungsbauten entstanden in vielen Großstädten. Auch die Erwerbungsetats wurden in diesen Jahren aufgestockt. Neues Personal für neue Aufgabenbereiche zu bekommen, war in jenen Jahren immerhin möglich. Wie schnell allerdings diese Investitionsfreudigkeit gestoppt wird, wie schnell Sparappelle zum Tragen kommen, wird uns derzeit schmerzlich bewußt. Solange das Bibliothekswesen zu den ungeschützten Freiwilligkeitsleistungen der Kommune gezählt wird, greifen Konsolidierungsmaßnahmen selbst in Bereichen, die man längst ad acta gelegt wähnte. So ist die Diskussion über Anmelde- und Benutzungsgebühren von neuem entfacht worden, die im Bibliotheksplan und dem KGSt-Gutachten – allerdings mit verschiedener Begründung – zugunsten der Gebührenfreiheit gelöst worden war. Wenn wir durch das Fehlen gesetzlicher Regelungen wie gesagt „ungeschützt" vor solchen Sparmaßnahmen stehen, so haben wir doch in den letzten 10 Jahren durch Öffentlichkeitsarbeit immerhin erreicht, daß das Bibliothekswesen einen höheren Bekanntheitsgrad gewonnen hat. Kürzungen von Öffnungszeiten, Schließungen von Bibliotheken und ähnliche „Sparmaßnahmen" rufen den Protest der Bürger hervor, die sich ihrer Rechte und Forderungen an die Bibliotheken in den letzten Jahren sehr wohl bewußt geworden sind.

Eines wurde noch nicht erwähnt, das sicher zu den entscheidenden Verbesserungen im deutschen Bibliothekswesen beigetragen hat: der engere Zusammenschluß der Bibliotheken. Der Plan eines umfassenden Bibliotheksnetzes hat die Bibliothekare der wissenschaftlichen und der Öffentlichen Bibliotheken, der staatlichen, kommunalen und freien Träger einander nähergebracht. Aus mancher Konkurrenzhaltung wurde eine Kooperationsbereitschaft, aus häufigem Mißverstehen und Argwohn ein gegenseitiges Kennenlernen und Vertrauen. Natürlich wäre es zu früh, von einem Verbund zu sprechen: Viele Entwicklungen in den Bibliothekssparten laufen noch parallel und ohne Absprache. Aber in manchen Bereichen findet schon Zusammenarbeit statt. Besonders in Zeiten mit Sparmaßnahmen bilden wohl alle Bibliotheken eine Art „Notgemeinschaft", die den Vorteil bietet, mit konzentrierten Maßnahmen auf die verschiedenen Geldgeber der öffentlichen Hand einwirken zu können.

WILHELM TOTOK

Bibliotheksplan ’73
Die Regionalbibliotheken

Bibliotheken der 3. und 4. Stufe

Als der Bibliotheksplan ’73 in Hamburg verabschiedet wurde, hat wohl kaum jemand geahnt, daß die Bilanz, die nach zehn Jahren gezogen wird, just auf einen Zeitpunkt fällt, der von einer weltweiten Rezession geprägt ist. Man würde daher dem Bibliotheksplan nicht gerecht, wenn man seine Wirkung verkürzt nur unter dem Blickwinkel der jüngsten wirtschaftlichen Entwicklung beurteilen würde. Alle Entwicklungspläne werden unter der Voraussetzung gemacht, daß Entwicklungen tatsächlich geplant und gesteuert werden können. Sie gehen von gegebenen Anfangsbedingungen aus und fassen ein Ziel ins Auge, das von diesen aus gesehen als realistisch erscheint. Tun sie das nicht, so gehören sie zur Gattung der Utopien. Wie jeder Plan muß auch der Bibliotheksplan an sich die Frage stellen lassen, ob er die Anfangsbedingungen richtig eingeschätzt hat, ob seine Ziele unter der Voraussetzung der beim Zeitpunkt des Entstehens voraussehbaren allgemeinen Entwicklung realisierbar gewesen und wieweit sie tatsächlich realisiert worden sind. Ich habe diese Fragen im Hinblick auf die Aussagen des Bibliotheksplans über die Bibliotheken der 3. und 4. Stufe zu beantworten. Es handelt sich in beiden Fällen um Bibliotheken, die auf Landes- bzw. Bundesebene wissenschaftlich relevante Literatur verschieden hohen Spezialisierungsgrades sammeln und zur Verfügung stellen. Der Bibliotheksplan ’73 greift mit seinen auf diese Bibliotheken bezogenen Ausführungen auf Gedanken zurück, die der Wissenschaftsrat in seinen Empfehlungen[1] schon zehn Jahre zuvor, 1964, geäußert hat, wo er davon spricht, daß „in Anpassung an Bevölkerungsdichte, Berufsgliederung und wirtschaftliche Struktur auch außerhalb der Hochschulen bibliothekarische Schwerpunkte, die mit fachwissenschaftlicher Literatur ausgestattet sind, in genügender Anzahl und nicht zu großer Entfernung voneinander vorhanden sein müssen“.

Ein hinlänglich dichtes Netz zureichend ausgestatteter Bibliotheken (ist) aufzubauen, heißt es einige Zeilen weiter.

[1] Empfehlungen des Wissenschaftsrates zum Ausbau der wissenschaftlichen Einrichtungen. Teil 2. Wissenschaftliche Bibliotheken. Tübingen 1964. S. 24.

Wenn der Bibliotheksplan '73 von Bibliotheken mit Funktionen der 3. Stufe spricht, so hatte er vornehmlich die von Fürsten gegründeten früheren Hofbibliotheken, die heutigen Landesbibliotheken, im Auge. Dieser Typ von Bibliotheken, der im 17. und 18. Jh. aber gegenüber den Universitätsbibliotheken an Bedeutung verlor und teilweise ein Mauerblümchendasein führte, sollte durch entsprechende Förderung in die Lage versetzt werden, bestimmte Versorgungsfunktionen in einer Region wahrzunehmen. Rückblickend auf die damalige Diskussion möchte ich nicht verhehlen, daß dieser Gedanke nicht die ungeteilte Zustimmung aller Hochschulbibliotheken fand. Manche Kollegen waren der Meinung, daß die Region ohne großen zusätzlichen Aufwand von den dort befindlichen Universitätsbibliotheken hinreichend versorgt werden könne, wohingegen nach ihrer Ansicht der entsprechende Ausbau von im Bestand veralteten Landesbibliotheken sehr viel höhere Kosten verursachen würde. Die Väter des Bibliotheksplans konnten sich dieser Meinung nicht anschließen. Sie hielten die regionale Versorgung für so wichtig, daß sie diese Funktionen grundsätzlich regionalen Bibliotheken zuwiesen. Für die Versorgung von jeweils einer Region mit rund 5 Millionen Einwohnern sollte eine Bibliothek mit vornehmlich „regionalen Aufgaben" bestimmt werden. In der Regel bot sich dafür eine schon bestehende Landesbibliothek an.

Dem Bibliotheksplan '73 wurde wiederholt der Vorwurf gemacht, er ginge zu schematisch vor und berücksichtige zu wenig die historisch gewachsenen Strukturen. Diese sind in der Tat in den einzelnen deutschen Landschaften sehr unterschiedlich. Der Bibliotheksplan '73 sucht dem aber Rechnung zu tragen. Er geht keineswegs von der Vorstellung aus, daß schematisch für jeweils fünf Millionen Einwohner eine Bibliothek der 3. Stufe dort, wo sie nicht besteht, neu errichtet werden solle. Ganz ausdrücklich wird betont, daß der Bibliotheksplan nur Rahmenvorstellungen liefern kann, die innerhalb der Bundesländer durch eigene Entwicklungspläne auszufüllen sind. Das Spektrum des Bestehenden reicht ja von der relativ starken Konzentration der Aufgaben in einer Bibliothek, wie bei der Staatsbibliothek München, über Gegenden, in denen Regionalbibliotheken geographisch relativ nahe beieinander liegen, bis zu den Verhältnissen in Nordrhein-Westfalen, wo es überhaupt keine Landesbibliothek von der Art wie die in Stuttgart, Karlsruhe oder Hannover gibt. Welche Bedeutung man in diesem Bundesland aber den Funktionen von Bibliotheken der 3. Stufe, wie sie im Bibliotheksplan beschrieben sind, zumißt, zeigt die Tatsache, daß ein besonderes Gutachten inzwischen die Erfüllung der Landesbibliotheksaufgaben in Nordrhein-Westfalen untersucht hat[2]. Der Verfasser, Werner Krieg, stellt mit Bedauern fest, daß die Chance nicht genutzt wurde,

[2] Landesbibliotheksaufgaben in Nordrhein-Westfalen. Gutachten, dem Kultusminister des Landes Nordrhein-Westfalen erstattet von Werner Krieg. Köln 1979.

nach dem Kriege die Universitäts- und Stadtbibliothek Köln zur zentralen Bibliothek des neuen Landes Nordrhein-Westfalen zu machen (S. 9). In seinem Gutachten macht er detaillierte Vorschläge, wie in der gegenwärtigen Situation die landesbibliothekarischen Aufgaben in Nordrhein-Westfalen durch Zuweisung an mehrere Bibliotheken erfüllt werden können. Die Bedeutung des Bibliotheksplans im Hinblick auf die Funktion einer Bibliothek der 3. Stufe liegt nicht zuletzt darin, daß er den Katalog der Aufgaben aufzählt, die von Bibliotheken dieses Typs erfüllt werden sollen. Was und wieviel von diesen Forderungen in den letzten zehn Jahren erfüllt ist, wird die anschließende Übersicht zeigen. Tatsache indessen ist, daß dieser Aufgabenkatalog prinzipielle Anerkennung nicht nur bei Bibliothekaren, sondern auch bei den Unterhaltsträgern, in diesem Falle bei den Ministerien, gefunden hat.

Der Bibliotheksplan sieht wie gesagt eine Bibliothek mit Funktion der 3. Stufe für je fünf Millionen Einwohner vor. Ausgehend von der Bevölkerungszahl in der Bundesrepublik von 60 Millionen sind die Funktionen der Literaturversorgung der 3. Stufe zwölfmal zu erfüllen. Die Verwirklichung dieser Forderung kann nicht schematisch erfolgen, sondern muß von den konkreten bibliothekarischen Bedingungen ausgehen, die regional in der Bundesrepublik sehr verschieden sind. In Schleswig-Holstein und Nordrhein-Westfalen, wo es keine reinen Regionalbibliotheken mit Funktionen der 3. Stufe gibt, müssen diese von den Hochschulbibliotheken mit wahrgenommen werden, in Niedersachsen mit rund sieben Millionen Einwohnern von den Landesbibliotheken in Hannover und Oldenburg, unterstützt von der Staats- und Universitätsbibliothek Göttingen, in Baden-Württemberg mit rund neun Millionen Einwohnern von der Württembergischen Landesbibliothek in Stuttgart und der Badischen Landesbibliothek in Karlsruhe. Bayern mit über zehn Millionen Einwohnern lehnt sich in dem 1977 erstellten Bibliotheksentwicklungsplan[3] eng an das Landesentwicklungsprogramm an und unterscheidet 18 Regionen, wobei im einzelnen für die Versorgung der Bevölkerung mit speziellerer Literatur im Sinne der Bibliothek der 3. Stufe zwölf Bibliotheken vorgesehen sind. Dieser Plan scheint mir einen gangbaren Weg aufzuzeigen.

Der Bibliotheksplan sieht vor, daß die Bibliotheken mit Funktionen der 3. Stufe

„die wissenschaftlich relevanten, für Forschung und Bildung unentbehrlichen deutschsprachigen Monographien vollständig (1973 ca. 14000 Titel pro Jahr), die ausländischen in kritischer Auswahl (1973 ca. 6000 Titel pro Jahr)"

bereitstellen, daneben mindestens 2000 deutschsprachige und 1000 fremdsprachige Zeitschriften. Das bedeutet, daß diese Titel unabhängig davon, ob sich in

[3] Die Bayerischen Bibliotheken in der Landesentwicklung. Texte und Fachbeiträge. Generaldirektion der Bayerischen Staatlichen Bibliotheken. München 1977.

der Region eine Hochschulbibliothek befindet oder nicht, für außeruniversitäre Benutzung zur Verfügung gehalten werden sollen. Diese Empfehlung macht sich auch die Denkschrift der DFG „Überregionale Literaturversorgung" zu eigen[4].

Diese Forderung in Zahlen umgesetzt, bedeutet (s. Anlage 3.2 des Bibliotheksplans), daß der jährliche Erwerbungsetat einer Bibliothek mit Funktionen der 3. Stufe 1973 etwa 880000 DM, im Jahre 1980, 1,232 Millionen DM betragen müßte. Hatte der Erwerbungsetat der in Frage kommenden Bibliotheken diese Höhe im Jahre 1980 tatsächlich erreicht? Eine eindeutige Antwort darauf läßt sich nur für solche Bibliotheken geben, die entweder ausschließlich oder vorwiegend Funktionen der 3. Stufe erfüllen.

Nach Ausweis des Jahrbuchs der Deutschen Bibliotheken betrug 1980 der Erwerbungsetat der

Württembergischen Landesbibliothek Stuttgart	2155800 DM	(einschl.
Badischen Landesbibliothek Karlsruhe	1404000 DM	Einband)
Niedersächsischen Landesbibliothek Hannover (ohne Fachbereichsbibliotheken)	1030100 DM	

Die Staatsbibliothek München kann hier nicht aufgeführt werden, da sie Funktionen der 4. Stufe erfüllt.

Weit unter diesem Ansatz blieben demgegenüber

Landesbibliothek Oldenburg	381100 DM
Pfälzische Landesbibliothek Speyer	465000 DM
Hessische Landesbibliothek Wiesbaden	337200 DM

Weit unter der angesetzten Norm blieb auch die Hessische Landes- und Hochschulbibliothek Darmstadt, deren Aufwendungen für die regionalen Aufgaben sich allerdings nicht eindeutig feststellen lassen. Auch die Staats- und Universitätsbibliothek Hamburg gibt an, daß sie die Normzahlen nicht erreicht habe.

Der Bibliotheksplan macht auch Aussagen über den erforderlichen Personalbedarf der Bibliotheken mit Funktionen der 3. Stufe. Als nötig wurden erachtet: 136 Stellen insgesamt.

Tatsächlich weisen die Stellenpläne 1981 aus:

Württembergische Landesbibliothek Stuttgart
114,5 Stellen insgesamt

[4] Überregionale Literaturversorgung von Wissenschaft und Forschung in der Bundesrepublik Deutschland. Denkschrift. Bibliotheksausschuß der Deutschen Forschungsgemeinschaft. Boppard 1975.

Niedersächsische Landesbibliothek Hannover
91 Stellen insgesamt ohne Sonderabteilungen

Badische Landesbibliothek Karlsruhe
78 Stellen insgesamt

Hessische Landesbibliothek Wiesbaden
40 Stellen insgesamt

Landesbibliothek Oldenburg
28 Stellen insgesamt

Pfälzische Landesbibliothek Speyer
35 Stellen insgesamt[5].

Wir können feststellen, daß die drei großen Landesbibliotheken Stuttgart, Karlsruhe und Hannover bezüglich des Erwerbungsetats die im Bibliotheksplan angesetzten Zahlen entweder schon überschritten oder nahezu erreicht haben. Im Personaletat dagegen ist die Zahl von 136 Stellen in keiner der großen Landesbibliotheken erreicht worden.

Die Landesbibliotheken Wiesbaden, Oldenburg, Speyer bleiben sowohl im Erwerbungs- wie im Personaletat weit unter den im Bibliotheksplan angesetzten Normzahlen zurück. Welche Folgerung ist aus diesem Sachverhalt zu ziehen? Ich glaube, daß der Bibliotheksplan im Hinblick auf seine Aussagen über Bibliotheken mit Funktion der 3. Stufe in einigen Punkten revisionsbedürftig ist. Normzahlen, die in besseren Zeiten nicht erfüllt werden konnten, dürften sich zur Zeit der Rezession noch schwerer in die Wirklichkeit umsetzen lassen. Andererseits können die Bibliotheken der in jüngster Zeit zusätzlich erfolgten Hochschulgründungen – deren Zahl 1973 noch nicht vorauszusehen war – mit ihrem spezialisierten Bestand subsidiär Aufgaben der regionalen Literaturversorgung übernehmen. Dabei muß aber nach wie vor die sowohl im Bibliotheksplan ausgesprochene als auch von der DFG unterstützte Forderung mit allem Nachdruck aufrecht erhalten werden, daß die Informationsbedürfnisse einer Bibliotheksregion weitgehend innerhalb der Region selbst befriedigt werden sollen und daß Hochschulbibliotheken überall da, wo sie zusätzlich die Aufgabe der Regionalversorgung mit übernehmen, dafür entsprechend auszurüsten sind. So oder so müssen die Bibliotheken mit Regionalfunktion noch erheblich ausgebaut und gefördert werden. Der hessische Bibliotheksentwicklungsplan[6] weist beispielsweise ausdrücklich auf die schlechte Ausstattung der

[5] Die Angaben sind dem Jahrbuch der deutschen Bibliotheken 49 (1981) entnommen.

[6] Bibliotheksentwicklungsplan Hessen. Wissenschaftliche Bibliotheken. Konferenz der Direktoren der wissenschaftlichen Bibliotheken des Landes Hessen. Kassel: Gesamthochschulbibliothek 1981.

Landesbibliotheken Fulda und Wiesbaden hin. In der Hessischen Landes- und Hochschulbibliothek Darmstadt hat sich die Zahl der Personalstellen zwischen 1973 und 1982 überhaupt nicht verändert.

Der Bibliotheksplan '73 bezeichnet als Funktion von Bibliotheken der 3. Stufe neben der Literaturversorgung auch das Sammeln und Archivieren der auf das Land bezogenen Literatur sowie die Erstellung einer landeskundlichen Bibliographie. Die erstgenannte Aufgabe wird in allen Bundesländern von ausdrücklich damit betrauten Bibliotheken weitgehend erfüllt. Auch die Erstellung landeskundlicher Bibliographien hat seit der Veröffentlichung des Bibliotheksplans Fortschritte gemacht. In nahezu allen Ländern erscheinen heute regionalkundliche Bibliographien, die teils von einer einzigen Bibliothek, wie etwa der Niedersächsischen Landesbibliothek Hannover, oder in Kooperation mit mehreren Bibliotheken der Region erstellt werden. Allerdings ist es nur an wenigen Stellen gelungen, die Bearbeitung der Bibliographie durch Schaffung von Stellen für daran hauptamtlich arbeitendes Personal zu institutionalisieren (wie z.B. in Niedersachsen, Baden-Württemberg und Bayern).

In keiner Region haben Bibliotheken der 3. Stufe bisher mit der Archivierung von Literatur, die in anderen Bibliotheken des Landes nicht aufbewahrt werden soll, begonnen. Die Magazine, selbst bei Neubauten, haben sich in der Regel sehr viel früher, als ursprünglich vorgesehen, mit den eigenen Erwerbungen gefüllt, so daß nirgends Stellraum für die Aufnahme von Literatur aus anderen Bibliotheken zur Verfügung steht. Diese Aufgabe muß in Verbindung mit den Plänen zur Errichtung von regionalen Speicherbibliotheken gesehen und gelöst werden. Pläne dazu gibt es in Bayern, Nordrhein-Westfalen und in Niedersachsen; in keinem Bundesland hat man bisher jedoch mit der Realisierung begonnen. In Hessen glaubt man, vorerst dafür keine Notwendigkeit zu sehen.

Die Bibliotheken mit Funktionen der 3. Stufe haben bibliographische und Sach-Auskünfte zu geben, soweit sie von anderen Bibliotheken im Lande nicht erteilt werden können. Die Erfüllung dieser Aufgabe wird zunehmend durch die allmählich entstehenden regionalen Rechenzentren übernommen, insbesondere, wenn auch die Öffentlichen Bibliotheken an diese angeschlossen sein werden, wie das in Niedersachsen geplant ist.

Der Bibliotheksplan empfiehlt im Zusammenhang mit übergreifenden Aufgaben und ihrer Organisation auf Landesebene die Einrichtung von Landesbibliotheksämtern, die die Kooperation der Bibliotheken im Lande fördern und die Arbeit der Staatlichen Büchereistellen koordinieren sollen. In Bayern wird diese Funktion von der Generaldirektion der Bayerischen Staatlichen Bibliotheken wahrgenommen. In Niedersachsen wurde eine solche Einrichtung geplant, ist aber an finanziellen Erwägungen schließlich gescheitert. Es ist mir nicht bekannt, daß darüber hinaus noch in einem weiteren Bundesland Erwägungen in dieser Richtung angestellt worden wären.

Der Bibliotheksplan weist den Bibliotheken mit Funktionen der 3. Stufe die Aufgabe zu, Hilfestellung bei der Betreuung von solchen historischen Bibliotheksbeständen im Land zu leisten, die nicht von bibliothekarischen Fachkräften verwaltet werden. Diese Aufgabe wird von den großen Bibliotheken in verschiedenem Maße wahrgenommen; erwähnt zu werden verdient jedoch, daß in Niedersachsen an der Herzog August Bibliothek in Wolfenbüttel dafür eine besondere Stelle geschaffen wurde.

Die überregionale Literatur- und Informationsversorgung soll nach dem Bibliotheksplan von Bibliotheken mit Funktionen der 4. Stufe wahrgenommen werden. Zu ihnen gehören die großen Staatsbibliotheken, die zentralen Fachbibliotheken und die Sondersammelgebietsbibliotheken. Für jede der großen Staatsbibliotheken wurde der Finanz- und Personalbedarf gesondert ausgebracht. Für Berlin sieht der Bibliotheksplan für 1980 Erwerbungsmittel in Höhe von 8,5 Millionen, für München in Höhe von 7,74 Millionen DM vor. In Berlin lag der Erwerbungsetat ohne Einbandkosten 1980 bei rund 5 Millionen, in München bei 5,7 Millionen DM. In Berlin wurde mit anderen Worten das angesetzte Soll zu 59%, in München zu nicht ganz 75% erfüllt. An Personalbedarf sieht der Bibliotheksplan für 1980 in Berlin 800, in München 500 Beschäftigte vor. Der Stellenplan für 1981 weist laut Jahrbuch in Berlin 524 Mitarbeiter, in München 355 aus. Dies bedeutet, daß das Soll des Bibliotheksplans in Berlin zu 65%, in München zu 71% erfüllt wurde. Für die Deutsche Bibliothek wird die Sollstärke an Personal auf 507 festgesetzt, die Zahl der Mitarbeiter im Jahre 1980 bezifferte sich auf 342, was eine Erfüllung der Planzahlen von 67% bedeutet.

Der Staatsbibliothek Preußischer Kulturbesitz sind seit Mitte der siebziger Jahre nicht mehr die erforderlichen Zuwachsraten bewilligt worden. Dies hat dazu geführt, daß die Staatsbibliothek 1982 2511 Zeitschriften abbestellen mußte. Von einer gesicherten laufenden Finanzierung kann seit 1982 für Berlin nicht mehr gesprochen werden. Im gleichen Jahr wurden hier sechs Stellen gestrichen. Von der Bayerischen Staatsbibliothek München dagegen liegen keine alarmierenden Meldungen vor. „Sie hat in dem abgelaufenen Jahresetat ihre Bestände planmäßig aufbauen und die ihr im Bibliotheksplan zugewiesene Aufgabe erfüllen können“ (Kaltwasser). Der Zeitschriftenbestand wurde insbesondere auch in den Naturwissenschaften und biowissenschaftlichen Fächern einschl. Medizin ergänzt. Nur wenige Zeitschriften wurden abbestellt.

Die Aufgabe der Literaturversorgung wird neben den drei genannten großen Bibliotheken durch vier Zentrale Fachbibliotheken wahrgenommen. Sie sind teils selbständige Anstalten, teils sind sie organisatorisch und verwaltungsmäßig mit einer anderen Bibliothek eng verbunden. Ich habe mich bemüht, auch für den letzteren Fall miteinander vergleichbare Angaben zu erhalten.

Für die Technische Informationsbibliothek Hannover ist für 1980 ein Vermehrungsetat von 1,8 Millionen DM und ein Stellenetat von 205 Mitarbeitern vorgesehen. Der Vermehrungsetat lag bei dieser Bibliothek 1980 mit 1,8 Millionen DM genau auf der vom Bibliotheksplan empfohlenen Höhe. Die Zielvorstellung im Personalbereich wurde jedoch mit 129 Mitarbeitern nur zu 65% erfüllt.

Für die Bibliothek des Instituts für Weltwirtschaft waren empfohlen: Vermehrungsetat: ca. eine Million DM, Personal: 165. Der Ist-Stand 1980 betrug: Vermehrung: 821000 DM, Personal 1981: 117 (einschließlich Fotostelle und Katalogkarten-Versand).

Für die Zentralbibliothek der Medizin sind vorgesehen: Vermehrungsetat: 1,7 Millionen DM, Personalbedarf: 107. Der Vermehrungsetat betrug 1980 1,15 Millionen DM (einschl. Einband), der Stellenplan 1981: 67 Mitarbeiter.

Für die Zentralbibliothek der Landbauwissenschaft in Bonn ist empfohlen: Vermehrungsetat: 500000 DM, Personal: 40. Ist-Zahlen 1980: Vermehrung 220000 DM, Personal 18. In diesem letzten Fall lassen sich die Zahlen nur schätzungsweise angeben, da die Bibliothek eng mit der Universitätsbibliothek Bonn verzahnt ist. Zusammenfassend kann man feststellen, daß die Ist-Zahlen bei den Zentralen Fachbibliotheken im Bereich des Vermehrungsetats sich den Sollzahlen stärker annähern als im Personalbereich, wo die Schere teilweise ziemlich weit auseinanderklafft.

Der Großteil der im Bibliotheksplan aufgeführten übergreifenden Aufgaben, d. h. zentrale Aufgaben und zentralisierbare Funktionen, wird ebenfalls von Bibliotheken der 4. Stufe wahrgenommen.

Was die Deutsche Bibliothek betrifft, so sind die 1973 aufgestellten diesbezüglichen Forderungen weitgehend erfüllt, allerdings muß einschränkend hinzugefügt werden, daß die Dienstleistungen, die von der Deutschen Bibliothek erbracht werden können und sollen, im Bibliotheksplan nur unvollständig aufgeführt sind. Es fehlen dort Hinweise auf CIP, auf die Zentralkatalogisierung und die zentrale Sacherschließung. Mit der Realisierung dieser Dienstleistungen wurde bereits begonnen, sie hat jedoch noch nicht in allen Fällen den Standard erreicht, den die Deutsche Bibliothek von sich aus erstrebt.

Bei der Staatsbibliothek in Berlin ist durch den Ausbau der Fachzentralkataloge (Osteuropa-Sammelkatalog, Zentralkataloge der Orientalia, Zentralkartei der Autographen, Standortverzeichnis Ausländischer Zeitungen) und der Zeitschriftendatenbank (diese gemeinsam mit dem DBI) ein befriedigender Stand erreicht. Zur Erleichterung des überregionalen Leihverkehrs wird von der Berliner Staatsbibliothek das Sigelverzeichnis für die Bibliotheken der Bundesrepublik Deutschland fortgeführt; sie ist außerdem Leitstelle für im Leihverkehr vergeblich angelaufene Bestellungen auf ausländische Zeitschriften und Serien.

Die Bayerische Staatsbibliothek München hat ebenfalls eine Reihe von Maßnahmen eingeleitet, durch die sie Dienstleistungen auf überregionalem Gebiet erbringt: Die Publizierung des Altbestandkatalogs ist mit Unterstützung der DFG angelaufen. Das Unternehmen steht im Zusammenhang mit ähnlichen Plänen der Staats- und Universitätsbibliothek Göttingen. Der erste Band des Verzeichnisses der Drucke des 16. Jh.s aus dem deutschen Sprachbereich, der in Zusammenarbeit mit der Herzog August Bibliothek erstellt wird, ist vor kurzem erschienen. Der Inkunabelkatalog der Bibliothek, der Katalog der Musikdrucke, der Katalog der ostasiatischen Bestände stehen vor der Drucklegung. In diesem Zusammenhang müssen auch die überregionalen Dienstleistungen des DBI genannt werden, die ich im einzelnen hier nicht aufführen kann. Ich verweise auf den vom DBI herausgegebenen Arbeitsbericht.

Alle die aufgeführten Maßnahmen tragen dazu bei, die Erschließung des Bestandes zu verbessern, die Bereitstellung der Literatur zu beschleunigen, und sind Schritte in Richtung auf einen noch fehlenden Gesamtkatalog aller deutschen Bibliotheken.

Zum Gesamtsystem der Literaturversorgung auf nationaler Ebene gehören neben den Zentralen Fachbibliotheken die von der DFG an den Universalbibliotheken geförderten Sondersammelgebiete. Der Bibliotheksplan regt an, neben den schon bestehenden weitere Zentrale Fachbibliotheken zu errichten, soweit dies nötig erscheint. Dieser Anregung liegt die Annahme zugrunde, daß eine Konzentrierung der Sammelschwerpunkte auf weniger Bibliotheken nicht nur die Übersicht erleichtere, sondern auch größere Garantie für eine kontinuierliche Erwerbung biete. Allerdings unter der Voraussetzung, daß die finanzielle Absicherung dann in ähnlicher Weise erfolgt, wie dies bei den bestehenden Zentralen Fachbibliotheken der Fall ist. Es ist jedoch heute nicht der geeignete Zeitpunkt, die Diskussion über diese Frage neu zu entfachen. Hier soll nur allgemein die Hoffnung ausgesprochen werden, daß die Unterhaltsträger von Bibliotheken mit Sondersammelgebieten weiterhin ihren personellen und finanziellen Beitrag zur überregionalen Literaturversorgung leisten. Von der DFG wurden im Jahre 1972 5,2 Millionen DM für das System der Literaturversorgung auf nationaler Ebene aufgebracht. Auf 1980 hochgerechnet sollten die Aufwendungen etwa 23,5 Millionen DM betragen. Die tatsächliche Summe belief sich im Jahre 1980 auf 11,8 Millionen DM. Sie beträgt zwar nur 50% der Sollzahl, übersteigt aber den Ansatz von 1972 um über 100%.

Der Bibliotheksplan enthält nicht nur Forderungen an die Unterhaltsträger, die Bibliotheken durch größere finanzielle Aufwendungen zu unterstützen und zu fördern, sondern auch einen Appell an die Bibliothekare selbst, eigene Anstrengungen zu unternehmen, um die Bibliotheken stärker im Bewußtsein der Öffentlichkeit zu verankern und durch planmäßige Kooperation die Effizienz des gesamten Bibliothekssystems zu steigern. Auf dem Gebiet der Öffentlichkeitsarbeit sind in den letzten Jahren große Aktivitäten entfaltet worden, insbesondere in Form von Ausstellungen bei den Staats- und Landesbibliotheken und nicht zuletzt bei der Herzog August Bibliothek in Wolfenbüttel. Die Pressearbeit konnte durch Schaffung eines Pressereferats beim DBI auf eine völlig neue Grundlage gestellt werden.

Der Bibliotheksplan hat die Kooperationsbereitschaft sowohl zwischen Bibliotheken am selben Ort, wie auch zwischen Bibliotheken verschiedenen Typs in der Region gefördert. Diese Kooperationsbereitschaft ließ hier und da zu wünschen übrig, da manche Bibliothek im verständlichen Bestreben, den Benutzern ein möglichst breites Spektrum an Literatur anzubieten, Anschaffungen auch auf Gebieten tätigte, für die vornehmlich und von der Funktion her gesehen eine andere Bibliothek in erreichbarer Nähe zuständig war. Exkurse dieser Art reduzieren sich indessen heute durch die knapper gewordenen Erwerbungsmittel von selbst.

Ich habe zu Beginn meiner Ausführungen gefragt, ob der Bibliotheksplan die Verhältnisse zum Zeitpunkt seines Entstehens richtig eingeschätzt und ob er die Zielvorstellungen realistisch gesetzt hat. Diese Frage war von mir nur für die Bibliotheken der 3. und 4. Stufe zu untersuchen. Das Ergebnis kann nicht nur negativ sein. Die Antworten, die ich von den Bibliotheken auf eine Rundfrage erhielt, waren unterschiedlich in der Einschätzung der Wirkung des Bibliotheksplans, was, wie ich hoffe, auch in meinem Bericht deutlich wurde. Es mag sein, daß Kollege Bellot nicht ganz unrecht hat, wenn er schreibt:
„Wenn sich einiges fortbewegt hat, so liegt es sicher nur zum geringen Teil an den Empfehlungen, zu einem weit größeren jedoch an den unumgänglichen Notwendigkeiten und den natürlichen Wachstumsgesetzen.“[7] Auch die Bibliotheksentwicklung läßt sich genau so wenig wie alle anderen Erscheinungen des gesellschaftlichen Lebens monokausal erklären. Viele Faktoren haben bei der Entwicklung der Bibliotheken im letzten Jahrzehnt mitgewirkt, nicht zuletzt auch der Bibliotheksplan[8].

[7] Briefliche Mitteilung.

[8] Soweit die Angaben nicht den publizierten Statistiken entnommen werden konnten, beruhen sie auf brieflichen oder mündlichen Mitteilungen der Bibliotheken, für deren bereitwillig erteilte Informationen ich herzlich danke.

ELMAR MITTLER

Bibliotheksplan '73
Die wissenschaftlichen Bibliotheken

0 Ist-Stand und Weiterentwicklung

Der Bibliotheksplan '73 ist das Ergebnis jahrelanger intensiver Diskussion in den verschiedenen Sparten. Für das wissenschaftliche Bibliothekswesen ist er Quintessenz und Fortführung der Empfehlungen des Wissenschaftsrates[1], der Deutschen Forschungsgemeinschaft[2] und verschiedener Bibliotheksplanungen in den Ländern[3]. Er ist auch zwischen Öffentlichen und wissenschaftlichen Bibliotheken intensiv diskutiert worden. Wenn wir heute in veränderter Situation über dieses Papier sprechen, dann möchte ich dies als Anregung sehen, sich den Fragen dieses Jahrzehnts genauso zu stellen, wie das im Bibliotheksplan '73 für die siebziger Jahre geschehen ist. Dazu scheint mir zum gegenwärtigen Zeitpunkt nicht ein neuer Plan, sondern eine intensive Experimentier- und Diskussionsphase erforderlich.

1 Zahlenbilanz

Die Betriebsstatistik des VDB weist für das Jahr 1970 Gesamtausgaben für die Erwerbung in der Größenordnung von 41,3 Millionen DM für 37 Universitätsbibliotheken nach; 1980 ergibt sich für 47 Universitäts- und Hochschulbibliotheken in der Deutschen Bibliotheksstatistik der Wert von 105,6 Millionen DM. Für den Zugang betrugen die Zahlen 1970 (Angaben von 32 Bibliotheken) 1,265 Millionen bibliographische Einheiten, für 1980 2,159 Millionen bibliographische Einheiten (47 Bibliotheken). Auch die Leistungsbilanz im Bereich der Entleihungen ist beeindruckend: 1970 waren 5,310 Millionen Ausleihen zu

[1] Empfehlungen des Wissenschaftsrates zum Ausbau der wissenschaftlichen Einrichtungen. T. 2. Wissenschaftliche Bibliotheken. Tübingen. 1964.

[2] Empfehlungen für die Zusammenarbeit zwischen Hochschulbibliothek und Institutsbibliotheken. Deutsche Forschungsgemeinschaft. Bonn-Bad Godesberg. 1970

[3] Gesamtplan für das wissenschaftliche Bibliothekswesen. Arbeitsgruppe Bibliotheksplan Baden-Württemberg. Red. Elmar Mittler. 2. Aufl. Bd 1. Pullach. 1973. Vgl. insbesondere die Richtwerte Bibliotheksplan '73, S. 77–84 und S. 115–119 und Bibliotheksplan Baden-Württemberg, S. 283–518.

verzeichnen (Angaben von 37 Bibliotheken), 1980 betrug die Summe der verliehenen Materialien (ohne nehmende Fernleihe) 12,238 Millionen.

Auf den ersten Blick läßt sich also durchaus sagen, daß für das wissenschaftliche Bibliothekswesen der Bundesrepublik Deutschland die siebziger Jahre ein goldenes Jahrzehnt waren, ein kurzes goldenes Jahrzehnt, wie wir aus heutiger Sicht feststellen müssen; denn bei steigender Nutzung stagnieren oder sinken inzwischen die Etatmittel ebenso wie die Zahl der Personalstellen. Niemand wird behaupten wollen, daß der Bibliotheksplan '73 allein die Ursache für diese Erfolgsbilanz gewesen ist. Aber es läßt sich festhalten, daß er als Ausdruck des gemeinsamen Willens der Bibliothekare und des Nachweises ihrer Fähigkeit, die komplexen Probleme einer expandierenden Bildungspolitik lösen zu helfen, auch für die wissenschaftlichen Bibliotheken einen nicht unwesentlichen Beitrag zur positiven Entwicklung geleistet hat.

2 Der Wert der Empfehlungen heute

2.1 Aus der Sicht der wissenschaftlichen Bibliotheken bleibt auch das Strukturkonzept noch wichtig, das zur allgemein akzeptierten Vorstellung eines durchgehend geknüpften Netzes von Bibliotheken auf verschiedenen Funktionsebenen unter Einbeziehung der Universitäts- und Hochschulbibliotheken geführt hat. Auch wenn sich die individuelle Ausformung in jedem Bundesland anders darstellt, die Konzeption ist so flexibel, daß sie sich überall einpassen läßt, und so suggestiv, daß sie auch bei Nichtbibliothekaren ohne Schwierigkeiten akzeptiert wird. In diesem Punkte ist der Bibliotheksplan heute so modern wie vor zehn Jahren und täglich neu mit Leben zu füllen[4].

2.2 Wichtig bleiben auch die Richtwerte: Es ist leider nicht möglich, aufgrund der uns heute vorliegenden statistischen Unterlagen – hier hat sich die Situation im letzten Jahrzehnt kaum gebessert – die Empfehlungen, die auf den gesamten Hochschulbereich ausgelegt waren, mit der heutigen Realität zu vergleichen. Es fehlen uns die Angaben aller dezentralen Bibliotheken; aber auch die Zahl der erfaßten Hochschulbibliotheken ist unzureichend. Das wird deutlich, wenn man die Zahl der Studenten, die im Wintersemester 1980/81 studiert haben, mit der Studentenzahl vergleicht, die von den Bibliotheken angegeben worden ist, die ihre Zahlen an die Deutsche Bibliotheksstatistik gemeldet haben. Einer Gesamtzahl von ca. 1 444 000 stehen Meldungen von nur 649 000 gegenüber. Trotzdem kann man mit Sicherheit sagen, daß die erwünschten Größenordnungen von 156 800 Bänden Zugang je 18 000 Studenten für 1980 nirgendwo erreicht worden ist. Noch gravierender dürften die

[4] Vgl. dazu: Elmar Mittler: Die Zusammenarbeit Öffentlicher und wissenschaftlicher Bibliotheken. In: DBV-Info 9 (1982), 2, S. 14–20.

Unterschiede beim Personalansatz sein. Trotzdem stellen diese Richtwerte methodisch wesentliche Aspekte für eine rationale Personalbedarfsermittlung dar, die als Globalmodell auch durch neuere Untersuchungen nicht ersetzt worden sind. Die statistischen Erhebungen über den Einsatz von Personal in wissenschaftlichen Bibliotheken von Marion Mallmann-Biehler haben in Einzelheiten die Berechnungen des Modells in erstaunlicher Weise bestätigt. So war z. B. davon ausgegangen worden, daß der zugangsabhängige Personalbedarf 1970 bei einer Stelle je 1 000 Bände Zugang liegt, die Durchschnittsleistung sich bis 1980 aber auf 1 250 Einheiten je Mitarbeiter erhöhen kann und, wie wir durch die Mallmann-Untersuchung wissen, auch erhöht hat[5].

Auch die Empfehlungen für den Nutzflächenbedarf haben bei vielen Neubauten und Bauplanungen ihre Anwendbarkeit unter Beweis gestellt. Es sind dabei z. T. Neubauten entstanden – so z. B. der der Universitätsbibliothek Freiburg –, die jeden Tag von neuem beweisen, daß die Grundannahmen des Bibliotheksplans sich in bibliothekarische Realität umsetzen lassen und vom Benutzer auch angenommen werden[6].

2.3 Und doch müssen wir feststellen, daß kein Bibliothekar heute mehr mit einiger Aussicht auf Erfolg Bedarfsanforderungen bei Literaturetat, Personalstellenanträgen oder auch Nutzflächenbedarf mit dem Bibliotheksplan '73 in der Hand durchzusetzen versuchen wird.

Woran liegt das? Waren die Zahlen des Bibliotheksplans zu hoch angesetzt?

Meiner Meinung nach waren die Ansätze des Bibliotheksplans durchaus vorsichtig. Das zeigt sich z. B. bei der Zahl der Studenten, bei der mit 900 000 von einer zu niedrigen Annahme ausgegangen wurde. In Wirklichkeit sind im Wintersemester 1980/81 1 440 210 eingeschrieben gewesen. Daß heute nicht einmal mehr ernsthaft der Versuch gemacht wird, die Universitäten (und damit auch die Bibliotheken) dem gegenwärtigen Bedarf entsprechend auszubauen, liegt nicht allein an der finanziellen Situation, sondern auch an der bekannten demographischen Entwicklung, die – wie man oft meint – im Verlaufe der achtziger Jahre, wahrscheinlich aber erst in den neunziger Jahren zu einem Absinken der Zahl der Studierenden führen wird. Auf eine bekannte, griffige Formel gebracht: Der Studentenberg der achtziger Jahre wird untertunnelt.

2.4 In bibliothekarische Realität umgesetzt aber heißt das: Die Bibliotheken sollen mit überdimensionierten Studentenzahlen und unterdimensionierter Ausstattung an Mitteln und Personal zeitgemäße Literatur- und Informations-

[5] Marion Mallmann-Biehler: Statistische Erhebungen zum Personaleinsatz in wissenschaftlichen Bibliotheken. Heidelberg: Universitätsbibliothek 1982. (Heidelberger Bibliotheksschriften. 3.)

[6] Hermann-Josef Dörpinghaus: Die Universitätsbibliothek Freiburg. In: Zentrale Hochschulbibliotheken. München 1980. S. 85–90. Vgl. auch Elmar Mittler: Der Einsatz von Flächenrichtwerten bei der Programmierung von Bibliotheksbauten. In: Bibliotheken bauen und führen. München 1983. S. 136–155.

versorgung gewährleisten. Dabei nimmt gegenwärtig die Bedeutung, die dem Selbststudium zukommt, in den Universitäten laufend zu, weil immer weniger Professoren immer mehr Studenten gegenüberstehen. Das Ergebnis – und dies sind die Probleme der achtziger Jahre – ist:

1. Die Benutzung frißt die Bibliotheken auf, weil die Zahl der Studierenden und ihr Lesebedürfnis weiterhin wachsen.

2. Der Literaturbedarf muß zunehmend auf komplexere Weise über die Fernleihe oder mit höherem internem Aufwand als Vormerkung bei steigendem Frustrationsgrad der Benutzer erledigt werden, weil die Literaturmittel geringer werden, die Bücher aber teurer. Anders als in den sechziger und siebziger Jahren verlieren daher die Bibliotheken an Attraktivität für ihre Benutzer.

3. Die technische Entwicklung der AV- und weiterer wissenschaftsrelevanter Medien erhöht die Komplexität der Angebotsstruktur auf dem wissenschaftlichen Informationsmarkt und macht den Einsatz zusätzlichen Personals notwendig, das weder mit benötigter Vorbildung vorhanden noch in der erforderlichen Größenordnung zusätzlich einstellbar ist; das führt auf Dauer möglicherweise dazu, daß eine wachsende Zahl von Benutzern sich außerhalb der Bibliothek zu versorgen sucht.

3 Überlegungen zu einer Bibliothekspolitik der achtziger Jahre

Wie sollen bei sonst stagnierender oder schrumpfender volkswirtschaftlicher Entwicklung die Bibliothekare ausreichend Mittel für einen der wenigen Wachstumsbereiche der postindustriellen Gesellschaft erhalten? Das ist eine Aufgabe, die die Bibliothekare in einem Ausmaß herausfordert wie vielleicht nie zuvor – sie möglicherweise sogar überfordert.

3.1 Wichtigstes Ziel muß zunächst sein, die Leistungsfähigkeit der einzelnen Bibliothek zu erhalten; denn hier und nicht in den überregionalen Einrichtungen wird sich letztlich das weitere Schicksal der Bibliotheken entscheiden. Dazu muß um Etat und Personal weiter gerungen werden. Den Mittelbedarf aus der Expansion des Bildungswesens abzuleiten, genügt nicht mehr. Wir brauchen bei unseren Bedarfsanforderungen Verbündete. Erfreulicherweise hat sich inzwischen die Westdeutsche Rektorenkonferenz zu Wort gemeldet[7]. Außerdem gilt es, die Partnerschaft mit Verlegern, Buchhändlern und Buchbindern, die sich im vergangenen Jahr bei der Abwehr der massiven Sparmaßnahmen gebildet hat, fortzuführen und auszubauen[8]. Denn wir dürfen es nicht zulassen,

[7] Zur Lage der Hochschulbibliotheken. Westdeutsche Rektorenkonferenz. In: Bibliotheksdienst. 17 (1983), H. 2, S. 93ff.

[8] Hochschulen und zu wenig Bücher? Arbeitskreis wissenschaftliche Literatur. Stuttgart 1982. Vgl. jetzt auch: Richard Landwehrmeyer: Abbestellungsraten bis zu 25 Prozent. In: Deutsche Universitätszeitung. 1983, Nr. 12, S. 12–14.

daß schleichend die Infrastruktur wissenschaftlichen Publizierens, die die wesentliche Voraussetzung unserer Leistungsfähigkeit bildet, ausgehöhlt und auf Dauer gefährdet wird[9]. Wir haben einige Erfolge vorzuweisen. Die positive Entwicklung der Bibliotheksetats in Niedersachsen wurde im Verlaufe des Kongresses mehrfach angesprochen; in Baden-Württemberg ist in diesem Jahr ein zusätzlicher zentraler Fonds von einer Million DM für Literaturmittel geschaffen worden, der dem speziellen Ziel der Unterstützung der Forschung dient.

Entscheidend wird es im härter werdenden Verteilungskampf sein, den weiterhin unverändert großen Bedarf an gedruckter Literatur deutlich zu machen. Die neuen Informationsmedien können kein Ersatz sein, sondern sind mehr für Spezialaufgaben geeignet, für Verbundsysteme und automatisierte Sacherschließung sowie für ephemere, hochspezialisierte Literatur. Wer zugunsten des Ausbaus der elektronischen Informationsmedien den Kauf gedruckter Literatur drosselt, handelt wie ein Bürgermeister, der die Trinkwasserversorgung drosselt (und damit das ganze Leitungssystem gefährdet), weil ein Hersteller von Erfrischungsgetränken sich in seiner Stadt ansiedelt[10].

3.2 Es muß uns gelingen, die überregionale Literaturversorgung besser in den Griff zu bekommen, als das in den siebziger Jahren möglich gewesen ist. Gleichgültig, ob durch zentrale Datenpools oder Vermehrung dezentraler Zentren – wir brauchen einen schnellen Überblick über die vorhandenen Bestände und eine reibungslose Abwicklung der Auswärtsbestellungen.

Den Vorwurf, Bibliotheken seien Orte, wo man Bücher verfluchen lerne[11], weil die Bibliothekare nicht in der Lage sind, sie umfassend und rechtzetig zu besorgen, haben wir vor wenigen Jahren noch mit einiger Mühe abwehren können. Am Ende der achtziger Jahre werden die Bibliothekare aber mit vollem Recht der Unfähigkeit geziehen werden, wenn es nicht gelungen ist,

– funktionierende regionale Verbundnetze aufzubauen
– einen zentralen Zugriff mindestens auf die Bibliotheken der 4. Stufe, insbesondere auch die Neuerwerbungen der Sondersammelgebietsbibliotheken, zu geben
– und die Altbestandskatalogisierung mit Hilfe der EDV auf breiterer Basis in Angriff zu nehmen[12].

[9] Vgl. Elmar Mittler: Wissenschaftliche Bibliotheken als Gemeinschaftsaufgabe. In: Hochschulen und zu wenig Bücher? Stuttgart 1982. S. 28–41; hier insbesondere S. 39f.

[10] Vgl. Elmar Mittler: Wissenschaftliche Bibliotheken als Gemeinschaftsaufgabe. In: Hochschulen und zu wenig Bücher? Stuttgart 1982. S. 41. Vgl. dazu u. a. den Bericht von G. A. Altenmüller: Das Buch bleibt eine wichtige Informationsquelle. In: VDI-Nachrichten vom 8. 10. 1982.

[11] Dieter E. Zimmer: Wo man Bücher verfluchen lernt. In: Die Zeit. Nr. 50 vom 7. 12. 1979 und die Leserbriefe, insbesondere Nr. 1 vom 28. 12. 1979.

[12] Franz Georg Kaltwasser: Literaturversorgung in den Geisteswissenschaften. In: Bibliotheksforum Bayern. 10 (1983), H. 3, S. 253–271.

Hierfür liegt eine überregionale Planung noch nicht vor, die dringendstes Desiderat zur Fortschreibung des Bibliotheksplans '73 ist.

Nur durch die Lösung dieser Frage können wir auch die Leistungskraft der Einzelbibliothek verbessern. Denn diese Maßnahmen führen auch zur Rationalisierung der bibliothekarischen Arbeit und ermöglichen auf Dauer die Freisetzung von Personal für neue und bisher vernachlässigte Aufgaben.

3.3 Beim Einsatz der automatisierten Datenverarbeitung gilt es insgesamt mehr als in der Vergangenheit, die lokalen Bedürfnisse zu berücksichtigen.

Bei der Bibliotheksplanung in Baden-Württemberg wurden autonome Ausleihsysteme vorgesehen, die inzwischen weitgehend eingeführt werden konnten. Bei der Entwicklung des baden-württembergischen Verbundsystems soll von vornherein berücksichtigt werden, daß ausreichende Hard- und Software für die lokale Datenhaltung auch der Katalogdaten zur Verfügung gestellt wird. An der Universitätsbibliothek Heidelberg sind dafür mit Einsatz eines dedizierten Rechners IBM 4341 wahrscheinlich ab Anfang 1984 wesentliche Voraussetzungen gegeben. Wie die amerikanische Entwicklung zeigt[13], geht die Entwicklung zu autonomen lokalen Systemen innerhalb offener Verbundsysteme, die durch die Kleinrechnerentwicklung in zunehmendem Ausmaß wirtschaftlich betrieben werden können. Unter den jetzigen Gegebenheiten erscheint die im Bibliotheksplan Baden-Württemberg geforderte Automatisierung mit zentralen und dezentralen Elementen endlich realsierbar[14].

3.4 Wir müssen die Bibliotheken in die Entwicklung moderner Medien integrieren.

Bei allen Bekenntnissen zum gedruckten Buch und bei allem Bemühen um seine schnelle Bereitstellung darf man eines nicht übersehen: Auch und gerade Verleger, die den Wert des Buches besonders stark verfechten, beschäftigen sich intensiv mit der Integration neuer Informationsmedien in ihr Verlagsangebot. Das Projekt ADONIS, über das auf diesem Bibliothekskongreß berichtet werden sollte, scheint zwar gescheitert; aber es gibt eine Reihe von weiteren Projekten[15].

Die neuen technischen Möglichkeiten werden auf längere Sicht das Informationsverhalten insbesondere auch im wissenschaftlichen Bereich verändern. Dabei wird das Buch nicht sterben. Aber es gehört zum Interessantesten, was

[13] Vgl. hierzu insbesondere: Richard de Gennaro: Perspectives on three decades of library automation and networking in the U.S. In: Increasing productivity through library automation. Essen 1983. S. 73–100; hier S. 95–97.

[14] Vgl. Gesamtplan für das wissenschaftliche Bibliothekswesen. Arbeitsgruppe Bibliotheksplan Baden-Württemberg. Red. Elmar Mittler. Bd 2. 1975. S. 245.

[15] Vgl. Hans-Jürgen Ehlers: Reichen die Götter? In: Buchmarkt. 1982, H. 4, S. 136–145. D. M. Yates: Project Hermes. In: Aslib-Proceedings. 35 (1982), S. 177–182. Zu ADONIS s. auch: J. Thuss: ADONIS. In: Bibliothek. 7 (1983), S. 166–168.

unser Beruf in den nächsten Jahren zu bieten hat, zu beobachten, welche Symbiosen von gedruckten und elektronischen Informationsmedien die weitere Entwicklung bringen wird. Die Bibliotheken dürfen dabei auf keinen Fall dabei stehen bleiben, ihre alten Strukturen in EDV-Systemen abzubilden; sie müssen sich aktiv mit den neuen Informationsmedien auseinandersetzen, wenn sie auf Dauer nicht wesentliche Kunden verlieren wollen und der jetzt gewährleistete allgemeine Zugang zur Information durch Bibliotheken nicht verlorengehen soll, auf den der private Sektor möglicherweise wachsenden Einfluß gewinnt[16]. Natürlich können wir in Deutschland nicht Verträge mit gleich zwei Anbietern von Bildplatten abschließen, um den Katalogkartendruck mit Hilfe dieses Mediums neu zu organisieren, wie es die Library of Congress getan hat. Aber wir müssen auch neue Möglichkeiten durchspielen und unseren Lesern anbieten.

Beispiel können uns angelsächsische Bibliotheken sein, die ihren Benutzern nicht nur AV-Medien (auch zum aktiven Erstellen von Videofilmen), sondern auch Texterfassungsysteme und Kleinrechner anbieten. Die Bibliotheken können mit diesen neuen Angeboten sich auch in Tendenzen neuen Publizierens integrieren, die darauf hinzielen, neue Erkenntnisse elektronisch zu erfassen und – z. B. als Bildschirmzeitschrift – bereitzustellen[17]. Derartige Texte können bei Bedarf auch ausgedruckt werden. Warum sollten die deutschen Bibliotheken das leidige Problem der Dissertationen nicht eines Tages auf diesem Wege lösen? Der Benutzer könnte die Arbeit komfortabel bei der Universitätsbibliothek (oder dem Rechenzentrum der Univeristät) eingeben, für seine Gutachter ausdrucken, danach entsprechend den Anforderungen korrigieren; die bei der Bibliothek gespeicherten Texte können überregional angeboten und auf Bestellung ausgedruckt werden.

Das ist sicher Zukunftsmusik, aber nur eine von tausenden neuen Möglichkeiten, die es zu beobachten, aber auch mitzuentwickeln gilt. Publishing-on-demand-Systeme für hochspezielle, schnell veraltende Literatur bieten z. B. auch die Chance, die Verstopfung unserer Magazine durch unnötig belastende, nur kurzfristig „aktive“ Literatur zu vermindern. Es gibt genug Material, das wir heute behandeln müssen, als ob es ein Buch wäre, dem dabei aber wirklich der Ehre zu viel geschieht.

Dringend erforderlich wäre, daß die jüngst aus englischer Sicht festgestellten irrationalen Züge der deutschen Diskussion um den Einsatz moderner Kommu-

[16] Maurice B. Line: Document delivery. In: Aslib-Proceedings. 35 (1982), S. 167–176. Vgl. auch Ingo Nöther: Informationsmarkt und Bibliotheken. Berlin 1982; vgl. dazu: Bibliotheksdienst. 1982, H. 4, S. 342–351.

[17] Vgl. dazu: Muray Turolf; Starr Roxanne Hiltz: The electronic journal. In: Journal of the American Society for Information Science. 1982, S. 195–202.

nikationstechniken durch eine nüchterne Grundeinstellung ersetzt würde, die zu einer Phase pragmatischen Experimentierens mit den neuen Möglichkeiten führt[18].

3.5 Im Bereich neuer elektronischer Medien müssen wir die Zusammenarbeit mit der Industrie intensivieren. Möglicherweise müssen wir dabei unserer in ihrer Innovationsbereitschaft nachlassenden Industrie auch etwas auf die Sprünge helfen. Wenn – einem on dit zufolge – das von Langenscheidt mit Sharp entwickele elektronische Wörterbuch vorher vergebens einer großen deutschen Firma als Entwicklungsprojekt angeboten wurde, wird deutlich, was gemeint ist. Staatliche Forschungsförderung konzentriert sich inzwischen weitgehend auf anwendungsorientierte Technologie. Dabei wird Kooperation zwischen Wissenschaft und Wirtschaft zum verbesserten Transfer von Erkenntnissen großgeschrieben. Ich kann in Heidelberg beobachten, in welchem Tempo das Land Baden-Württemberg ein Institut für Gen-Technologie aufbaut, für das die BASF Investitionen zugesagt hat. Es soll der Anfang eines „Technologieparks" sein, in dem der Kontakt Industrie-Universitätsforschung ähnlich gut funktionieren soll wie im sagenhaften Silicon-Valley oder vergleichbaren Forschungsparks in Japan, Israel, aber auch in Großbritannien[19].

Wirklich revolutionäre Veränderungen der Informationspraktiken jedes einzelnen sind aller Wahrscheinlichkeit nach durch den breiten Einsatz der persönlichen Computer zu erwarten. Hier können von größeren Systemen abrufbare Literaturinformationen oder sogar Volltexte gespeichert und für den persönlichen Gebrauch umgeformt werden; gelingt die Kombination mit Editorsystemen, die dann – wie schon erwähnt – den Ausdruck von eigenen Texten ermöglichen, wird das Anfertigen wissenschaftlicher Arbeiten in Zukunft ganz anders aussehen, als wir es gewohnt sind. Bei der Entwicklung derartiger kombinierter Systeme ist es keineswegs ausgeschlossen, daß auch die Industrie interessiert ist, mit den Bibliotheken zusammenzuarbeiten. In den Vereinigten Staaten gibt es Schulen und Universitäten, die für geringe Mittel von der Industrie mit Kleincomputern ausgestattet worden sind, um deren allgemeine Verbreitung zu fördern. Auch Bibliotheken sind als Multiplikation für die Anwendung neuer Technologien interessant. In Baden-Württemberg überlegen

[18] Blaise Cronin: Meanwhile in West Germany ... In: Aslib-Proceedings. 35 (1983), S. 213–221; hier S. 217. Zur Information über die neuen Medien sei neben C. Deider in: Bibliothek. 7 (1983), S. 142–158 hingewiesen auf: Helga Schwarz: Telekommunikation und on-line-Information in Bibliotheken. In: Einsatz neuer Technologien an wissenschaftlichen Bibliotheken. Berlin 1983. S. 35–67.

[19] Vgl. hierzu R. Eberle: Wege zur Stärkung des Technologiepotentials der Wirtschaft. In: Die Wirtschaft. IHK Rhein-Neckar. 1983, S. 141 f. – R. Zundel: Für Technologieparks in Deutschland. Ebda, S. 143 f. – A. Laufs: Aspekte des Zusammenwirkens von Industrie und Forschung. Ebda, S. 146–148 und weitere Beiträge in Heft 3 der Zeitschrift Die Wirtschaft.

wir z. B. gemeinsam mit dem Staatsministerium, von der Post oder der Industrie geförderte Btx-Geräte in den Bibliotheken zu installieren, um die nach Abklingen der ersten Euphorie zu erwartenden Schwierigkeiten zur breiteren Durchsetzung dieses Mediums überwinden zu helfen. Um es kurz zu sagen, wir müssen neue Ideen entwickeln, um – auch mit Partnern aus der Industrie – neue Möglichkeiten zu erproben und damit auch neue Geldquellen zu eröffnen.

3.6 Die größten Schwierigkeiten werden wir bei unseren Bemühungen um die Rekrutierung zusätzlichen Personals haben. Nullwachstum und Streichungsauflagen sind hier harte Realität an den Universitäten. Auf der anderen Seite ist festzustellen, daß es zunehmend arbeitslose Akademiker (sogar arbeitslose Bibliothekare) gibt, die für etwa ein Jahrzehnt nicht ins Berufsleben integriert werden können, wenn nicht befristete Aufgaben geschaffen werden. Paul Raabe hat im Rahmen des Bibliothekskongresses ein weitgespanntes Programm entwickelt, das eine Vermehrung des Bibliothekspersonals um etwa die Hälfte vorsieht[20]. Die rückwärtige Überführung unserer Altbestände in EDV-Kataloge wäre sicher ein besonders wichtiges Projekt, wenn man an Arbeitsbeschaffungsmaßnahmen für Bibliothekare denkt. Sollten wir aber nicht auch neue Modelle prüfen wie die englische Bibliothek, die überlegt hat, einer privaten Firma gegen eine feste Summe die EDV-Erfassung ihrer Katalogdaten zu übertragen – übrigens bei Stellung von Nutzflächen für die Arbeitskräfte dieser Firma in der Bibliothek.

Auch bei den EDV-Verbundlösungen haben die amerikanischen Bibliotheken uns vorgemacht, daß selbständig wirtschaftende Netzwerke weitgehend kostendeckend betrieben werden können. Ob wir bei unseren EDV-Planungen nicht auch einmal nach einer Aufbauphase prüfen müßten, ob kommerziell arbeitende EDV-Service-Center geschaffen werden könnten. Denn es wäre sicher besser, bei steigenden Leistungen der Verbundzentralen den notwendigen Personalzuwachs aus wachsenden Einnahmen zu finanzieren, statt die Leistungsexpansion von einer Ausweitung des Stellenplans im Rahmen der allgemeinen Haushaltsentwicklung oder gar von der Personalumsetzung beteiligter Bibliotheken abhängig zu machen.

Auslagerung von Bibliotheksarbeiten an kommerziell arbeitende Einrichtungen, das ist – wenn man an die Einkaufszentrale für Öffentliche Bibliotheken denkt – vielleicht auch für das deutsche Bibliothekswesen gar nicht so revolutionär, wie es erscheinen mag[21].

[20] Paul Raabe: Gelehrte Tradition und preußisches Erbe. In diesem Heft, S. 32–51.
[21] Vgl. E. Mittler, G. Burkard: Automatisierte Bibliotheksverbundsysteme in den USA. In: Bibliothek. 5 (1981), S. 166–176; siehe hierzu auch R. de Gennaro (Anm. 13).

4 Zusammenfassung

1. Der Bibliotheksplan ’73 forderte mehr Bücher, mehr Personal und mehr Nutzflächen für die Bibliotheken; diese Forderungen sind gestern so richtig wie heute. Sie müssen festgehalten und mit allen Mitteln realisiert werden.

2. Die Durchsetzung des Bedarfs ist heute noch schwerer als vor zehn Jahren. Versuchen wir es allein, sind wir zum Scheitern verurteilt. Die Stellungnahme der Westdeutschen Rektorenkonferenz ist ein gutes Zeichen. Es gilt, die Kooperation mit den Verlegern und Buchhändlern zu intensivieren.

3. Für eine Bibliothekspolitik der achtziger Jahre
– müssen wir die Leistungsfähigkeit der Einzelbibliotheken stärken
– diesem Ziel sollten auch regionale und überregionale Verbundsysteme dienen, mit denen die bibliothekarische Arbeit rationalisiert und die Bereitstellung von Literatur beschleunigt wird, die am Ort nicht vorhanden ist
– dabei müssen wir Vollständigkeit bei der Erfassung der Neuzugänge aller Bibliotheken der 4. Stufe erreichen; außerdem aber müssen wir eine schrittweise Erfassung auch der älteren Bestände ins Auge fassen
– wir dürfen aber über der Entwicklung der Netzwerke den Ausbau der lokalen EDV-Systeme nicht vergessen, die inzwischen wirtschaftlich betrieben werden können.

4. Die Bibliotheken müssen sich auch der Herausforderung der neuen Informationsmedien stellen, die auf Dauer insbesondere im wissenschaftlichen Bereich eine erhebliche Bedeutung haben werden. Hier gilt es, rechtzeitig und in größerer Zahl Experimente zu machen, um nicht nur die alten Geschäftsgänge mit neuen Mitteln fortzuführen, sondern neue Möglichkeiten für das alte Geschäft der Bibliotheken zu schaffen, Information zu erwerben, zu erhalten und zu erschließen.

5. Da die staatlichen Kassen leer sind, ist zu prüfen, ob Neuentwicklungen in Kooperation mit der Industrie möglich sind.

6. Wir müssen neue Möglichkeiten suchen, Personalstellen zu schaffen. Sei es auf Zeit (etwa zum Abbau der Arbeitslosigkeit der starken Ausbildungsjahrgänge) oder vielleicht auch durch Ausgliedern von Aufgaben an kommerziell arbeitende Einrichtungen (etwa für EDV-Dienste).

Auf jeden Fall gilt es, in den nächsten Jahren neue Lösungsmöglichkeiten zu diskutieren und zu erproben, bis wir wieder ein Planungspapier von der epochemachenden Qualität des Bibliotheksplans ’73 vorlegen können.

AXEL VULPIUS

Auswirkungen des Bibliotheksplans '73 aus der Sicht des Bundes

„Die einzelnen Epochen in der Geschichte eines Volkes ... unterscheiden sich u. a. auch dadurch voneinander, daß in ihnen bestimmte Leitvorstellungen das Handeln und Verhalten bestimmen. Eine solche Leitvorstellung unserer Zeit ist die Planung." So formulierte Wilhelm Totok im Blick auf die Bibliotheksplanung die Situation im Jahr 1971, also zu einer Zeit, in der der Bibliotheksplan '73 ausgearbeitet wurde. Für uns ergeben sich daraus zwei Fragen: War die Aussage zutreffend, und – wenn ja – war der Bibliotheksplan nur ein Kind seiner Zeit, d. h., hat er uns vielleicht heute unter veränderten Umständen nur noch wenig zu sagen?

Nun kann hinsichtlich der Beantwortung der ersten Frage gar kein Zweifel daran bestehen, daß in den sechziger und siebziger Jahren der Gesichtspunkt der Planung eine Art Blütezeit erlebte. Ausgehend – soweit ich sehe – von der Raumordnung, also der Notwendigkeit, in unserem klein gewordenen Land einer ungesteuerten räumlichen Entwicklung entgegenzuwirken, verbreitete sich die Meinung, daß alles oder jedenfalls das meiste planbar sei, und es kam in der Tat zu einer gewissen Planungseuphorie, auch und vor allem im Bildungswesen.

Heute betrachten wir diese Epoche durchaus skeptisch. Nicht nur deswegen, weil viele Prognosen nicht eingetroffen sind – Fehlplanung und Korrekturen wurden von vernünftigen Planern immer einkalkuliert; bedrohlich erscheint uns vielmehr heute die Umklammerung, die uns von Planungen auszugehen scheint. Der Freiheitsraum, der Spielraum für neue Initiativen und Einfälle, den jede Generation für sich beansprucht, schien zu stark eingeengt zu werden; die Menschen sahen sich in einem Geflecht vorgegebener Richtlinien, Verhaltensanweisungen und Planzahlen, Eigenverantwortung wurde erstickt. Statt vieler Beispiele nur eines, die Krankenhausplanung. Mußten früher Bauten oder Erneuerungen auf eigene Gefahr und mit eigenen Mitteln verantwortet werden, führte die neue Gesetzgebung die Finanzierung von Investitionen durch den Staat nach den von der öffentlichen Hand entwickelten Richtlinien ein. Die Folgen: eine explodierende Nachfrage nach Geldmitteln, denn welcher Verwaltungsleiter wollte sich schon nachsagen lassen, er habe es versäumt, öffentliche

Mittel zur Klinikverbesserung zu ergattern; außerdem ein ungeheuer großer zusätzlicher Verwaltungsaufwand.

Fällt nun die Bibliotheksplanung Ende der sechziger, Anfang der siebziger Jahre unter das Verdikt „Planungseuphorie"? Ein Blick in die deutsche Verwaltungsgeschichte zeigt zunächst, daß es Planungen dieser und jener Art schon immer gegeben hat. Der Verwaltungsjurist Fritz Ossenbühl verwies in diesem Zusammenhang einmal auf die „handfeste und durchdachte Wirtschaftsplanung" in Gestalt der Instruktion für das General-Ober-Finanz-, Kriegs- und Domänen-Direktorium in Brandenburg-Preußen von 1772. Und was die neuere Bibliotheksplanung betrifft, so setzte sie bekanntlich schon in einer so liberalen Zeit wie dem Jahr 1949 mit dem Sondersammelgebietsprogramm der Deutschen Forschungsgemeinschaft ein. In einigen Bundesländern, so in Niedersachsen, Saarland und Berlin, entstanden bald darauf regionale Bibliotheksplanungen. Ende der fünfziger Jahre begann die Planung der Forschungsgemeinschaft zur Einrichtung Zentraler Fachbibliotheken. Es folgte 1960 das Gutachten des Deutschen Ausschusses. Schließlich kam es dann in den sechziger Jahren zu einer großen Zahl weiterer Planungen, die auf Bundesebene für den Bereich der Öffentlichen Bibliotheken 1969 im Bibliotheksplan I, für den Gesamtbereich des Bibliothekswesens 1973 im Bibliotheksplan '73 ihren vorläufigen Endpunkt fanden, darüber hinaus aber über die ganzen siebziger Jahre weitere örtliche und regionale Einzelplanungen zur Folge hatten.

Erlauben Sie mir bei dieser Gelegenheit, einer kleinen Geschichtsfälschung vorzubeugen: In der Empfehlung der Kultusministerkonferenz zum Öffentlichen Bibliothekswesen vom 3. 12. 1971 steht zu lesen, für das Öffentliche Bibliothekswesen habe die KMK-Empfehlung von 1964 nicht nur das Gutachten des Deutschen Büchereiverbandes von 1966, sondern auch den Bibliotheksplan I von 1969 veranlaßt. Tatsächlich entsprang jedoch der Gedanke zur Ausarbeitung einer Bibliotheksplanung für die Öffentlichen Bibliotheken dem spontan vorgebrachten Vorschlag eines Abteilungsleiters im Bundesministerium des Innern, und zwar im Verlauf eines Gesprächs mit dem Vorstand des Deutschen Büchereiverbandes im Jahr 1967, ein Vorschlag übrigens, der den Vorstand offensichtlich überraschte, dann jedoch von ihm mit großem Interesse aufgenommen wurde.

Ich ziehe aus der nur ganz kurz dargestellten Entwicklung den Schluß, daß zwar der Bibliotheksplan '73 in eine Zeit großer Planungsfreude fiel, daß er aber der folgerichtige vorläufige Abschluß von Planungsbemühungen war, die bis in die Zeit der Gründung der Bundesrepublik zurückreicht, und daß er somit nicht einer politischen Sommermode, sondern vielmehr den vielfach dargelegten Sachnotwendigkeiten entsprach. So würden wir auch heute, wo Planungen nicht mehr den gleichen Stellenwert haben wie vor zehn Jahren, einen Fehler begehen, wollten wir den Bibliotheksplan als ein Hobby einiger Bibliotheksfürsten aus einer vom Fortschrittsglauben trunken gewordenen Zeit abtun. In dieser Auffassung fühle ich mich unterstützt von einer sicherlich planungsunverdächtigen Stelle wie der Konrad-Adenauer-Stiftung, die vor kurzem die Schrift „Kommunale Bibliothekspolitik“ herausgebracht hat, deren Thesen mit denjenigen der beiden Bibliothekspläne weitgehend übereinstimmen und in der ausdrücklich die Bibliotheks-Entwicklungsplanung und der Bibliotheksverbund angesprochen werden.

Ich bin bewußt auf die Sachnotwendigkeiten für die Bibliotheksplanung nicht im einzelnen eingegangen; hierzu ist unendlich viel geschrieben worden, und der Bibliotheksplan selbst faßt alle wichtigen Begründungen kurz zusammen. Notwendig erscheint allerdings zu betonen, daß bestimmte Entwicklungen wie z. B. die weitere starke Zunahme der Publikationen einerseits und der wissenschaftlichen Forschung sowie der Studierenden und der Weiterbildungsinteressenten andererseits, außerdem der wachsende Informationsbedarf und die internationale Verflechtung heute die Vorausschau und das Setzen von Zielen wohl noch notwendiger machen würden als vor zehn Jahren.

Wenden wir uns nun den Auswirkungen des Planes zu, so kann meine Aufgabe weder in einer Darstellung der vielen Reaktionen im Schrifttum und einer Auseinandersetzung mit ihnen, noch in einer vielleicht zusammengefaßten Wiederholung der vor mir vorgetragenen Berichte liegen. Es ist Ihnen natürlich auch nicht mit pauschalen Bewertungen gedient. Ich werde daher einige wichtige, auch die Bundesregierung besonders interessierende Teilbereiche, die im Bibliotheksplan angesprochen sind, herausgreifen und versuchen, in durchaus subjektiver Sicht – d. h. hier aus der Sicht des Bundes, denn nur für ihn kann ich sprechen – etwas zur Beurteilung der Situation zu sagen.

Vorweg aber noch schlaglichtartig einige Zahlen zur Illustration dessen, was sich im letzten Jahrzehnt im Bibliothekswesen getan hat. Da gesamtstatistische Vergleichszahlen wegen der mehrfach geänderten Erhebungsmethoden nicht existieren, hier einige Angaben für zehn deutsche Großstädte: bei deren Hochschulbibliotheken stieg der Buchbestand von 1971 bis 1981 von 14 Millionen auf 24 Millionen Einheiten, also um 63%, bei den Öffentlichen Bibliotheken von 6,6 auf 12,2 Millionen, d. h. sogar um 84%; ähnlich starke Steigerungen zeigen sich bei den Entleihungen: bei den Hochschulbibliotheken um 92%, bei den Öffentlichen um 60%. Wir haben es also teilweise fast mit einer Verdoppelung der Aktivitäten zu tun. Diese Entwicklung ist natürlich nicht nur unmittelbare Folge des Bibliotheksplans, sondern Ergebnis aller Bemühungen um einen Ausbau des Bibliothekswesens.

1. Ich beginne mit der Bedeutung der Bibliotheken als Dienstleistungseinrichtungen für Bildung und Wissenschaft, wie sie in der Einleitung des Biblio-

theksplans angesprochen ist. Wir erinnern uns, daß es sich hier um eine der wichtigsten Thesen der damaligen Zeit handelte, die auch zur Teilhabe der Bibliotheken an den überproportional steigenden Haushaltsmitteln für das Bildungswesen beigetragen hat. Sie verstärkte zugleich die Bemühungen um den Bibliotheksverbund, um eine regional ausgeglichene Bibliotheksversorgung sowie um die Verbesserung des Leihverkehrs und gipfelte in dem Satz, daß Literatur und Informationsmittel für jedermann an jedem Ort erreichbar sein müßten. Wir haben uns an diese Grundforderung gewöhnt, haben insbesondere auch den Öffentlichen Bibliotheken einschließlich der kirchlichen Bibliotheken und ihren Benutzern den Weg zu Buchbeständen der wissenschaftlichen Bibliotheken geebnet. Dies ist nicht ohne Schwierigkeiten und Kritik abgelaufen. Und wenn nicht alles täuscht, gibt es heute gewisse Bestrebungen, dieses Prinzip wiederum einzuschränken, z. B. indem man bevorrechtigte und weniger bevorrechtigte Benutzer schafft. Zwei Argumente, auf die ich, auch wenn es sich um ein delikates Thema handelt, kurz eingehen möchte, werden genannt: einmal die Sorge um die Unversehrtheit seltener und wertvoller Bestände, zum anderen der Wunsch, die wirklichen Forscher nicht ungebührlich zu behindern.

Was die wertvollen Bestände betrifft, müßte es relativ leichte Lösungen geben. Zwar scheint die Nachfrage nach Veröffentlichungen aus der Barockzeit und früher überraschend zu steigen – hoffentlich ein Zeichen für ein allgemein wachsendes historisches Interesse –; doch wird es sich hier voraussichtlich immer um Größenordnungen handeln, die sich mit Hilfe moderner Technik leicht bewältigen lassen, ohne daß Originale ausgeliehen werden müßten. Und wer wirklich Originale etwa von Inkunabeln zu sehen wünscht, dem wird man ebenso eine Reise zumuten können wie dem Kunsthistoriker bei der Suche nach einem Originalgemälde.

Etwas anders beurteile ich das Argument der Forschungsbehinderung. Hier mag es Engpässe geben; doch sollte ihre Behebung nicht zur Rückgängigmachung von Vorteilen führen, die mühsam errungen wurden, und dazu würde ich auch die Möglichkeit rechnen, am ländlichen Wohnort mit Hilfe einer kleinen Bibliothek seinen Studien nachgehen zu können und damit zugleich die Hochschule zu entlasten. Wie sollte auch eine Bevorrechtung aussehen? Sollten VIP-Ausweise oder -Stempel erteilt oder Sondergenehmigungen beantragt werden? Und wer wäre alles VIP im Sinne einer wissenschaftlichen Kapazität, wo wir doch noch immer nicht in die Gehirne unserer Mitmenschen hineinschauen können? Ich denke, Bibliothekare werden sich genügend andere Hilfsmittel wie verkürzte Ausleihfristen, Zweitbestellung oder notfalls Duplikate einfallen lassen, um auf diese Weise ein Zweiklassensystem zu vermeiden.

Um wieder auf die Bedeutung der Bibliotheken zurückzukommen: Eine gewisse Korrektur in der Skala der wichtigsten Bibliotheksfunktionen ergibt sich im übrigen heute möglicherweise daraus, daß wir uns in einer Periode befinden, in der neben die – absolut gesehen noch gewachsenen – Bildungsbedürfnisse auch vermehrt das Bedürfnis nach kreativer Selbstverwirklichung und nach Sinnfindung tritt, verursacht durch die knapper werdenden Arbeitsplätze und das größere Verlangen nach mitmenschlichen Beziehungen und Wertverwirklichung.

2. Als nächstes greife ich die im Bibliotheksplan geforderte finanzielle Verantwortung der Träger für die Aufrechterhaltung der Bibliotheken heraus. Daß dies heute in weiten Bereichen ein wunder Punkt ist, wissen wir alle, wenn auch regional und bei den einzelnen Bibliothekssparten unterschiedlich ausgeprägt. Erlauben Sie mir in diesem Zusammenhang einen Exkurs zu der kleinen Kontroverse während der Eröffnungsveranstaltung zwischen den Vertretern des Bundes und der Kommunen[1]. Es war ja von Bundesseite ausdrücklich gesagt worden, man möge bei Kürzungen die Bibliotheken nicht überproportional bedenken. Daß auch der Bund heute an allen Ecken und Enden, auch an sehr schmerzlichen, sparen muß, wissen wir alle; er hat dennoch bisher die Bibliotheken weitgehend geschont, ohne etwa von dritter Seite zusätzliche Gelder beschaffen zu können. Um die politische Prioritätensetzung ging es und um nichts anderes.

Zweifellos ist es auch nur in einem Bundesland gelungen, ein Bibliotheksgesetz zu erreichen; und regionale Entwicklungspläne haben keineswegs große Bestandskraft gegenüber Mittelkürzungen bewiesen. Dennoch: Wie oft haben sich Bibliothekare und ihre Sympathisanten in den letzten Jahren auf den Bibliotheksplan oder auf das Gutachten der Kommunalen Gemeinschaftsstelle berufen und damit ihre Anforderungen untermauern können!

3. Ein weiterer wichtiger Punkt ist die Zusammenarbeit aller Bibliotheken, wie sie an verschiedenen Stellen des Planes gefordert wird. Hier scheinen sich die erfreulichsten Auswirkungen im Leihverkehr ergeben zu haben. Kritisch zu betrachten ist aber immer noch die dabei verstreichende Zeit, die allerdings keine Konsequenz etwa der Leihverkehrsordnung, sondern vieler anderer Regelungen und organisatorischer Hemmnisse ist. Hier sollte weiter nachgedacht werden, auch bei der Vorbereitung neuer Projektkonzeptionen. Wir sollten auch nicht verschweigen, daß gewisse Traditionen, das Beharren auf fachlicher Selbständigkeit, Tendenzen zur Aufrechterhaltung der Spartentrennung, regionale oder örtliche Egoismen so manchen Stein in den Weg gelegt haben. Fast will es scheinen, als ob in letzter Zeit zwei Faktoren die Kooperation begünstigten: die fortschreitende Technik und der Zwang zum Sparen. Not macht erfinderisch, eventuell auch da, wo Eigeninteressen bisher im Vordergrund standen. Nur, vielleicht wäre der andere Weg der leichtere gewesen.

[1] Vgl. in diesem Heft, S. 10.

Doch ich möchte auch die Positiva anführen: Der Zusammenschluß der wissenschaftlichen und Öffentlichen Bibliotheken, die Gründung des Deutschen Bibliotheksinstituts mit der Übertragung verschiedener Funktionen auf seine Gremien, aber auch z.B. örtliche Kooperationsmodelle und nicht zuletzt der derzeitige, schon zur Selbstverständlichkeit gewordene gemeinsame Kongreß aller Bibliotheksverbände sind Beweise für eine sich immer enger gestaltende Zusammenarbeit.

4. Zur Stufengliederung und Funktionsverteilung des Bibliotheksplans ist mir fundierte Kritik nicht bekannt geworden, abgesehen davon, daß sich die Bezeichnungen der einzelnen Stufen in der Praxis nicht vollständig durchgesetzt haben. Wohl aber scheint es jeweils an den Schnittstellen zu der nächsthöheren Stufe zu gewissen Schwierigkeiten bei der Zuordnung gekommen zu sein; das ist menschlich verständlich und wird sicherlich in dem Maße, in dem das Interesse an kleineren Lebenseinheiten wächst, als Problem verschwinden. Gleichzeitig wird man sich noch intensiver Gedanken über die Abgrenzung des sog. Grundbedarfs vom spezialisierten höheren Bedarf machen müssen; dies lediglich den Einzelabsprachen der betroffenen Bibliotheken zu überlassen, ist auf die Dauer keine befriedigende Lösung.

In diesen Zusammenhang gehört aber noch eine Erwähnung der Fahrbibliotheken. Hier hat es – auch wenn die Planzahlen bei weitem nicht erreicht wurden – ermutigende Fortschritte gegeben, zu denen erfreulicherweise auch Modellprojekte des Bundesministeriums für Bildung und Wissenschaft beigetragen haben. Schön wäre es, wenn sich – sobald sich die Haushaltssituation etwas entspannt hat – die Fahrbibliotheken auch in ländlichen Gegenden stärker durchsetzen würden; dort ist der Bedarf am größten.

Ein kurzes Wort noch zu den Zentralen Fachbibliotheken und Sondersammelgebietsbibliotheken. Hier gilt es zunächst einmal mehr, der Deutschen Forschungsgemeinschaft Dank für ihr schon Jahrzehnte währendes Engagement zu sagen; ohne ihre Pilotarbeit hätten wir wohl schwerlich den jetzigen Stand und selbst die wenigen schon bestehenden Gemeinschaftsfinanzierungen von Bund und Ländern erreicht. Im großen und ganzen scheint sich dabei unser System der zentralen Nachweise mit dezentralen Beständen bewährt zu haben. Nicht teilen kann ich allerdings die Klagen über die Mittelkürzungen in diesem Bereich. Gerade die drei von der Gemeinschaftsfinanzierung betroffenen Einrichtungen – an vorderster Stelle die hiesige Technische Informationsbibliothek – sind, wenn auch mit erheblichen Anstrengungen, weit überproportional mit Haushaltsmitteln bedacht worden, und zwar, das sollte man an dieser Stelle auch einmal sagen, zu Lasten anderer Forschungs- und Service-Einrichtungen; denn seitdem es Gesamtsteigerungsraten für die Mittelbewilligungen aller gemeinsam von Bund und Ländern geförderten Einrichtungen gibt, sind überdurchschnittliche Steigerungen bei einigen nur auf Kosten anderer Einrichtungen möglich. Die herkömmliche Sorge der Bibliothekare, sie bildeten bei allen staatlichen Prioritätsüberlegungen das Schlußlicht – hier treffen sie nicht zu.

5. Ich komme nun, unter Aussparung der heute schon gesondert behandelten institutsbezogenen Literaturversorgung und unter Verzicht auf einen Kommentar zum Leidensweg der Schulbibliotheken zu den sog. übergreifenden Aufgaben, ein Bereich, in dem sich der Bund und die Deutsche Forschungsgemeinschaft im letzten Jahrzehnt stark engagiert haben. Lassen Sie mich einige wichtige Punkte behandeln. Daß die Bibliotheksstatistik voll ausgebaut ist, d.h. für das gesamte Bibliothekswesen, ist Ihnen allen bekannt. Nur als Hinweis für die Jüngeren: Auch das war absolut keine Selbstverständlichkeit. Für die Öffentlichkeitsarbeit der Bibliotheken entstand beim Deutschen Bibliotheksinstitut eine Beratungsstelle. Über Projektförderungen wurden außerdem verschiedene Maßnahmen erprobt und dabei die hoffentlich Ihnen allen bekannte und zugleich geschätzte Buch-Möwe für die Öffentlichen Bibliotheken entwikkelt, die auch das Kongreßprogramm ziert. Ich habe die Hoffnung, daß dieses Signet einmal genauso eingeführt sein wird wie etwa das bekannte Apothekenzeichen, das uns den kürzesten Weg zu lebensbegleitenden oder auch -rettenden Pillen weist.

Eine Lektoratskooperation wurde zunächst im Projektwege entwickelt und befindet sich zur Zeit im Zustand der Überarbeitung. Für die Formalkatalogisierung sind – gottlob – die einheitlichen Regeln für die Katalogisierung verabschiedet und fast durchweg akzeptiert – es kam uns wie ein Jahrhundertwerk vor. Regeln für die Sacherschließung liegen im Entwurf vor. Eine neue Leihverkehrsordnung ist seit einiger Zeit in Kraft. Auch das neue Kopierrecht, zur Zeit nach erneuter Beratung im Bundesrat wieder der Bundesregierung zur Stellungnahme zugeleitet, wird voraussichtlich – und zwar auch dank des Engagements der Bibliotheksverbände – nicht ganz so einschneidend ausfallen, wie ursprünglich befürchtet.

Zum Thema Zentralkataloge, deren Aufgaben ja künftig von den Regionalen Bibliothekszentren wahrgenommen werden, möchte ich mich nur zurückhaltend äußern; daß es nicht gelungen ist, sich auf einheitliche Funktionen, Arbeitsweisen und technische Ausstattungen zu einigen, macht nachdenklich, und ich frage mich, ob es nicht doch sinnvoll wäre, in solchen Fällen eine vermittelnde politische Instanz wenigstens in der Hinterhand zu haben.

Von den sog. zentralen Diensten werden die bibliographischen Daten bekanntlich zentral von der Deutschen Bibliothek erstellt. Die Verbundkatalogisierung unter Nutzung dieser Daten läuft – hauptsächlich bei den wissenschaftlichen Bibliotheken – dank auch der Initiative der Deutschen Forschungsgemeinschaft sehr zufriedenstellend; für die meisten Öffentlichen Bibliotheken bereiten wir im Projektwege einen Katalogisierungsdienst bei der Einkaufszentrale vor. Dagegen wurde die sog. Einheitsklassifikation schon vor Jahren abgeblasen, statt dessen auf die Regeln für den Schlagwortkatalog gesetzt. Ferner sind von den im Bibliotheksplan geforderten Gesamtkatalogen die Zeitschriftendatenbank mit Verbindung zum Informations- und Dokumentationsbereich und der Verbundkatalog maschinenlesbarer Daten mit 3,8 Millionen Monographie-Angaben zu nennen. Und letztlich sei noch auf die Einbindung des Bibliothekswesens über die Zeitschriftendatenbank und über die Regionalen Bibliothekszentren in das System der Fachinformation verwiesen.

Ich denke, selbst dieser nur sehr summarische Durchgang hat gezeigt, daß es so übel um die Verwirklichung des Bibliotheksplans nicht steht, wie manche glauben machen wollen. Ein Plan dieser Art hat schließlich auch keinen normativen, sondern nur einen orientierenden Charakter, selbst wenn er von zahlreichen öffentlichen und nichtöffentlichen Gremien ausdrücklich akzeptiert worden ist.

Zum Abschluß bleibt noch die Frage zu klären: Können wir es beim Bibliotheksplan '73 belassen, oder sollte es demnächst einen neuen Plan geben? Ein mit Aktivitäten angefülltes Jahrzehnt brachte neue Entwicklungen und damit neue Aufgaben. Zweifellos werden die neuen Medien, insbesondere der Bildschirmtext, interessante zusätzliche Dienstleistungen ermöglichen; ein vor kurzem dem Deutschen Bibliotheksinstitut bewilligtes Projekt wird sich dieser Aufgabe widmen. Sparmaßnahmen zwingen zu weiteren Rationalisierungen – hier gäbe es sicher das eine oder andere Zusätzliche zu sagen. Das Dokumentationswesen ist wesentlich weiter ausgebaut worden; welche Konsequenzen sind für die Bibliotheken zu ziehen? Aber auch einige Passagen des Bibliotheksplans '73 bedürfen der Erläuterung; so etwa die schon erwähnte Abgrenzung zwischen Grundbedarf und spezialisiertem Bedarf oder die Umsetzung des Planes speziell in ländlichen Gebieten.

Nun ist der Zeitgeist der Erstellung neuer Pläne nicht sehr hold. Auch gibt es Warner, die die Gefahr wittern, daß bei Aufstellung eines neuen Planes der Sparstift Pate stehen könnte. So bietet sich am ehesten wohl eine „kleine Lösung" an, vielleicht ein Revisionspapier oder ein erläuternder Nachtrag, sozusagen eine Art „Kleiner Katechismus".

Im Anschluß an den Bibliothekskongreß 1973 in Hamburg schrieb eine Zeitung unter Anspielung auf die Überreichung des Bibliotheksplans und auf die bevorstehenden Aufgaben: „Ein Schwarzer Peter wird herumgereicht." Nun, ich glaube nicht, daß es sich dabei um einen Schwarzen Peter handelte. Sie kennen vielleicht das afrikanische Sprichwort: Ein Buch ist wie ein Garten, den man in der Tasche trägt. Demzufolge wären Sie, meine Damen und Herren,

Gärtner, die Autoren verträten den Lieben Gott und der Bibliotheksplan wäre eine Pflanzanleitung, die sich an alten, aber auch immer wieder an neuen Züchtungen zu orientieren hätte. Diesem Vergleich möchte ich den Vorzug geben.

3. VERANSTALTUNG DER ARBEITSGEMEINSCHAFT DER SPEZIALBIBLIOTHEKEN

MARCEL SCHEER

Der Mikrofilm in der Industriebibliothek

Industriebibliotheken zeichnen sich häufig dadurch aus, daß sie, kaum fertiggestellt, schon aus allen Nähten platzen. Die Aufnahme neuer Forschungs- und Interessengebiete, Aufgaben verschiedenster Art, die der Bibliothek kurzfristig übertragen werden, tragen das ihre dazu bei, daß sich die Regale mit beängstigender Geschwindigkeit auffüllen. Es fehlen aber wirksame Prozeduren, die veranlassen, daß auch Material wieder aus den Bibliotheksregalen entfernt wird.

Bibliothekaren von Industriebibliotheken ist diese Situation wohlbekannt: Die Bibliothek ist voll – wie weiter? Bei unserer Bibliothek kamen nun – aus verschiedenen Gründen – konventionelle Lösungen zur Platzvermehrung, wie Erweiterung der bestehenden Räumlichkeiten, Verlegung von Teilen der Bibliothek oder gar ein Neubau an einer anderen Stelle, nicht in Frage. Wenn aber der vorhandene Raum nicht vergrößert werden kann, lag die Idee nahe, das aufzubewahrende Gut zu verkleinern; Mikroformen, speziell der Mikrofilm, kamen ins Gespräch.

Ist es möglich, durch gezielten Einsatz von Mikrofilm das Platzproblem bei Industriebibliotheken etwas in den Griff zu bekommen?

Damals, 1977/78, wußte zwar jeder, was ein Mikrofilm ist; bezüglich Einzelheiten tappten wir aber weitgehend im dunkeln. Wie kauft man Mikrofilme ein? Welche gibt es überhaupt? Wie steht es um deren Lieferfristen? Wie geht man mit den Filmen um? Wieviel Platz kann mit ihnen eingespart werden? Wie reagieren Benutzer und Personal? –

In der Zwischenzeit sind wir auf eine ähnlich strukturierte Bibliothek, die Zentralbibliothek der Schering AG in Berlin, aufmerksam gemacht worden. Von einem Besuch dort brachten wir so viele positive Eindrücke mit, daß wir grünes Licht für unser Vorhaben erhielten, Mikrofilme für die Bibliothek anzuschaffen, allerdings verbunden mit der Auflage, dabei das Personal nicht zu vermehren und das Platzproblem „spürbar zu entschärfen".

Wir setzten nun folgendes Grundkonzept in die Tat um:

– Es werden 16-mm-Mikrofilme (und nicht Mikrofiche) von Zeitschriften angeschafft

– diese Filme werden in einer eigenen Mikrofilmeinheit, die in den Hauptraum der Bibliothek zu liegen kommt, aufbewahrt; zum Bearbeiten der Filme werden genügend Lesegeräte zur Verfügung gestellt

– in die Bibliothek kommen nur diejenigen Papierbände zu stehen, die ständig oder doch relativ häufig gebraucht werden. Material, das man nur selten oder nur noch selten verwendet, wird in einen Archivraum versetzt

– es werden aber nur dann Bände ins Archiv verlegt, wenn akute Platznot herrscht und wenn zudem entsprechende Mikrofilme vorhanden sind.

Wesentlich ist, daß die Filme neben einem Lesegerät aufgestellt werden und nicht neben der Papierausgabe („hard copy") auf dem Gestell, was ja technisch ohne weiteres möglich wäre. Dieses Verfahren hat den (kleinen) Nachteil, daß der Bestand einer Zeitschrift an zwei getrennten Orten aufbewahrt wird, aber den (großen) Vorteil, daß die Einsicht ins Dokument sofort möglich ist und nicht erst ein Lesegerät gesucht werden muß (und nach dem Lesen der Film nicht zurückgelegt wird). – Bei ganz kleinen Bereichsbibliotheken kann aber durchaus die Möglichkeit diskutiert werden, hard copies und Filme auf demselben Regal anzubieten.

Warum Filme und keine Fiches? Filme sind in einer Hauptbibliothek, in der jeder Benutzer seine Dokumente selbst auffinden soll, bestimmt das geeignetere Medium als Fiches:

– Fiches sind nicht kassettiert wie Filme, also gleichsam nackt und daher ziemlich ungeschützt gegen Staub, Fingerabdrücke und gegen das Zerkratztwerden

– Fiches sind nur durch genaues Betrachten identifizierbar und werden daher oft falsch ins File zurückgestellt

– Fiches sind im File wegen ihrer schlechten Erkennbarkeit schwerer auffindbar als Filme

– Fiches sind beim Ankauf oft teurer als Filme; nicht immer sind Titel, die verfilmt sind, auch auf Fiches erhältlich

– Fiches bedingen einen erheblich größeren Personalaufwand als Filme.

Zum Aufbewahren der Filme eignen sich am besten handelsübliche, 1,2 Meter hohe Schränke mit Ausziehschubladen. Die Schränke sollen eine Verriegelungssperre besitzen, damit sich aus Sicherheitsgründen aufs Mal nur eine, nie aber mehrere Schubladen ausziehen lassen. Die Schränke stellen zudem eine ideale Ablagefläche und Arbeitsunterlage dar.

Bei der Geräteauswahl ließen wir uns von folgenden Gesichtspunkten leiten:

– Das Gerät soll möglichst unkompliziert zu bedienen sein und sich auch für den Gebrauch durch Gelegenheitsbenutzer eignen; insbesondere soll der Filmeinzug keine Probleme aufwerfen

– das Gerät soll den Film schnell transportieren, damit beim Vor- und Rückspulen möglichst wenig Totzeit entsteht
– das Gerät soll einfache und preiswerte Magazine verwenden können (z. B. keine zweikernigen Kassetten)
– das Gerät soll eine Seitenanwählmöglichkeit aufweisen
– das Gerät soll Rückvergrößerungen herstellen können. Das dazu verwendete Papier soll qualitativ möglichst Normalpapier entsprechen, also am Licht nur unwesentlich nachdunkeln und normal beschriftbar sein
– das Gerät soll mit einer Zoom-Linse ausgerüstet sein, damit der Betrachter Teile des Dokumentes auf dem Bildschirm vergrößern kann
– das Objektiv soll auf einfache Weise auswechselbar sein
– es soll für das Gerät ein guter Service vorhanden sein.

Nach längerer Überlegung haben wir uns damals, 1979, für das IMT-150-Gerät von Kodak entschieden, obschon dieser Apparat keine Zoom-Linse besitzt und zum Ausdrucken ein photothermographisches Verfahren und kein Normalpapier zur Anwendung kommt. Doch hat sich im großen ganzen dieses Gerät bewährt.

Was die Filme selbst angeht, so hielten wir uns an folgende Punkte:
– Nach Möglichkeit nur Handelsware anschaffen und über einen Händler einkaufen
– den Bedürfnissen und Problemen unserer chemisch-biomedizinischen Forschungsbibliothek entsprechend vorerst nur Zeitschriftenmaterial auf Mikrofilm anschaffen
– die Zeitschriften en bloc, in ganzen Reihen, anschaffen: bei Bedarf und Möglichkeit ab Band 1 oder ab einer geraden Jahreszahl, z. B. ab 1950, und dann zur Fortsetzung abonnieren
– grundsätzlich keine bestehenden Abonnemente abbestellen; der Film soll die Papierausgabe nur ergänzen.

Auf diese Weise wird bei der Akquisition der Verwaltungsaufwand kleingehalten und in der Bibliothek selbst eine große Flexibilität bei der Aufstellweise der Zeitschriften erreicht.

Unter „Flexibilität der Aufstellweise“ sei hier das dynamische Versetzen von Zeitschriftenbeständen von der Bibliothek ins Archiv (gelegentlich auch zurück) verstanden. Nach diesem System läßt sich beschränkter Aufstellraum in der Bibliothek maximal ausnutzen. Damit Benutzer und Personal immer wissen, wo sich was befindet, werden die Standorte als Computerfile verwaltet; die Standortlisten können so im Echtzeitverfahren nachgeführt und je nach Bedarf sofort ausgedruckt werden.

Die meisten Benutzer haben sich überraschend gut an den Mikrofilm angepaßt und ihn als „Medium mit durchaus auch positiven Eigenschaften“ akzeptiert. Eine gewisse Zurückhaltung von seiten des Benutzers wäre ja verständlich; denn anders als beim Datenträger Papier ist ein Apparat, ein Gerät mit Transport- und Vergrößerungseinrichtung, zum Lesen nötig – und auch beim besten Service fallen Geräte gelegentlich aus.

Aber dasselbe Gerät, und darin besteht der Vorteil des Mikrofilmes, der am meisten den Bedürfnissen des Benutzers entgegenkommt, derselbe Apparat kann bei Bedarf auf einfachen Tastendruck hin eine Papierkopie, also die Rückvergrößerung von der Seite auf dem Bildschirm, herstellen. Dazu kommt, daß die platzsparende, kompakte Aufstellweise dem Benutzer zu einem sehr schnellen Zugriff zum Dokument verhilft (z. B. können innerhalb einer Fläche von 5 Metern Arbeitsradius die Filme von 150000 bis 200000 Bibliotheksbänden übersichtlich aufbewahrt werden). Die Gefahr von ausgeliehenen, verschwundenen oder verstümmelten Dokumenten besteht sozusagen nie; überdies sind Filme billig und schnell ersetzbar.

Zum schnellen Auffinden und fehlerfreien Zurückstellen hat es sich bewährt, das Beschriftungsfeld auf der Filmkassette mit titelweise verschiedenfarbenen, durchsichtigen Folien zu belegen. Zum eigentlichen Beschriften eignet sich zum Beispiel ein IBM-Composer.

Schnelles Auffinden von Dokumenten und schnelles Herstellen von Papierausdrucken in einem Arbeitsgang sind derart positive Eigenschaften, daß sie auch der unter Druck stehende Industrieforscher auszunutzen versteht – vorausgesetzt, und das kann nicht überbetont werden, eine benutzerfreundliche Umgebung sei vorhanden, also einfach zu bedienende Geräte mit automatischem Filmeinzug, mit Rückvergrößerungs- und Seitenanwählmöglichkeiten, genügend Geräte und Personal zur Unterstützung. Es sind dieselben Feststellungen, die auch die Schering-Bibliothek gemacht hat.

Vorhin haben wir die Seitenanwählmöglichkeit zur Sprache gebracht: Eine Voraussetzung zu dieser Suchhilfe sind Filme, die unterhalb der paginierten Seiten kleine, schwarze Quadrate aufweisen, sogenannte Blips. Dazu eingerichtete Lesegeräte vermögen diese Blips zu zählen; der Leser hat nur an einer Tastatur die gewünschte Seite einzutippen, und das Gerät steuert sie dann automatisch an. Benutzer betonen immer wieder die Vorteile dieser Geräte-Option; leider sind nur etwa 25% unserer Zeitschriftenfilme verblipt. Wohl ist es nach kurzer Angewöhnung kein Problem, mit dem Filmtransportknopf die gewünschte Seite von Hand zu suchen; die Augen ermüden dabei aber. Wir haben nun ein Zusatzgerät gefunden, das mit einer Photozelle Bilder zählen kann, das heißt alle Seiten (nicht nur die regulär paginierten), und mit dem man an einer Digitalanzeige verfolgen kann, wo man ist. Diesen ca. 15 cm großen „blipchip“ (Markenname) klebt man auf den rechten Rand des Bildschirmes. Er stellt eine echte Bereicherung des Lesegerätes dar.

Was die Beschaffung der Mikrofilme angeht, so scheint es uns vorteilhaft, über einen spezialisierten Händler einzukaufen. Wir profitieren dann von den Erfahrungen eines Fachmannes:

– Es erfolgt schnelle Lieferung ohne fremdsprachige Korrespondenzprobleme
– in der Rechnung sind alle Nebenkosten eingeschlossen (in der BRD z. B. können zum Katalogpreis noch Aufschläge bis zusammen 35% dazukommen...)
– die Magazine sind unzerbrochen und – meist – korrekt beschriftet
– die Filme stammen, falls mehrere Lieferanten vorhanden sind, von der preiswertesten Lieferquelle
– beschädigte Filme (auch wenn der Schaden durch fehlerhaftes Manipulieren am Gerät entstanden ist) werden kostenlos ersetzt
– die meisten Zeitschriftenfilme sind problemlos abonnierbar.

„Problemlos" heißt in diesem Zusammenhang, daß wir im Dezember 1982 von 26% unserer Titel die Filme bis inklusive 1981 besaßen, von weiteren 24% bis inklusive 1980, und von 34% besaßen wir die Filme bis und mit 1979. Für unsere Art, mit dem Film umzugehen, ist diese Situation völlig befriedigend.

Zeitschriftenbestände, von denen der Handel keine Filme anbietet, können via custom filming erworben werden; es gibt sogar Händler, die diese Dienstleistungen erbringen. Custom filming bedeutet, daß man den eigenen Zeitschriftenbestand weggibt und dafür Mikrofilme in der verlangten Form zurückerhält.

Bei der Beschaffung des Filmgutes sind die Vorschriften der Gerätehersteller genau zu beachten. So verlangen als Beispiel die neuen Kodak-Geräte Polyesterfilme mit relativ großem Vor- und Nachspann. Auf der andern Seite sind leider Kassetten der verschiedenen Hersteller nicht immer kompatibel.

Die Qualität der bezogenen Filme ist fast immer gut bis sehr gut. Es sind feinkörnige Filme auf Silberhalogenid-Basis; auch die kleinsten Indexzahlen sind scharf abgebildet und nach dem Ausdrucken ohne weiteres lesbar. Für die Belange einer Bibliothek wie der unsrigen ist daher der 16-mm-Film völlig ausreichend und gegenüber dem mehr Platz benötigenden 35-mm-Film vorzuziehen (die 35-mm-Filme sind zudem nicht kassettiert und müssen von Hand ins Gerät eingefädelt werden).

Gegen alle unsere Erwartungen haben uns die schwarz-weißen Abbildungen von farbigen Vorlagen selten Probleme aufgegeben, ebensowenig Filme, die bildliche Darstellungen, Graphiken, Chromatogramme, histologische Abbildungen, Photographien usw. aufweisen. Offenbar ist in vielen Fällen der Informationsverlust des Mikrofilmes nur gering, oder aber die Bilder besitzen, im Zusammenhang mit dem Text, für den Leser nur einen beschränkten Informationswert.

Verglichen mit der Papierausgabe sind die Filme immer vollständig; alles Gedruckte, auch Inserate, sind vorhanden. Bis auf Ausnahmen sind auch alle Supplementhefte mitverfilmt. Der Filmaufbau ist vernünftig: Nach dem Titel folgt zunächst das Register, dann der Text.

Heute sind eine große Zahl von Zeitschriftentiteln im Handel. Der Katalog der UMI (University Microfilm International) allein weist über 13000 Titel auf. Von den in unserer Bibliothek abonnierten 800 großen Zeitschriften haben wir bis heute ca. 300 auf Mikrofilm angeschafft, von weiteren 220 existiert ein Angebot. Das sind zusammen 525 Titel oder 65%. Beim Anschaffen der Filme konnten wir übrigens von 54 Titeln unsere fehlenden Anfangsbestände ab Band 1 ergänzen; bei 62 weiteren Titeln haben wir ab geraden Jahreszahlen eingekauft und auf die älteren, fehlenden Bände verzichtet.

Der Preis der Filme ist unterschiedlich. Bei verlagsgebundenen Mikrofilmen kann er bis zu 50% des Preises der Papierausgabe betragen (z. B. bei der Pergamon Press; bei gleichzeitiger Rückgabe der Papierausgabe reduziert sich aber diese Zahl um weitere 50% auf 25% des Anfangspreises); bei der Abnahme ganzer Reihen ist der Preis oft bedeutend geringer.

Wir sind überzeugt, daß sich unser Aufwand bezahlt gemacht hat. Unsere 10000 Filmrollen entsprechen ca. 2100 gebundenen Einheiten in der Bibliothek. Da Zeitschriftenbände aus unserer Bibliothek ungefähr 3,95 cm dick sind, benötigen die oben erwähnten Bände ca. 840 Laufmeter Regal zum Aufstellen; im Vergleich dazu sind die Filme in 19 Ausziehschränken (zu 7 Schubladen mit je 120 Plätzen) eingereiht; die Schränke sind zu 60% belegt. Die ganze Mikrofilm-Einheit nimmt ca. 30 m^2 Platz ein. Von den erwähnten 840 Laufmetern Bände sind zur Zeit 300 Laufmeter problemlos archiviert. Hier heißt „problemlos“: Wir mußten sozusagen nie mehr auf diese hard copies zurückgreifen.

Neben der Möglichkeit, Bibliotheksbestände ungezwungen zu archivieren und dadurch in der Bibliothek Platz einzusparen, konnten wir an vielen Orten Lücken schließen und fehlende Anfangsbestände anschaffen. Das rationalisierte Arbeit beim Personal („was man hat, hat man vollständig“), und der Kopierdienst von Fremdbibliotheken wird weniger beansprucht. Es hat sich sehr bewährt, von allen Zeitschriftenserien auch die neuen Filme anzukaufen, so daß die meistgebrauchten Bände sowohl als Papierausgabe wie als Mikrofilm vorliegen: Auf dem Gestell zufällig fehlende Bände sind jederzeit als Mikrofilm greifbar, und der Benutzer kann wählen, ob er mit Film oder konventionellem Papier arbeiten will.

Im Umgang mit Filmen von Zeitschriften im Zeitungsformat sind von den vielen Rationalisierungen und Vorteilen, die der Film mit sich bringt, am augenscheinlichsten:

– Momentanes Kopieren einzelner Seiten

– Kopieren aus sehr eng gebundenen Bänden
– problemlose, kompakte Aufbewahrung des Mediums
– Langlebigkeit des Filmes (100 Jahre sind garantiert, Papier hält oft weniger lang!)
– keine Bindekosten
– keine Transportprobleme.

Grundsätzlich ist das Kopieren kürzerer wissenschaftlicher Arbeiten ab Film in jedem Fall schneller und billiger. Einzig beim Kopieren von längeren Artikeln, z. B. von Übersichtsarbeiten, greifen wir gelegentlich noch auf den Papierband zurück, weil in unserem Arbeitsablauf längere Artikel rationeller von Papier kopiert werden. Filme solcher Zeitschriften eignen sich mehr zum „diagonalen" Durchlesen, zum Auffinden gewisser Details (und gleichzeitigen Kopieren dieser Stellen).

Mit sehr viel Skepsis und Unklarheiten begannen wir vor einigen Jahren unser, wie es schien, Mikrofilmabenteuer. Die Realität hat dann aber in mancher Hinsicht unsere Erwartungen in den Film übertroffen. Der Benutzer hat den Film akzeptiert, werden doch ihm und dem Personal viele Arbeitsgänge erleichtert. Heute, nach 3½ Jahren, ist die Qualität unserer Filme noch gleich gut wie am ersten Tag, die Filme sind nicht verstaubt, wie wir befürchtet hatten. Durch krasse Fehlmanipulation am Gerät wurden bis heute 6 Filme unbrauchbar; sie wurden alle kostenlos und rasch ersetzt.

Wir glauben, daß die Anfangsschwierigkeiten bei der Eingliederung des Mediums Mikrofilm in eine Hochleistungsbibliothek, nämlich mangelnde Kompatibilität bei Gerät und Film, wenig geeignete Apparate für Gelegenheitsbenutzer, unterschiedliche Qualität des Filmmaterials, wenig attraktive Angebote usw. weitgehend überwunden sind und daß heute Mikroformen in allen Bibliotheken gewinnbringend eingesetzt werden können.

Literatur:
R. Folcarelli, A. Tannenbaum, R. Ferragamo: The Microform Connection. New York. 1982.
S. J. Teague: Microform Librarianship. London. 1977.
Journal of Micrographics. Silver Spring. 1967.
Microform Review. Westport. 1982.
Mikrodok. Zeitschrift für elektrooptische Speichermedien. Baden-Baden. 1975.

LOTHAR WILD

Informationsvermittlung

unter anderem durch Online-Recherchen für kleinere und mittelständische Unternehmen und freiberufliche Berater

Umfassende Informationsquellen und technische Intelligenz sind die Ressourcen, die uns unbeschränkt zur Verfügung stehen! Auf sie müssen wir bauen, sie müssen wir einsetzen!

Das Gedeihen unserer Wirtschaft, der Erhalt ihrer Wettbewerbsfähigkeit und nicht zuletzt die Existenz gerade von mittelständischen Unternehmen hängen weitgehend davon ab, ob und wie es gelingt, den technologischen und wirtschaftlichen Wandel und den technischen Fortschritt durch systematisches Erkennen und Erfassen von informatorischen Orientierungspunkten zu analysieren.

Eine Reihe von Untersuchungen von Wirtschaftsförderungsinstitutionen und Erfahrungen potenter Beobachter haben ergeben, daß gerade bei der mittelständischen Wirtschaft und dem einschlägigen Handwerk noch vielfach das Bewußtsein fehlt, daß das umfassende Informiertsein über neue technische und wirtschaftliche Entwicklungen heute genauso existenznotwendig ist wie die Erörterung z. B. von Finanzierungs- und Steuerfragen.

Dieses Informationsdefizit bezieht sich weniger auf das „Gewußt wie?", vielmehr ist hier das „Gewußt wo?" angesprochen. Trotz einer Fülle von öffentlich geförderten Einrichtungen zur Informationsversorgung, wie Bibliotheken, Informationsvermittlungsstellen, Patentschriften- und Normen-Auslegestellen und dergleichen, werden diese von einer großen Mehrheit der mittelständischen Unternehmen und deren qualifizierten Mitarbeitern sowie von freien Beratern kaum beachtet, geschweige denn in Anspruch genommen werden.

Für unternehmerische Dispositionen werden oft zu einem Drittel eine einzige Information und zu einem weiteren Drittel nur „einige" Informationen herangezogen, obwohl extern vorhandenes Wissen zur Problemerörterung leicht zugänglich, weitgehend kostenlos und relativ ausreichend zur Verfügung steht. Man müßte eigentlich nur wissen, wie man an die vielfältigen Fundstellen herankommt. Gerade technische und wirtschaftliche Entscheidungen ohne die besten und zweckmäßigsten Informationen haben aber meistens riskante und auch wirtschaftlich gefährliche Konsequenzen zur Folge.

Immerhin basieren rund 90% unserer derzeitigen Insolvenzen auf Mißmanagement, nicht zuletzt wegen Unkenntnis der technischen und wirtschaftlichen Entwicklungen und ihrer Anwendungsmöglichkeiten.

Der Einwurf der sog. Informationsflut, die man nicht zu bewältigen weiß, ist meist nur eine vorgeschobene Erklärung, weil man die bestehenden Informationsquellen zum Stand der Technik, das „Gewußt wo?“, und ihrer Nutzungsmöglichkeiten, speziell auch die Nutzung der Patentinformation nur oberflächlich weiß bzw. der Blick über die eigenen Unternehmensgrenzen hinaus im täglichen Getriebe verblaßt ist.

Meist stellen sich im übrigen noch andere Faktoren heraus, daß man gerade bei den Ingenieuren noch unwahrscheinlich weit davon entfernt ist, die Möglichkeiten der Nutzung des Schrifttums zu kennen, oder gar kaum mit den Fundstellen zur sachverständigen Lösung für die ihnen gestellten Probleme vertraut ist. Interessant sind auch hierzu die Ergebnisse von mehreren Untersuchungen, die zu erkennen geben, daß mehr als 51% der Ingenieure und Techniker keine Informationsquellen oder nur Aussagen von Kollegen oder höchstens eigene, oft überholte Unterlagensammlungen zuerst benutzen. Lediglich 13% eruieren in Literatursammlungen im eigenen Arbeitsbereich; 11% wenden sich an Bibliotheken und Informationszentren; 5% recherchieren in Hersteller- bzw. Lieferantenunterlagen; 4% hören auf Untergebene, 2% auf Vorgesetzte und nur 1% nehmen Berater einschließlich Informationsvermittler in Anspruch. Sie haben sich sowohl in ihrer Ausbildung, als auch in Praktika kaum mit Einrichtungen und meist auch nicht mit den Methoden einer praxisnahen Aufschließung befaßt. Sie gehen an ihre tägliche Arbeit heran, ohne sich der vielen und reichen Quellen des technischen Wissens bewußt zu sein. Darüber hinaus werden Ingenieure und Techniker in vielen Fällen von der täglichen Arbeit in der Praxis so eingenommen, daß sie kaum dazu kommen, die sie betreffende Fachliteratur in dem Umfang zu lesen, wie es notwendig wäre, um die technische Entwicklung in ihrem vielfältigen Fachbereich und auf den Randgebieten zu verfolgen. Wenn es dann noch Chefs gibt, die ihre Mitarbeiter, die Bibliotheken bzw. Patentschriften-Auslegestellen oder regionale Informationsvermittlungsstellen während der Dienstzeit zu Rate ziehen wollen, mit der Mahnung verabschieden: „Sie sollen etwas arbeiten!“, so spricht diese Einstellung von einer Auffassung, die nicht mehr zeitgemäß ist.

Ich möchte in diesem Zusammenhang allerdings nicht verhehlen, daß bei vielen Einrichtungen und Institutionen, und nicht zuletzt bei den Bibliotheken, den Benutzerbedürfnissen viel zu wenig Rechnung getragen wird. Man beschränkt sich auf das unreflektierte Vorlegen von Literatur, ohne sich um die Problemberatung und -diskussion zu bemühen. Vielleicht auch aus einem persönlichen Unvermögen heraus!

Besonders die mittelständischen Betriebe bedürfen einer wirkungsvollen Wissensübermittlung durch kreativ operierende und die Informationslandschaft überblickende Interpreten in unabhängiger und neutraler Mittlerfunktion.

M. E. sind hier gerade die Bibliothekare von Spezialbibliotheken aufgerufen, Überlegungen anzustellen, inwieweit gerade sie qualifizierte Informationsvermittler sein könnten, weit mehr als die Vielzahl von „Nur"-Informationsvermittlern, z. B. bei Kammern der gewerblichen Wirtschaft! Gerade die Bibliothekare stützen sich auf einen Fundus von technischem Wissen.

Wenn dann noch ein Datenterminal in der Bibliothek vorhanden ist, was hält sie davon ab, von der bisherigen Mentalität abzugehen und aktiv agierende Informanten zu werden?

Mit den Bibliotheken und übrigen Dokumentationsleistungen, wie Datenbanken und dergleichen, lassen sich nur dann breitgefächerte Informationsleistungen erzielen, wenn es gelingt, das Informationsbedürfnis der Wirtschaft auf eine unmittelbare, schnelle und ballastfreie Vermittlung zu befriedigen, wobei stark perfektionistische Modelle für die Klein- und Mittelindustrie kaum die Anreize der Benutzung bringen, die wünschenswert wären.

Informationen, auch durch Bibliotheken, muß gerade mittelständischen Wirtschaftskreisen gegenüber aktiv orientiert sein.

Ein bißchen mehr an Marketing und gezielter Werbung dazu würde aktive und sicher nützliche Informationspolitik vor Ort und im Kleinen darstellen, was sich dann sicherlich auch auf die Benutzerfrequenz aus der Wirtschaft auswirkt!

Die öffentliche Hand in Bund und Ländern versucht, in Kenntnis dieser Tatsachen, schon seit Jahren Rahmenbedingungen zu schaffen, die auch mittelständischen Betrieben eine Bewältigung des forcierten technischen Fortschritts ermöglichen. Bibliotheken und gerade Spezialbibliotheken technisch-wirtschaftlicher und wissenschaftlicher Ausrichtung werden als Einrichtungen der Daseinsvorsorge und der Wirtschaftsförderung angesehen.

Um die vorhandenen Informationsquellen mehr als bisher der mittelständischen Wirtschaft optimal zugänglich zu machen, wurde mit Unterstützung der öffentlichen Hand der Aufbau eines Netzes regionaler Informationsvermittlungsstellen u. a. mit Datenterminals in die Wege geleitet.

Das in den Bibliotheken und das leider nur teilweise und nur höchstens bis Mitte der sechziger Jahre zurück in den nationalen und internationalen Informationsdatenbanken gespeicherte technische und wirtschaftswissenschaftliche Wissen soll mit ihnen von jedermann genutzt werden. Mit dem Aufbau der Datenübertragungsnetze durch die Postverwaltung sind seit geraumer Zeit viele ausländische Datenbanken in Europa und in den USA in direktem Zugriff zugänglich.

Die bisherigen Erfahrungen bei den regionalen Informationsvermittlungsstellen zeigen, daß es für eine breite Inanspruchnahme dieses neuen Mediums noch erheblicher Denkanstöße bei der mittelständischen Wirtschaft bedarf.

Lassen Sie mich beispielhaft auf das I+D-Technische Informationszentrum bei der Landesgewerbeanstalt Bayern (LGA) in Nürnberg eingehen. Mit der amtlichen Patentschriften- und Normblatt-Auslegestelle, der regionalen Informationsvermittlungsstelle, dem Fachzeitschriften-Archiv sowie der technisch-wirtschaftlichen Bibliothek will es insbesondere der mittelständischen Wirtschaft umfassende technische und wirtschaftliche Informationen vermitteln. Der Erfinderberatung zusammen mit der regionalen Patentanwaltschaft wird eine besondere Aufmerksamkeit gewidmet. Es zählt jährlich über 10 000 Fachbenutzer.

Die in- und ausländische Patent- und Schutzrechts-Literatur ist eine nach technischen Gebieten und in zeitlicher Reihenfolge sortierte Fundgrube über neue Produkte, Verfahren und Werkstoffe. Ein umfassendes Reservoir wertvollen technischen Wissens, ein nach einem seit Jahrzehnten aufgebauten Ordnungssystem ausgerichteter Thesaurus ist das Patentwesen nach den internationalen Patentklassifikationen (IPC), mit acht Sektionen, 20 Untersektionen, 116 Klassen, 614 Unterklassen und über 61 000 Gruppen, von denen zehn Prozent Hauptgruppen sind.

In Nürnberg wird, wie in jeder der 14 Patentschriften- und Normen-Auslegestellen in der Bundesrepublik, tagtäglich für jedermann der neueste Stand der Technik in seiner Gesamtheit dokumentiert, wobei in den Patentschriften das auf Neuheit des technischen Vorgangs geprüfte Wissen einen besonders hohen Informationswert besitzt, der mit den Verweisungen auf Randgebiete eingebettet in die Technik, auch hinsichtlich der detaillierten Identifizierung, weit über das hinausgeht, was in Fachbüchern, Fachzeitschriften und dergleichen niedergeschrieben wird.

Ein Patentdokument ist nach der Bradford'schen Regel immer als „Kernzeitschrift" anzusehen. Alle Patentgesetze sehen dazu vor, daß die „Patentbeschreibung" immer eine für den Fachmann ausreichende „Lehre zum technischen Handeln" enthält. Darüber hinaus ist in der Patentliteratur der deutschsprachige Anteil erheblich größer als in der Fachliteratur, da man davon ausgehen kann, daß ein sehr großer Teil der wichtigen Erfindungen mit Sicherheit auch in der Bundesrepublik Deutschland zum Patent angemeldet wird.

Neuartige Problemlösungen, insbesondere Innovationen, sind ohne die Berücksichtigung der Patentliteratur überhaupt nicht zu bearbeiten, geschweige denn zu realisieren. Leider ist auch das noch nicht Stand des allgemeinen Wissens!

Jede Fragestellung erfordert daher eine Nachforschung sowohl in der Fachliteratur als auch in der Patentliteratur.

Mit Patentrecherchen aus allen Gebieten der Technik und Naturwissenschaften zum Stand der Technik und zur Schutzrechtslage sowie mit Gebrauchsmuster- und Warenzeichenrecherchen – selbstverständlich zu aufwandkonformen Gebühren – ist dazu bei der LGA Bayern in Nürnberg für die Wirtschaft, für die Patentanwaltschaft und nicht zuletzt für die Erfinder, eine allseits anerkannte Serviceleistung vorhanden.

Kommen wir nun zu den schon genannten Online-Literaturrecherchen mittels Datenterminals in rund 250 nationalen und internationalen Datenbanken.

Derartige Recherchen sind unbestreitbar eine wertvolle Hilfe für Entwicklungen, Konstruktionen, Technologietransfer, Innovationen und Forschung. Doch muß man auch hier trotz ihrer Bedeutung die Grenzen kennen.

Literaturrecherchen mittels Datenterminals sind nur ein Hilfsmittel zur Informationsbeschaffung. Um zu einer umfassenden Erarbeitung von Ergebnissen und Antworten zu kommen, muß man – wie schon erwähnt – beachten, daß technisches und naturwissenschaftliches Wissen vor 1970 noch nicht in Datenbanken aufbereitet ist. Unter den gegebenen Umständen bedarf es dann etwas mehr, als nur ein Datenterminal zu benutzen. Man muß bei Instituten, Fachbibliotheken, Branchendiensten, in Forschungsbereichen, Technischen Regelwerken, Nachschlagewerken, in Lizenz- und Messeliteratur u. v. a. m. recherchieren.

Unbegreiflicherweise ist ebenfalls viel zu wenig bekannt, daß auch hier die Patentdokumentation einen relativ zügig zu erschließenden Thesaurus darstellt, der immerhin über 100 Jahre zurück das gesamte technische und naturwissenschaftliche Wissen enthält.

Mehrere Datenbankanbieter verfügen über Datenbanken, aus denen man Hinweise auf die Patentliteratur erhalten kann. Dabei wird die Anzahl der ausgegebenen Literaturhinweise durch logische Kombination von bibliographischen Daten (Erfinder, Anmelder, Klassifikation) mit Schlagworten bestimmt, wobei die letzteren aus dem Titel oder dem Abstract der Literaturstelle herausgesucht werden. So schnell man auch auf diese Weise zu interessanten Ergebnissen gelangen kann, so wenig ersetzt diese Online-Recherche das intensive Durcharbeiten von Patentdokumenten in einer Gruppenmappe, wenn Einzelheiten von Bedeutung sind, die weder dem Titel entnommen werden können noch aus dem Abstract hervorgehen.

Gerade die Feinheiten, den „Clou", kann man in der Regel nur den schematischen Abbildungen in Verbindung mit der zugehörigen Textstelle der Patentbeschreibung entnehmen.

Weltweit gibt es über 20 Datenbasen mit Online-Zugriff, die entweder ausschließlich, meist aber nur zum Teil auch Daten von Patentdokumenten enthalten.

Das Angebot ist nicht eben transparent und wechselt schnell, vor Überraschungen ist man selbst bei schon lange existierenden Diensten nie sicher.

Ein weiteres Problem ist, daß man zwar mittels Datenterminals Hinweise in Minuten erhält, die Beschaffung der Originalliteratur aber sehr zeitaufwendig wird, was bei der Mittelindustrie ebenso wenig verstanden wird wie die Tatsache, daß Kosten entstehen, die trotz des relativ günstigen Verhältnisses zur Zeitersparnis bei Entwicklung und Konstruktion bis jetzt noch nicht akzeptiert werden, auch wenn sie durch die öffentliche Hand subventioniert sind.

Neben den bereits angesprochenen Akzeptanzproblemen scheint mir, daß die Informationsvermittlung mehr Qualität in der Vorbildung bedarf. Sie erfordert technisch erfahrene Generalisten, die jedem Problem aufgeschlossen und kreativ gegenüberstehen und auch wissen, in welcher Richtung eine Problemerörterung möglich wird. Gerade in diesem Zusammenhang kommt den technischen Beratern eine besondere Bedeutung zu. Nur, daß auch hier offensichtlich noch die gleiche Bewußtseinsbildung für den Wert und die Notwendigkeit der Information zum neuesten Stand der Technik fehlt.

Es erscheint dringend erforderlich, daß bundesweit alle möglichen Maßnahmen ergriffen werden, um insbesondere der klein- und mittelständischen Industrie, dem einschlägigen Handwerk und bei den Beratern ein vertieftes Informationsbewußtsein zu vermitteln und sie an die vielfältigen Informationsmöglichkeiten heranzuführen.

Auch muß der Ausbildung qualifizierter Informationsvermittler mehr Aufmerksamkeit gewidmet werden. Dazu bedarf es erheblich vertiefter Anstöße in der Aus- und Fortbildung an Hoch- und Fachhochschulen, in der Technikerausbildung und auch in der Weiterbildung.

Der direkte Dialog mit einem Datenbankcomputer, der sogenannte Online-Betrieb, erfordert ein aufgeschlossenes Wissen, Übung und Spürsinn. Ein Rechercheur, Searcher, muß für sein „Gespräch" mit dem Computer dessen Such- oder Retrievalsprache beherrschen, denn praktisch benutzt beinahe jeder Host eine andere dieser Computersprachen.

Die Retrievalsprachen beinhalten fast durchweg englische Code-Begriffe; da die meisten Datenbankeintragungen auch in englischer Sprache abgefaßt sind, wird von einem Rechercheur auch die gute Beherrschung dieser Sprache, vor allem auch auf technischem Gebiet, verlangt.

Auch den Aufbau der Datenbanken muß der Searcher kennen, auch wenn es dazu gewisse Hilfsmittel gibt, wie z. B. für fast jede Bank einen Thesaurus, d. h. ein Wörterbuch mit Schlagwörtern, die für eine Suche verwendet werden können.

Schon daraus dürfte verständlich sein, daß ein kleinerer Betrieb nur in sehr seltenen Fällen einen Mitarbeiter unterhalten kann, der die englische Sprache qualifiziert beherrscht, ein guter, kreativ denkender Techniker ist und auch noch die entsprechenden Kenntnisse der Informatik mitbringt.

Die Bestellung der Recherche bei der Informationsvermittlung erfolgt oft nur telefonisch – der geplagte Mittelständler hat ja wenig Zeit –; auch ein formloser Brief mit möglichst viel Informationen über das Problem oder ein persönliches Gespräch können den Auftrag einleiten.

Der Rechercheur bespricht mit dem Auftraggeber die Informationswünsche meist eingehend, damit die Zielvorstellungen klar sind. Kommen sehr schwierige Probleme auf die Informationsvermittlungsstelle zu, was besonders auf die Gebiete der Chemie oder der Elektronik zutrifft, kann sich der Rechercheur in der LGA in Nürnberg bei einem Spezialisten in der betreffenden Abteilung über Einzelheiten des Fachgebietes informieren. Eine wichtige Vorinformationsquelle ist das Studium der einschlägigen Patentliteratur, wo z.B. auch die Begriffe detailliert zu finden sind, und dies in deutscher Sprache!

Hat der Rechercheur das Problem genau erfaßt und verstanden, baut er sich eine Suchstrategie auf, bevor über das Datenterminal direkte Verbindung mit dem Host-Computer aufgenommen wird. In verschiedenen Fällen ist es sehr zweckmäßig, wenn der Spezialist der anfragenden Firma bei der Online-Recherche anwesend ist. Denn trotz vorhergegangener Überlegung der Schlagwörter kann die Strategie während des Dialoges mit dem Computer umgestellt werden müssen, wenn z. B. unter einem eingegebenen Begriff kein befriedigendes Ergebnis gefunden wird.

Die Recherche ist mit der „Online-Sitzung" meistens noch nicht abgeschlossen.

Bei einem Großteil der Fälle müssen aus dem Ergebnis von mitunter 100 und mehr Literaturstellen die relevanten, d. h. die der Zielvorstellung des Kunden am besten entsprechen, herausgesucht und besonders markiert werden. Nichtrelevante Zitate werden aussortiert und dem Auftraggeber erst gar nicht geschickt. Er erspart sich dadurch das zeitraubende Durchlesen von nicht interessierenden, vielleicht sogar fremdsprachlich abgefaßten Literaturstellen.

Einschränkend sei bemerkt, daß diese Methode nicht unbedingt die Regel sein muß. Es gibt Unternehmer und Berater, die sich das Aussortieren selbst vorbehalten. Sie sind z. B. auch an Randinformationen interessiert, d. h. an Berichten, die zwar nicht unmittelbar mit der Fragestellung zu tun haben, aber neue Ideen und Anregungen geben können. Andererseits kann bei schwierigen Anfragen oft nur der Spezialist in der Firma entscheiden, welche Information für den Betrieb wichtig ist. In solchen Fällen wird dem Kunden das gesamte Ergebnis ohne viel Kommentar zugeschickt.

Grundsätzlich kann bei einer Datenbankrecherche nicht immer ein zufriedenstellendes Ergebnis garantiert werden. Manchmal bedeutet die Tatsache, daß in den Datenbanken nichts zu finden ist, für den Auftraggeber sogar ein positives Ergebnis, wenn er z. B. überprüfen will, ob evtl. andere an seiner, wie ihm scheint, neuen Entwicklung auch schon gearbeitet haben. Es kommt auch vor, daß ein Ergebnis zwar nicht befriedigt, aber genügend Stoff und entsprechende Schlagwörter für eine Nachrecherche liefert. Dieses stufenweise Recherchieren führt besonders bei schwierigen Fragestellungen letztlich oft doch noch zu einem Erfolg.

An dieser Stelle muß man vielleicht auch noch bemerken, daß von einer Datenbankrecherche nichts Utopisches erwartet werden darf. Was in den letzten 15 Jahren nicht veröffentlicht wurde, konnte selbstverständlich nicht in Datenbanken aufgenommen werden und ist deshalb auch nicht zu recherchieren.

Mit dem Übersenden der aussortierten und bewerteten Literaturhinweise ist die Aufgabe des Recherchendienstes noch nicht zu Ende. Größere Betriebe und schon etwas erfahrene Kunden haben meistens keine Mühe, aus dem Ergebnis die für die Fragestellung wichtigsten Hinweise herauszusuchen. Für einen Überblick genügen oft schon die recht informativen Zusammenfassungen (Abstracts) der Berichte. Wird mehr verlangt, kann mit Hilfe der Datenbankangaben die Originalliteratur in Bibliotheken, wie z. B. der TIB, oder bei der Patentauslegestelle oder über das Deutsche oder Europäische Patentamt beschafft werden.

Leider fehlen in der BRD ausreichend bestückte Wirtschafts-Datenbanken für die Gegebenheiten im deutschen Wirtschaftsgeschehen. Die vorhandenen Ansätze sind kaum ausreichend. Dies hängt allerdings auch damit zusammen, daß die deutsche Wirtschaft weit engherziger in ihren Veröffentlichungen ist als z. B. die US-Wirtschaft.

DIE TECHNISCHE INFORMATIONSBIBLIOTHEK (TIB) HANNOVER AUS DER SICHT IHRER BENUTZER

HERBERT BAUER

Die TIB und die Fachbibliothek der Siemens AG Erlangen

Mit der TIB verbindet Siemens eine bereits jahrzehntelange gute Zusammenarbeit. Rund zehn Fachbibliotheken nutzen im Direktverkehr die Dienste der TIB. Diese Dienststellen sind hinsichtlich ihrer Zusammenarbeit mit der TIB befragt worden. Hierzu wurden uns von der TIB als Richtlinie zehn Punkte genannt. Das zusammengefaßte Ergebnis dieser Interviews soll hier dargelegt werden.

1. Welches sind die Hauptgründe für die Benutzung der TIB?

– Die TIB ist die Zentralbibliothek der Bundesrepublik für Technik und deren Grundlagenwissenschaften Mathematik, Physik, Chemie. Diese Fachgebiete entsprechen den Interessen der Mitarbeiter des Hauses Siemens
– die Bestellformalien sind einfach und wenig zeitaufwendig
– die TIB liefert relativ schnell
– die TIB hat mit ihren 2 Millionen Bänden und Mikroformen sowie ihren 20000 Abonnements ein großes Angebot; man bekommt vieles aus einer Hand
– Daneben sind Tagungsberichte, Reports und Dissertationen im ausreichenden Umfang, aber auch amerikanische Fachnormen nahezu vollständig und ein großer Teil der sowjetischen GOST-Standards in deutscher Übersetzung vorhanden.

2. Wie ist das Verhältnis der TIB-Benutzung zur Benutzung anderer Bibliotheken

Neben den technisch-naturwissenschaftlichen Fachgebieten sind auch die Gebiete Betriebswirtschaft und Volkswirtschaft von Interesse sowie Medizin für den Unternehmensbereich Medizinische Technik. Literatur dieser Gebiete wird vornehmlich bei der Universitäts- und Stadtbibliothek Köln sowie der Zentralbibliothek für Medizin in Köln bestellt. Andererseits haben die Firmen-

Bibliotheken in Berlin, Braunschweig, Erlangen, Karlsruhe und München gute Kontakte zu den örtlichen Universitätsbibliotheken, die ihnen bereitwillig Bücher und andere Literatur ausleihen. Insgesamt gesehen ist das Verhältnis der Benutzung der TIB zu den anderen Bibliotheken ca. 10:1 bei Kopieaufträgen, 1:1 bei Ausleihaufträgen. Reportliteratur des Gebiets Kerntechnik wird übrigens fast ausschließlich beim FIZ Energie, Physik, Mathematik bestellt.

3. Was wird vorwiegend bei der TIB bestellt?

Zum größten Teil werden Kopieaufträge auf Zeitschriftenaufsätze bestellt, außerdem Kopien aus Tagungsberichten, von Reportliteratur, hier wieder insbesondere aus dem osteuropäischen und ostasiatischen Raum, und im geringeren Umfang werden Bücher, Tagungsberichte und Dissertationen ausgeliehen.

4. Benutzen Sie die Verzeichnisse der TIB-Bestände (Zeitschriftenverzeichnis u.ä.) zur Bestellung? Halten Sie diese Methode bei einer Zentralen Fachbibliothek für richtig?

Bekanntlich stellt die TIB über ihre Zeitschriftenbestände und die mit ihr kooperierenden Bibliotheken Kataloge zur Verfügung. Diese Verzeichnisse werden intensiv genutzt. Das Bibliothekspersonal ist grundsätzlich bemüht, bei der Bestellung Umwege zu vermeiden und gleich dort zu bestellen, wo die Literatur lt. Katalog vorhanden ist; gleichzeitig wird die Signatur mit angegeben. Mit dem Papierkatalog wird übrigens lieber gearbeitet als mit den Mikrofiches.

Herr Tehnzen schreibt in seinem Aufsatz in der ABI-Technik[1]: „Eine Bibliothek ohne Personalprobleme gibt es nicht.“ Diese These kann auch von den Bibliotheken unseres Hauses bestätigt werden. Es ist schon des öfteren vorgekommen, daß die Signatur vorübergehend nicht angegeben werden konnte, was dann freundlicherweise die TIB erledigt hat; der dadurch auftretende Zeitverzug mußte in Kauf genommen werden. Es wäre allerdings wünschenswert, wenn die TIB auf die Signaturangabe gänzlich verzichten könnte, wie es Herr Tehnzen vor etwa fünf Jahren in Aussicht gestellt hat.

Der neue KWOC-Katalog (keyword out of context) hat sich sehr bewährt, besonders bei unvollständigen bzw. exotisch abgekürzten Zeitschriftentiteln. Er sollte aber durch Bandangaben ergänzt werden und – als weitere Verbesserung – die unter einem Keyword angegebenen Titel alphabetisch sortiert aufweisen. Der zusätzliche Programmieraufwand dürfte gering sein.

[1] ABI-Technik. 3 (1983), 2, S. 85–89

Kürzlich teilte Herr Tehnzen mit, daß ein KWIC-Katalog (keyword in context) geplant ist. Ob dieser für die Mitarbeiter tatsächlich besser ist – der Programmieraufwand soll erheblich sein –, muß noch geklärt werden.

Der KWOC-Katalog gibt keine Lesesaalsignatur an. Genügt also die Angabe der Magazinsignatur? Sehr wichtig ist, daß stets die neuesten Ausgaben der Kataloge zur Verfügung stehen, hierzu der Vorschlag, daß bei der TIB Dauerabonnements eingerichtet werden können.

Ein Hinweis am Rande: In der Beschreibung des Verzeichnisses ZAG-2 steht, daß das Verzeichnis sich auf Technik, Naturwissenschaften, Medizin und Wirtschaft beschränkt.

Es wird vorgeschlagen, hier auch die Bestände an Wirtschaftszeitschriften der Universitäts- und Stadtbibliothek Köln aufzunehmen, da im allgemeinen lieber mit einem als mit zwei Katalogen gearbeitet wird.

5. Bekommen Sie von der TIB die Literatur, die Sie dort erwarten? Was fehlt und sollte in das Erwerbungsprogramm aufgenommen werden?

Im großen und ganzen erhält man die Literatur, die von der TIB erwartet wird. Auf manchen Gebieten, z. B. der Eisenbahnsignaltechnik, werden die Wünsche hundertprozentig erfüllt.

Von starkem Interesse sind Dissertationen aus der DDR und Abonnements von Zeitschriften auf dem Gebiet Wirtschaft, die die Universitäts- und Stadtbibliothek Köln nicht hat, sowie Literatur aus Randgebieten der Chemie, z. B. Pharmazie, Medizin, Wirtschaft. Hier könnte die TIB ihr Engagement noch verstärken.

6. Wo und wie beschaffen Sie sich Veröffentlichungen, die Sie von der TIB nicht bekommen? Sollte die TIB die Beschaffung generell für Direktbenutzer übernehmen und ggf. zu welchen Bedingungen?

Wie bereits erwähnt, wird diese Literatur hauptsächlich von den örtlichen Universitätsbibliotheken, vom FIZ Energie, Physik, Mathematik und von der Universitäts- und Stadtbibliothek Köln sowie von der Zentralbibliothek für Medizin in Köln bezogen.

Es besteht der Wunsch, daß die TIB generell die Beschaffung der Literatur für Direktbenutzer übernehmen sollte, auch wenn diese Literatur erst von einer anderen Stelle besorgt werden müßte, weil sie in der TIB nicht vorhanden ist; die TIB hat sehr gute Verbindungen zu anderen Bibliotheken und Literaturstellen.

Die TIB als grundsätzliche Anlaufstelle würde den Industriebibliotheken viel Arbeit ersparen, allerdings dürfte durch diesen Umweg ein Zeitverzug von höchstens ein paar Tagen auftreten. Hierbei sind aber Ausnahmen nicht ausgeschlossen, da es beispielsweise Literatur gibt, die zwar für eine Firma, nicht aber für die TIB freigegeben ist.

7. Wie ist die Leistung der TIB in Ihrer Sicht: Positive und negative Aspekte. Reicht das derzeitige Angebot: Normalbestellung, Eilbestellung, Online-Bestellung, Telekopie?

Die TIB ist der wichtigste Partner für die Literaturbeschaffung. Das derzeitige Angebot reicht aus; kleinere Erweiterungswünsche wurden schon genannt. Die TIB ist zuverlässig, zurückgegebene Bestellscheine aufgrund von Reklamationen führen akkurat zu Gutschriften, wenn der Auftrag nicht vollständig ausgeführt werden konnte. Früher wurden Kopien von Kopieaufträgen gemacht, die an die TIB gingen, um die Vollständigkeit der Rücksendungen überprüfen zu können. Reklamationen in dieser Hinsicht waren aber so geringfügig, daß jene Kopien überflüssig wurden.

Das Ankreuzen der zurückgesandten, nicht erledigten Bestellscheine (Angabe des Grundes) funktioniert nicht immer. Manche Bestellungen werden als nicht ausführbar zurückgesandt, obwohl die TIB-Signatur richtig angegeben wurde. Es kamen auch schon Scheine zurück mit dem Vermerk „nicht ermittelbar", obwohl die Zitatstelle eindeutig angegeben war. Dies sind jedoch Einzelfälle, die nicht völlig auszuschließen sind. Nach einer Statistik, die im vorigen Monat erstellt wurde, kommt der weitaus größte Rücklauf nach sechs Arbeitstagen zurück. Es wäre erfreulich, wenn die TIB einen Tag schneller werden könnte.

Die Verpackung der Kopien ist ungünstig. Das Papier ist so scharfkantig, daß es die Umschläge zerschneidet; es hat sich aber schon eine Besserung eingestellt.

Das derzeitige Angebot – Normalbestellung, Eilbestellung, Online-Bestellung und Telekopie – reicht völlig aus.

Telekopiebestellungen sind zusammen mit der TIB in einem zweimonatigen Versuch Ende letzten Jahres mit gutem Ergebnis getestet worden. Die Herren Tehnzen und Zick haben hierüber in den Nachrichten für Dokumentation[2] berichtet.

[2] Nachrichten für Dokumentation. 34 (1983), Nr. 3, S. 167/168.

8. Haben Sie Schwierigkeiten mit den Bestellformalien, z.B. Übersichtlichkeit des Bestellformulars, bibliographische Angaben, Übertragen/Kopieren und Aufkleben der Literaturangaben u.ä.?

Mit den Bestellformalien gibt es keine Schwierigkeiten. Um Abschreibearbeiten zu sparen, werden die internen Bestellzettel (DIN A6) in die linke obere Ecke des TIB-Bestellzettels geklebt. Um von der Mitteilungsspalte nichts zu verdecken, steht der interne Bestellzettel um einige mm am linken Rand über. Das aber stört beim Eintüten. Deshalb sollte bei einer Neuauflage die Mitteilungsspalte entsprechend schmaler gemacht werden.

Der aufgeklebte Bestellzettel mit der Endempfängeradresse wird gelegentlich beim Abfotografieren abgedeckt oder umgeknickt. Dann ist die Kopie unzustellbar. Auch Merkzettelchen dürfen nicht über die Bestellzettel geheftet werden.

Hersteller von Referateorganen und Literaturdiensten sollten Zeitschriftentitel stets ausschreiben.

9. Wie ist die Kopienqualität? Können Sie Mikrofilm/Mikrofiche nutzen?

Die Qualität der Kopie ist befriedigend, manchmal aber werden Graphiken nur lückenhaft abgebildet, Halbtöne werden schlecht weitergegeben. An das unhandliche Format A3 haben sich die Benutzer letztlich gewöhnt. Bei Rückfragen wird die instruktive Anweisung der TIB mitgeschickt, wie man Kopien so abheften kann, daß man in ihnen wie in einem Buch liest.

Mikrofilme können nur sehr unbequem und umständlich genutzt werden. Mikrofiche wird im allgemeinen akzeptiert. Die Papierkopie ist aber immer noch am beliebtesten.

10. Kosten und Preise aus Nutzersicht, allgemein und in Relation zur Leistung der TIB

Herr Tehnzen sagte kürzlich, „wenn's kostenlos ginge, wäre alles viel einfacher"; aber gute Ware hat ihren Preis. Die damalige Erhöhung von DM 5,00 auf DM 10,00 pro Auftrag traf die Benutzer allerdings schwer. Die Folge war ein starker Rückgang an Kopieaufträgen. Dieser Trend zum Sparen besteht noch heute. Vielleicht bedeutet dies eine Gesundschrumpfung; es kann aber auch sein, daß ein Forscher oder Entwickler jetzt im Zweifelsfall hinsichtlich der Relevanz die Originalliteratur vermutlich nicht bestellen wird. Dadurch entstehen mit Sicherheit Lücken in der Literaturversorgung. Abgesehen von diesem letzten Punkt – der Frage des Preises – sind es offensichtlich nur kleine Wünsche, die noch anstehen.

An dieser Stelle steht der Dank an die TIB für die Aufgeschlossenheit der Wünsche und neuen Ideen gegenüber sowie für die stets hervorragende Zusammenarbeit.

Mit Freude war in einem Monatsbericht der TIB zu lesen, daß 1982 durch Anhebung der Erwerbungsmittel die Literatur ohne Einschränkungen im notwendigen Umfange beschafft werden konnte und daß die DFG der TIB für 1983 eine weitere Zuwendung für die Erwerbung spezieller TIB-Materialien, US-Reports und Tagungsberichten bewilligt hat.

Die TIB muß als Rückgrat der Literaturversorgung für Technik und ihre Grundlagen voll funktionsfähig bleiben. Einen Kaufstopp wie im Jahre 1981 wegen unzureichender Finanzmittel darf es nicht nochmals geben.

PETER GENTH

Die TIB und das Fachinformationszentrum Technik e. V. Frankfurt (Main)

Für die technischen und naturwissenschaftlichen Fachinformationszentren ist die TIB der Partner für die Literaturversorgung. Die Funktionen der TIB aus der Sicht der Fachinformationszentren ergeben sich aus dem Dreiecksverhältnis TIB – Nutzer – Fachinformationszentren. Dieses Modell soll im folgenden näher erläutert werden und Rückschlüsse auf die künftige Entwicklung der TIB aufzeigen.

Technische Informationsbibliothek

Die Planung, Einrichtung und Organisation des Betriebes der TIB gehen auf eine Zeit zurück, in der die heutigen Systeme zur Informationsversorgung im wesentlichen noch nicht vorauszusehen waren. Die TIB wurde der leistungsfähige Partner industrieller Fachbüchereien, Spezialbibliotheken und anderer wissenschaftlicher Bibliotheken. Das Umfeld, in dem heute die TIB tätig ist, hat sich gegenüber der Gründungsphase entscheidend verändert. Kennzeichnend sind zum Beispiel die folgenden wesentlichen Punkte:

– In den vergangenen 15 Jahren entstanden nationale und internationale Literaturdatenbanken, die heute einer großen Zahl von Interessenten online zugänglich sind

– die Menge der zu verarbeitenden Literatur hat sich entscheidend erhöht

– neue Technologien kündigen sich an oder befinden sich in der Phase einer breiten Einführung. Hierbei wird besonders an optische Speicher (Mikrofilm), Fernkopierer, Bildplatte und an die Automatisierung der Bibliotheken im Nutzerbereich gedacht

– neue Formen der Bestellvorgänge haben sich durch die breite Einführung und Nutzung von Online-Literaturdatenbanken ergeben

– die Gebührenpflicht einzelner TIB-Dienstleistungen wird immer wieder diskutiert. Die Höhe der Gebühren beeinflußt die Form und den Umfang der Nutzung.

Die TIB hat in den vergangenen Jahren bereits eine außerordentlich hohe Flexibilität und Anpassungsbereitschaft zur Aufnahme dieser neuen Entwicklungen gezeigt.

Fachinformationszentren

Die Ausweitung der Nutzungsmöglichkeiten der Datenverarbeitung, auch für den Bereich der Literaturspeicherung, führte Anfang der siebziger Jahre zur Entwicklung der maschinellen Dokumentation. In der Folge dieser Entwicklung entstanden ab Mitte der siebziger Jahre die deutschen Fachinformationszentren. Sie bieten heute eine breite Palette neuer Literaturdienstleistungen, die sich nachweislich außerordentlich stark auf die Inanspruchnahme der TIB auswirken.

Benutzer

Die Benutzer der TIB, die auch Kunden des Fachinformationszentrums Technik sind, stammen im wesentlichen aus den folgenden Institutionen:
- Fachbüchereien von Firmen oder Forschungseinrichtungen
- Spezialbibliotheken
- Informationsvermittlungsstellen.

Diese Nutzer bedienen sich der nationalen und internationalen Datenbanken, um zu spezifischen Fragen in kürzester Zeit relevante Literatur nachgewiesen zu bekommen. Diese Nutzer verlangen heute – neben der schnellen inhaltlichen Suche – eine möglichst kurzfristige Bereitstellung der Originalliteratur.

Für die TIB und die Fachinformationszentren ergibt sich aus dieser Anforderung die Notwendigkeit einer intensiven Zusammenarbeit bereits beim Aufbau der Datenbanken. Der Benutzer verlangt, daß zumindest die Literatur, die in den nationalen Datenbanken nachgewiesen wird, bei der TIB im Bereich der Technik und der Naturwissenschaften möglichst präsent ist und die technischen Voraussetzungen bestehen, den Bestell- und Liefervorgang möglichst unkompliziert und schnell zu gestalten.

Die TIB hat sich in den vergangenen Jahren partiell auf diese Anforderungen eingestellt. Beispiele hierfür sind:

– Zusammenarbeit bei der Erarbeitung des Input für die Datenbanken des Fachinformationszentrums Technik durch eine aktive Unterstützung der Außenstelle des FIZ Technik im Hause der TIB

– Anschluß an das System Dialog für das sogenannte Online-Ordering

– Einsatz eines Telekopierers, um Eilbestellungen möglichst schnell abzuwickeln

– Zusammenarbeit mit dem FIZ Technik dahingehend, daß in den FIZ Technik-Datenbanken möglichst alle nachgewiesenen Literaturstellen bereits die Standort-Angabe der TIB enthalten.

Für die Zukunft sind Diskussionen zwischen Benutzern, dem FIZ Technik und der TIB über die Verkürzung der Lieferzeiten und die Qualität der gelieferten Kopien geplant. Die spezifischen Nutzerwünsche, die Aussagefähigkeit der Datenbanken sowie die Möglichkeiten der TIB sollen zusammenwirken, damit auch im nationalen Bereich künftig eine leistungsfähige Einrichtung für die Literaturversorgung in den Bereichen Naturwissenschaften und Technik zur Verfügung steht.

KLAUS LAASCH

Die TIB und die Bibliotheken Technischer Universitäten

Die TIB Hannover ist die Zentralbibliothek für Technik und deren Grundlagenwissenschaften (Mathematik, Physik und Chemie) in der Bundesrepublik Deutschland. Spezialbibliotheken – und das ist allgemein bekannt – benötigen in erheblichem Umfang die Dienste der TIB zur Ergänzung ihrer eigenen Möglichkeiten. Doch wie verhält es sich mit den Universitätsbibliotheken, die selbst Technik und Naturwissenschaften sammeln? In welchem Maße brauchen sie die TIB in Zeiten steigender Literaturproduktion und schrumpfender Etats?

Um einen Eindruck von der Inanspruchnahme der TIB vermitteln zu können, wurden die Zentralbibliotheken der Technischen Hochschulen/Universitäten in Aachen, Berlin, Braunschweig, Clausthal, Darmstadt, Hamburg-Harburg, Karlsruhe, München und Stuttgart befragt. Jeder Bibliothek wurden zehn Fragen gestellt. Über die Antworten soll im folgenden summarisch berichtet werden:

1. *Welches sind die Hauptgründe für die Benutzung der TIB?*

Bei den Antworten zeigt sich, daß die TIB als Zentralbibliothek für Technik und deren Grundlagenfächer anerkannt ist. Einhellig werden die umfangreichen Bestände gelobt sowie die Präsenthaltung der Zeitschriften, wodurch Kopien jederzeit möglich sind. Spezielle Fachliteratur, die man selbst nicht mehr anschaffen kann oder will, erhält man zuverlässig in der TIB.

2. *Wie ist das Verhältnis der TIB-Benutzung zur Benutzung anderer Bibliotheken?*

Hier zeigen die Antworten eine große Schwankungsbreite. Von 5% bis 50% des jeweiligen Fernleihaufkommens reichen die Angaben. Überwiegend werden 20–40% genannt. Bibliotheken in größerer räumlicher Nähe zu Hannover verzeichnen offensichtlich höhere Wert als die übrigen.

3. *Was wird vorwiegend bei der TIB bestellt?*

Bestellt wird selbstverständlich das Sammelgebiet der TIB. An Literaturgattungen werden im einzelnen immer wieder genannt: Reports, Zeitschriftenaufsätze, Kongreßliteratur, ausländische Dissertationen, Ostsprachenliteratur einschließlich Übersetzungen, Fortschrittsberichte und Normen (in zahlenmäßig absteigender Reihenfolge).

4. Benutzen Sie die Verzeichnisse der TIB-Bestände (Zeitschriften-Verzeichnis u.ä.) zur Bestellung? Halten Sie diese Methode bei der Zentralen Fachbibliothek für richtig?

Die Verzeichnisse der TIB werden benutzt. Mitunter werden hervorgehoben ZAG 2[1], Zeitschriftenverzeichnis[2] und Übersetzungszeitschriften-Verzeichnis der Bestände der TIB[3]. Sie stehen jedoch nicht im Vordergrund des Interesses. Im allgemeinen prüfen die Bibliotheken zuerst den Bestand in der jeweiligen Region, soweit am Ort möglich. An zweiter Stelle werden die Zeitschriftendatenbank und NZN bzw. NMN benutzt. Erst dann kommt man zu den Verzeichnissen der TIB. Die Vorgehensweise ist jedoch nicht ganz einheitlich. Unterschiedliche Erfahrungen der Bibliotheken und der unterschiedliche Zugang zur Zeitschriftendatenbank könnten dafür die Gründe sein.

5. Bekommen Sie von der TIB die Literatur, die Sie dort erwarten? Was fehlt und sollte in das Erwerbungsprogramm aufgenommen werden?

Der TIB ist es offensichtlich gelungen, die Bedürfnisse der anderen auf Technik ausgerichteten Bibliotheken zu ihren eigenen zu machen, denn alle befragten Bibliotheken erhalten von der TIB die Literatur, die sie erwarten. Doch trotz großer Zustimmung bleiben Wünsche offen. Mehrmals wurde darauf hingewiesen, daß die aufgrund der Sparmaßnahmen 1981 nicht mehr abonnierten ausländischen Dissertationen wieder laufend gehalten werden sollten. Dabei wird die derzeitige Praxis, Dissertationen nach Bestellung zu beschaffen, als große Hilfe durchaus anerkannt. Die damit verbundene größere Wartezeit wäre jedoch durch Abonnements erheblich zu verkürzen.

[1] Universitätsbibliothek Hannover und Technische Informationsbibliothek. Zeitschriftenbestände aus den Gebieten der angewandten Wissenschaften und ihrer Grundlagenfächer in Zentralen Fachbibliotheken... 2. Ausg. 1980.

[2] ...Zeitschriftenverzeichnis ZV 89 (80). Versch. Ausg.

[3] ...Ostsprachenabteilung/Übersetzungsstelle. Übersetzungszeitschriften. Verzeichnis d. Bestände. Versch. Ausg.

6. Wo und wie verschaffen Sie sich Veröffentlichungen, die Sie von der TIB nicht bekommen? Sollte die TIB die Beschaffung generell für Direktbenutzer übernehmen und ggf. zu welchen Bedingungen?

Wenn die TIB nicht liefern kann, versucht man im Inland die Beschaffung entsprechend dem Leitweg oder aufgrund gemachter Erfahrungen entweder bei anderen Bibliotheken Technischer Universitäten, bei den Pflichtexemplar-Bibliotheken oder beim Fachinformationszentrum 4 (Reports). Um Spezialliteratur zu erhalten, wendet man sich auch an einschlägige Institutionen wie z. B. an die Bibliothek der Kernforschungsanlage in Jülich. Wenn Literatur im deutschen Leihverkehr nicht beschaffbar ist, wird auf Wunsch der Benutzer der Internationale Leihverkehr in Anspruch genommen.

Zur Frage, ob die TIB die Beschaffung generell für Direktbenutzer übernehmen soll, haben sich nur vier Bibliotheken geäußert. Als positiv wird die mögliche Entlastung der eigenen Bibliothek im Fernleihverkehr genannt. Als nachteilig könnte eine eventuelle Überbelastung der TIB gesehen werden sowie die Tatsache, daß Monographien- und Zeitschriftenbestände in den jeweiligen Regionen trotz kürzerer Wege und ggf. schnellerer Erledigung ungenutzt bleiben. Wie Benutzer auf die höheren Kosten der Direktbestellung reagieren würden, scheint hingegen völlig klar: ablehnend.

7. Wie beurteilen Sie die Leistung der TIB aus Ihrer Sicht: Positive oder negative Aspekte. Reicht das derzeitige Angebot: Normalbestellung, Eilbestellung, Online-Bestellung, Telekopie?

Die befragten Bibliotheken beschränken sich in der Regel auf die normale Fernleihbestellung. Die Erledigungsdauer von 7–14 Tagen gilt als befriedigend. Im Einvernehmen mit dem Benutzer wird gelegentlich die erheblich teurere Eilbestellung (ohne Bestellschein) verwendet.

Bei der Bestellung mittels Fernschreiber wird die Ersparnis des Postweges gesehen, jedoch bedauert, daß die Erledigung in der TIB nicht beschleunigt abläuft.

Über TIBORDER-Online-Bestellungen und Telekopie werden keine Angaben gemacht. Offensichtlich haben die Bibliotheken keine derartigen Einrichtungen und deswegen keine Erfahrungen. Positiv bewertet werden Zwischenbescheide, wenn die Beschaffung länger dauert.

8. Haben Sie Schwierigkeiten mit den Bestellformalien, z.B. Übersichtlichkeit des Bestellformulars, bibliographische Angaben, Übertragen/Kopieren und Aufkleben der Literaturangaben u.ä.?

Da die Bibliotheken den roten Fernleihschein benutzen, haben Sie keine Probleme mit Bestellformalien.

9. Wie ist die Kopienqualität? Können sie Mikrofilm/Mikrofiche benutzen?

Die Kopienqualität für den normalen Fernleihverkehr wird durchgängig mit gut beurteilt. Auf Fehler bei den Kopien wird nur zweimal Bezug genommen: Z.B. fehlt gelegentlich der obere Rand des kopierten Leihscheins (Beilage zu Aufsatz-Kopien) bzw. ist eine Kopie unvollständig oder falsch. Zum Lesen und Rückvergrößern von Mikrofilmmaterialien stehen die erforderlichen Geräte inzwischen allen Bibliotheken zur Verfügung. Trotzdem werden diese Medien nicht gern akzeptiert. Die erzielbaren Erleichterungen beim Versand werden oft durch erhebliche Rückvergrößerungsarbeiten in den Bibliotheken mehr als wett gemacht.

10. Kosten und Preise aus Nutzersicht, allgemein und in Relation zur Leistung der TIB

Der deutsche Leihverkehr mit seiner Bestellgebühr von lediglich DM 1.– pro Band, einschließlich ggf. Kopien bis zu 20 Seiten für den Benutzer, wird allgemein als billig bezeichnet.

Als bei der TIB zu teuer wird durchgängig der Preis für Kopien ab 21 Seiten in Höhe von DM 0.50/Kopie genannt. Während 20 Seiten dem Benutzer noch DM 1.– kosten, schnellt der Preis bei 21 Seiten auf DM 11.50 hoch (DM 1.– für Bestellung, DM 10.50 für 21 Kopien).

Hinsichtlich der Kosten für Eil- und Direktbestellungen scheint der allgemeine Eindruck zu sein: Sie werden vom Benutzer nur in besonderen Fällen akzeptiert.

Wünsche an die TIB

a) Lückenergänzung: Bibliotheken haben Verluste. Nicht in allen Fällen ist Wiederbeschaffung der Originale bei Verlagen möglich. Gerade bei Zeitschriften bleibt oft nur der Weg über eine andere Bibliothek bzw. die TIB. Leider sind die ansonsten für Verbraucherzwecke guten Kopien der TIB für Lückenergänzungen qualitativ nicht ausreichend. Gewünscht wird deshalb von mehreren

Bibliotheken die kurzfristige Ausleihe zwecks Herstellung eigener bindefähiger Kopien oder ein besonderer Geschäftsgang in der TIB mit dem Ergebnis besserer Kopien.

Auf jeden Fall kann man Universitätsbibliotheken unterstellen, daß der reguläre Weg – Beschaffung beim Verlag – bereits erfolglos beschritten wurde, auch wenn der Bestellung keine besondere Erklärung eines Verlages beigefügt wurde.

b) Preise: Wie schon ausgeführt, handelt es sich hier um die Preise für Kopien mit mehr als 20 Seiten Umfang. Da diesem Preis die Leihverkehrs- und Gebührenregelung der TIB zugrunde liegt, soll hier an die Unterhaltsträger der TIB zugunsten niedrigerer Kosten für den Benutzer appelliert werden. Daß die Gestehungskosten bei der TIB insgesamt höher liegen, wird dabei nicht übersehen.

c) Weiterleitung von Bestellungen: Kann die TIB, aus welchen Gründen auch immer, eine Bestellung nicht positiv erledigen, so sollte die Bestellung nicht sofort an den Absender, sondern vorab generell an eine andere ermittelte Bibliothek geschickt werden. Nicht ermittelte Literatur könnte von der TIB auch an eine andere fachlich einschlägige Institution weitergeleitet werden. Die Wartezeit für den Benutzer würde sich wahrscheinlich nennenswert verkürzen.

d) Zwischenbescheide/Rückfragen: Überflüssige Bemerkungen und besserwisserische Kommentare seitens der TIB gehören inzwischen wohl der Vergangenheit an. In den Fernleihstellen und im Bibliographierdienst der Universitätsbibliotheken sind im allgemeinen Diplombibliothekare mit einschlägigen Fachkenntnissen tätig – das sollte von der TIB, auch bei gelegentlichen Fehlern in den bestellenden Bibliotheken, berücksichtigt werden.

Überflüssig erscheint die Aufforderung, die Zitatstelle zu benennen, wenn ein Titel zwar nicht ermittelt, aber das Zitat in der bestellenden Bibliothek überprüft wurde. Ähnlich verhält es sich mit der Aufforderung, die Kopie eines bibliographischen Nachweises zu schicken, wenn die Ermittlung auf dem Leihschein festgehalten ist und außerdem die genannte Bibliographie in der TIB selbst vorliegt.

Zwischenbescheide werden von der TIB verschickt, wenn Literatur erst beschafft werden muß. Wer jedoch nach dem Bescheid „Beschaffung wird versucht. Dauer ca. 8 Wochen" es dann tatsächlich versucht, erhält meist einen 2. Bescheid mit dem Hinweis „Im Geschäftsgang. Bestellung bitte in 6 Wochen wiederholen". Den Bibliothekaren erscheint es günstiger, beide Zwischenbescheide mit der Terminangabe 14 Wochen zusammenzufassen oder, noch beser, den 2. Bescheid durch einen besonders schnellen Sondergeschäftsgang in der TIB überflüssig zu machen.

e) Ausländische Dissertationen: Diese Literaturkategorie spielt, obwohl bei der Anfrage zahlenmäßig nicht verifiziert, im Fernleihverkehr keine untergeordnete Rolle. Um so verständlicher scheint der allgemeine Wunsch, diese Dissertationen, insbesondere die US-amerikanischen, wieder ständig vorrätig zu finden.

Zusammenfassung

Die intensive Benutzung der TIB durch Bibliotheken Technischer Universitäten liefert den zusätzlichen Beweis, daß es richtig war, die Literatur zur Technik und ihrer Grundlagenwissenschaften in einer Zentralbibliothek zu vereinen.

Die Antworten der befragten neun Bibliotheken ergeben ein eindeutig positives Bild der TIB: umfassende Bestände, schneller Service sowie gute Kopienqualität und niedrige Preise für die normale Fernleihbestellung. Hinzu kommt, daß sich die TIB dankenswerterweise um alle Bestellungen bemüht, auch wenn es um die Beschaffung ausgefallener Dinge geht. Die Praxis, Zwischenbescheide über die voraussichtliche Dauer der Erledigung zu geben, wird von den Bibliotheken und deren Benutzern sehr geschätzt.

Auch zu einer nicht besonders erfragten Einrichtung der TIB, der Ostsprachenabteilung, gibt es eine Stellungnahme (Aachen), in der die gute Zusammenarbeit gelobt wird.

Wenn vorstehend auch einige kritische Bemerkungen und Anregungen gegeben wurden, dann, um zu zeigen, daß sich auch Gutes im Interesse der Benutzer noch verbessern läßt.

Abschließend möchte ich an dieser Stelle all den Kollegen herzlich danken, die durch die Beantwortung des Fragebogens diesen für die TIB und ihre Benutzer erfreulichen Bericht ermöglicht haben.

OTGER NEUFANG

Die TIB und die Fachhochschulbibliotheken

Wir leben in einem Zeitalter der Informationsflut. Dies bedeutet, daß ein Privatmann schon aus finanziellen Gründen heute nicht mehr in der Lage ist, sich in einem Fachgebiet wie z. B. der Halbleiterelektronik oder der Integrierten Schaltungstechnik umfassend zu informieren.

Was die Fachzeitschriften anbelangt, so kann man sich über Institutionen wie ISI (Institute for Scientific Information) oder IEEE (The Institute of Electrical and Electronics Engineers) darüber informieren, welche Artikel veröffentlicht wurden. Interessierende Artikel könnte man unmittelbar beim Autor anfordern. Hierbei bewegt sich die Rücklaufrate jedoch unter 30%. Als Folge ist in der Bundesrepublik Deutschland eine Stelle erforderlich, über die man Artikel, auch älteren Datums, und insbesondere Aufsätze aus Tagungsberichten beziehen kann. Aus vieljähriger Erfahrung mit verschiedenen Bibliotheken hat sich die TIB als die einzige umfassende Informationsstelle erwiesen. Selbst in gut ausgestatteten Universitätsbibliotheken findet man manche Zeitschriften nicht vor, und Tagungsberichte fehlen fast gänzlich.

Bei der Vielzahl von Büchern, die weltweit auf den interessierenden Gebieten pro Jahr verlegt werden, kann man aus dem Titel nicht erkennen, ob es sich um ein fachlich qualifiziertes Buch bzw. ob es sich um eine Zusammenstellung von Fachartikeln handelt; bei einigen Verlagen eine immer beliebter werdende Methode, Bücher zu machen. Als Folge liegt es nahe, ein Buch auszuleihen und zu beurteilen, um es anschließend eventuell zu kaufen. Auch hier hat sich die TIB, abgesehen von einigen wenigen Ausnahmen, bei denen ein Buch nicht beschafft werden konnte, als einzige Anlaufstelle erwiesen.

Leider wurde durch das Anheben der Leihgebühren für Bücher bzw. der Erstellung von Kopien aus Zeitschriften auf eine Mindestgebühr von DM 10.00 die Benutzung der TIB stark eingeschränkt. Da die Institution, an der ich tätig bin, nicht der Fernleihe angeschlossen ist, bin ich gezwungen, mir Informationen privat zu beschaffen. Der Weg, über die Fernleihe öffentlicher Bibliotheken die interessierende Literatur zu erhalten, ist nicht einmal eine Notlösung. Entweder wird es strikt abgelehnt, Artikel oder Bücher zu beschaffen (z. B. Stadtbibliothek Cochem/Mosel), oder aber man muß auf die angeforderte Fachliteratur Monate warten, um dann vielleicht festzustellen, daß – u. U. sehr wichtige – Artikel oder Bücher nicht beschafft werden konnten.

Aus den bisher gemachten Erfahrungen scheint es mir von größter Bedeutung zu sein, daß es in der Bundesrepublik Deutschland eine Zentrale Fachbibliothek wie die TIB gibt, die auch ausgefallenen Wünschen gerecht wird; dies allerdings zu einem aus der Sicht des Benutzers angemessenen Unkostenbeitrag. Im Dienste der Allgemeinheit muß es eine zentrale Stelle geben, die das dargelegte technische Wissen sammelt und zur Verfügung stellt, will man nicht Gefahr laufen, daß eine führende Industrienation auf das Niveau eines industriellen Entwicklungslandes herabsinkt, und das nur aus Gründen, weil keine ausreichenden Informationen über neue wissenschaftliche Erkenntnisse des Auslandes vorhanden sind. Besonders negativ mutet es an, wenn man – wie es schon geschah (1981) – von der TIB die Mitteilung bekommt, daß derzeit keine Bücher beschafft werden können, weil ein Teil der finanziellen Zuwendungen gestrichen wurde. Eine derartige Streichung zeugt von einer Kurzsichtigkeit der Geldgeber, die man bei anderen Industrienationen wohl kaum antreffen wird.

Die Erfahrungen, die in mehrjähriger Zusammenarbeit mit der TIB gemacht wurden, sind erfreulich positiv:

1. Man trifft noch fachlich hochqualifizierte Gesprächspartner an. Dies ist um so höher zu bewerten, wenn man es mit den beliebig aufzählbaren Negativerlebnissen, die man bei anderen Bibliotheken oder im Buchhandel erfährt, vergleicht.

2. Man kann sich darauf verlassen, daß eine Normalbestellung (eine Eilbestellung hat nach meiner Erfahrung gleiche Laufzeit) in einem Zeitraum von einer Woche ausgeführt ist.

3. Die TIB hat einen Service (z. B. bei nicht ausleihbaren Zeitschriftenbänden oder Tagungsberichten), der heute durchaus nicht mehr als Selbstverständlichkeit angesehen werden kann.

Es sei nun kurz auf einige Punkte eingegangen, die im Fragenkatalog der TIB enthalten waren:

Punkt 4: Auf Zeitschriftenverzeichnisse der TIB wird nicht zugegriffen, da bekannt ist, daß die interessierenden Zeitschriften vorliegen.

Punkt 6: Bei Zeitschriftenartikeln, die die TIB nicht liefern konnte, wurde die TIB gebeten, die Artikel anderweitig zu besorgen.

Punkt 8: Bestellformalien stellen kein Problem dar, weil die ausgefüllten Bestellformulare von Mitarbeitern der TIB immer verstanden wurden.

Punkt 9: Die Kopienqualität ist gut. Allerdings konnte ich bisher mit dem speziellen Faltverfahren der Artikel, das als „ein Tip der TIB“ angeboten wird, nur wenig anfangen.

Microfiche kommen nicht in Frage, weil die Wiedergabegeräte das Auge sehr schnell ermüden und mein Gedächtnis gegenüber dem Text weniger aufnahmebereit ist als beim Lesen von Papierkopien.

Punkt 10: Auf die Unkosten für Ausleihgebühren wurde schon weiter oben eingegangen. Erschreckend hoch erscheinen die Unkosten bei Zusatzkopien. Bei den heute angebotenen Kopiergeräten dürfte eine Kopie inklusive Amortisation nur die Hälfte kosten.

BRIGITTE GALSTERER

Die TIB und die Stadtbibliothek Duisburg

Wenn im Rahmen dieser Veranstaltung neben hochspezialisierten Benutzern der TIB auch eine Öffentliche Bibliothek zu dieser Einrichtung gefragt wird, ist es angebracht, bevor auf konkrete Einzelfragen eingegangen wird, diesen „Benutzer" zunächst kurz vorzustellen.

Die Stadtbibliothek Duisburg fungiert seit 1962 als Technische Zentralbibliothek für die Kommunalen Bibliotheken des Landes Nordrhein-Westfalen mit den Sondersammelgebieten Technik, Energie-, Maschinen-, Fertigungstechnik, Elektrotechnik, Bergbau, Bautechnik, Umwelttechnik, Nachrichten- und Verkehrswesen, chemische Technik, verschiedene Technologien (so die Bezeichnungen des „Wöchentlichen Verzeichnisses" und Photographie; die Bibliothek beschafft

„alle relevanten, in der Bundesrepublik (einschl. Berlin-West) erscheinenden Bücher der laufenden Produktion des Verlagsbuchhandels nach Maßgabe des Wöchentlichen Verzeichnisses der Deutschen Bibliographie und seiner Sachgebietseinteilung"[1], d. h. alle leihverkehrsrelevanten deutschsprachigen, in der BRD und in West-Berlin erscheinenden und/oder im bundesrepublikanischen Buchhandel zu DM-Preisen erhältlichen Original- bzw. Erstausgaben und relevanten Neuausgaben, immer freilich unter der Vorgabe, daß die Literatur für eine Öffentliche Bibliothek der 2. Stufe von Belang ist, hochspezialisierte Forschungsliteratur wird nicht gekauft. Dieses Sondersammelgebietsprogramm erfährt bekanntlich finanzielle Unterstützung vom Land. 1983 wurde das sog. SSG-Programm um wichtige Zeitschriften erweitert. Dieser Auftrag wurde, soweit finanziell möglich, bisher umfassend erfüllt. So stehen dem Benutzer der Stadtbibliothek heute über 30000 Monographien und knapp 5000 Bände an Referencebestand aus dem Gebiet der Technik zur Verfügung, ferner noch etwa 200 Zeitschriften. Dieser Bestand erlaubt es, einen erheblichen Teil des alltäglichen, aber auch des „höheren spezialisierten" Bedarfs (Bibliotheksplan 1973) selbst zu decken und auch die übrigen Kommunalen Bibliotheken im Leihverkehr zu bedienen.

[1] Mitteilungsblatt des Verbandes der Bibliotheken des Landes Nordrhein-Westfalen. N. F. 26 (1976), S. 97.

Die Stadtbibliothek Duisburg – bis zur Gründung der Gesamthochschulbibliothek die einzige große Bibliothek in weitem Umkreis – hat einen sehr unhomogenen Benutzerkreis:

Da sind einmal Benutzer, die Literatur etwa zu Autoreparaturen, Heimelektronik und Do-it-yourself-Aktivitäten benötigen, Jugendliche in allen Stufen der Ausbildung, denen mit Lehrbüchern und praxisbezogener Literatur gedient ist, Studenten, Angehörige der Hochschule mit spezialisiertem Bedarf, Mitarbeiter kleinerer und mittlerer Firmen, die keine eigene Bibliothek unterhalten, bis hin zu großen Betrieben, die eigene Firmenbibliotheken besitzen, aber einen Teil ihrer Nachfrage in der Stadtbibliothek decken, ferner auch Organisationen aus der Wirtschaft. Vielfach handelt es sich bei den Benutzern um Praktiker, die zu einem Problem die wichtigste (nicht die vollständige), aktuelle, möglichst deutschsprachige – aber auch fremdsprachige – Literatur in guter Auswahl suchen, in der sie Ergebnisse und Zusammenfassungen finden. Meist kann hier die Stadtbibliothek noch helfen. Was jedoch darüber hinausgeht, wird über die Fernleihe besorgt. Es ist nicht möglich, für Studenten differenzierter Studiengänge, Professoren, Beschäftigte großer Firmen, die sich für bestimmte Fragen – aus welchen Gründen auch immer – nicht der Firmenbibliothek bedienen, oder Benutzer, die Publikationen vorbereiten, die Literatur am Ort bereitzuhalten. Die Stadtbibliothek fungiert hier als Informationsvermittler zwischen Informationssuchenden und Informationsanbietern aller Art – zunächst noch auf rein konventionellem Wege. Es liegt auf der Hand, daß die Bibliothek, um ihrer Rolle als Informationsvermittler auch bei steigenden Literaturansprüchen besonders mittlerer und kleinerer Firmen, aber auch spezialisierter Einzelbenutzer gerecht werden zu können, sehr schnell den Schritt zur Informationsvermittlungsstelle mit on-line-Recherchen in Datenbanken tun muß. Daß sich damit die Zusammenarbeit zwischen der Stadtbibliothek Duisburg und der TIB verändern, d. h. intensivieren wird, ist zu vermuten, muß aber erst erprobt werden.

Im Moment hilft die Bibliothek unter Einbeziehung von TIB-Diensten dem Leser auf verschiedenste Weise. Einmal in der vermittelnden Auskunft: Bei spezialisierten Fragen nach Literatur aus dem Bereich Technik wird der Benutzer direkt an die TIB verwiesen, er wird über Modalitäten und Wege informiert, sich seine Literatur dort selbst zu beschaffen. Soweit wie möglich wird allerdings versucht, durch die Fachauskunft u. a. in den „Fortschrittsberichten aus dem Gebiet der Technik“ zunächst bibliographische Nachweise zu ermitteln und den Benutzer dann auf den Leihverkehr oder auf den Direktverkehr mit der TIB zu verweisen.

Nun zum Questionnaire, das etwa in der Reihenfolge der Fragen durchgegangen werden soll:

Der Hauptgrund für die Benutzung der TIB ist, über den Leihverkehr technische Literatur zu bestellen, die nicht in Bibliotheken in Nordrhein-Westfalen vorhanden ist. Nun ist die Bibliothekssituation auf diesem Gebiet in Nordrhein-Westfalen erfreulicherweise günstig: Die eigenen Bestände der Stadtbibliothek Aachen oder auch anderer Bibliotheken wie z. B. Siegen vermögen die meisten Anfragen zu erfüllen. Dies gilt für Monographien, die teilweise über den Zentralkatalog in Köln laufen, als auch für Zeitschriften, die nach dem Leihverkehrsprinzip nach Ermittlung (on-line) bei der ZDB soweit wie möglich in Nordrhein-Westfalen bestellt werden und auch hier erhältlich sind. Dies alles erklärt auch, warum das Verhältnis der TIB-Benutzung zur Benutzung anderer Bibliotheken sehr niedrig ausfällt und nur sehr wenig Monographien (1982: 40) und Kopien (1983: 130) aus der TIB kommen. Die TIB wird nur in „schwierigen Fällen" in Anspruch genommen: Bei sehr speziellen technischen Titeln, solchen, die in Duisburg nicht bibliographisch zu ermitteln sind, Leihscheinen, die nur die Zitatstelle enthalten, grauer Literatur, Reports u. ä. wird auf die TIB zurückgegriffen.

Hervorzuheben ist in allen diesen Fällen die hervorragende Bedienung seitens der TIB, das Bemühen, dort nicht vorhandene Titel zu beschaffen. Positiv sind auch die Zwischenbescheide, wenn etwas nicht vorhanden ist und bestellt wird. Damit ist die Frage, ob man die Literatur, die man von der TIB erwartet, auch erhält oder eine Erweiterung des Erwerbungsprogramms wünscht, schon beantwortet. Bei Veröffentlichungen, die die TIB nicht beschaffen kann, erhält der Leser den Negativbescheid; weitere Bemühungen werden von der Stadtbibliothek Duisburg nur selten unternommen.

Zur Frage nach der Nutzung der Verzeichnisse der TIB-Bestände wurde schon auf die Fortschrittsberichte aus dem Gebiet der Technik hingewiesen, die als Bibliographieersatz (kaum als Bestandsnachweis) in der Fachauskunft gut genutzt werden. Der Leihverkehr bedient sich des Zeitschriftenverzeichnisses, freilich nur in bestimmten Fällen: beispielsweise bei der Ermittlung unklarer, sonst nicht aufzulösender Zeitschriftenabkürzungen; da das Zeitschriftenverzeichnis – im Gegensatz zur Zeitschriftendatenbank – fachgebunden ist, kann man noch leichter mit verschiedenen Suchansätzen die Möglichkeiten „durchprobieren", auch bietet das Zeitschriftenverzeichnis durch die gegebene Wortfolge vielfach den Vorteil leichterer Benutzbarkeit gegenüber der ZDB. Bevorzugt wird zur Zeitschriftenvermittlung jedoch die ZDB herangezogen, die gleichzeitig die leihverkehrsrelevanten, besitzenden Bibliotheken in Nordrhein-Westfalen nachweist.

Aus dem vorher Gesagten gehen klar die positiven Aspekte hervor; auch das Serviceangebot erscheint ausreichend. Aus der Angebotspalette wird im Moment nur die Normalbestellung genutzt, die in aller Regel schnell genug ist;

bei Eilbestellungen wird der Benutzer direkt an die TIB verwiesen – er trägt dann auch die Kosten für diese Sonderleistung. Zu Online-Bestellung und Telekopie können wir derzeit nichts beitragen. Telefax wird zur Zeit in der StB Duisburg installiert. Die Kopierqualität der normalen Xeroxkopien ist gut und läßt nichts zu wünschen übrig.

Mikrofiches können eingesetzt werden, da dem Leser ein Readerprinter zur Verfügung steht, auf dem er zum selben Seitenpreis wie beim Normalkopierer selbst kopieren kann – im Gegensatz zur Kopie aus der Fernleihe trägt er also die Kopierkosten selbst. Gegen Kosten und Preise ist seitens der Bibliothek nichts einzuwenden, außer daß die Abrechnungsmodalitäten bei gegebenem kommunalem Kassenwesen für die Bibliothek zu umständlich sind. Hier würden andere Verfahren dankbar akzeptiert. – Dem Bibliotheksbenutzer allerdings ist das Berechnungssystem der TIB nicht einsichtig: Für 20 Seiten Kopien hat er 0,50 DM zu zahlen, für 22 Seiten Kopien 11,00 DM. Er vermag nicht einzusehen, daß er nicht nur für zwei überzählige Seiten bezahlen muß. Die Benutzer haben im allgemeinen nichts dagegen, für eine besondere Leistung zu bezahlen – nur müßte das Prinzip besser begreiflich sein.

Alles in allem hat die TIB in der Stadtbibliothek Duisburg einen zufriedenen Benutzer.

STELLUNGNAHME DER TIB ZU DEN VORTRÄGEN UND DISKUSSIONSBEITRÄGEN

Zusammengefaßt von Jobst Tehnzen

1. Vollständigkeit der Bestände

Die UB/TIB ist Teil eines Systems der Literaturversorgung, das von der lokalen bis zur überregionalen/nationalen Ebene reicht. Außerdem ist sie, diesem System entsprechend, auf Technik und deren Grundlagen, vor allem Chemie, Physik und Mathematik, beschränkt. Dies sind zwar große Fachgebiete, aber eben doch nur ein Ausschnitt aus dem Gesamtspektrum der Literatur.

In der Praxis führt das zu gewissen Schwierigkeiten. Die in ihrer Bedeutung für die Benutzung mehrfach betonte Vollständigkeit in der Erwerbung ist nur innerhalb dieser Fachgebiete möglich. Vor allem Direktbenutzer spüren häufig die Probleme der Randgebiete: Die TIB muß sich als nicht fachzuständig erklären, eine fachzuständige Bibliothek mit der gleichen Zugänglichkeit wie die TIB gibt es jedoch nicht.

Die TIB bemüht sich, Spiegel der Dokumentation zu sein. Sie erwirbt und beschafft deshalb auch die entlegensten Veröffentlichungen der fachrelevanten Informations- und Dokumentationsdienste: des Fachinformationszentrums Energie, Physik, Mathematik, des FIZ Technik, des Informationszentrums Raum und Bau, des FIZ Geowissenschaften, der Literaturdatenbasen INSPEC, COMPENDEX, METADEX u. a. Schon bei den in zahlreiche andere Fachgebiete hineingreifenden „Chemical Abstracts" ist der Benutzer aber auf die Zusammenarbeit aller Zentralen Fachbibliotheken angewiesen, die TIB ist hier nur die Hauptverantwortliche.

Trotz zur Zeit ausreichender Finanzierung des Literaturkaufes kann die TIB nicht in Bausch und Bogen alles erwerben. Hierzu gehören z. B. die US-Dissertationen. Die Nutzung dieser Arbeiten entsprach vor ein paar Jahren nicht den Kosten, die z. Zt. alleine für die TIB-Fachbereiche 500000 bis 600000,– DM jährlich betragen. Wenn Bedeutung und Bedarf dieser Literaturart inzwischen gestiegen sind, so daß die jetzt von der TIB angebotene Einzelbeschaffung nicht ausreicht, müßte eine Sonderfinanzierung gesucht werden.

2. *Schnelligkeit der Lieferung*

Schnelle Lieferung ist oberstes Ziel der TIB. Grenzen setzen jedoch
- die Technik der Reproduktion
- der Aufwand für die Erledigung der Bestellungen.

Zugleich setzt auch das Prinzip der schnellen Erledigung gewisse Grenzen
- durch absolute Präsenzhaltung der Bestände an Zeitschriften und Schriftenreihen
- durch entsprechende Berechnung der Sach- und Personalkosten.

Was die Technik betrifft, so gibt es bisher kein Gerät, mit dem aus einem gebundenen Band von oben her wie bei einer Mikrofilm-Schrittkamera eine Papierkopie anstelle eines Filmbildes erzeugt werden kann. Alle Verhandlungen mit Herstellern von Kopiergeräten haben bisher zu keinem Ergebnis geführt. Dies hat eine Verzögerung in der Bearbeitungszeit zur Folge, die durch den Einschluß eines Wochenendes zu einer Gesamtbearbeitungsdauer von 8 bis 10 Tagen für alle Kopien aus gebundenen Bänden führt (vom Versand der Bestellung bis zum Eingang der Kopie). Immerhin ein Drittel der Kopien kann jedoch aus ungebundenen Heften sofort angefertigt werden, so daß die bestellte Arbeit hier innerhalb von 4 Tagen beim Benutzer ist.

Zwischen Direktbestellungen und Bestellungen des Leihverkehrs der Bibliotheken gibt es in beiden Fällen keinen Unterschied.

Unterschiede gibt es dagegen bei Bestellungen per Telefon, Fernschreiber oder Telekopierer. Direktbesteller geben auf diese Art bisher nur Eilbestellungen auf und sind bereit, hierfür die doppelte Pauschale zu zahlen. Bei Leihverkehrsbestellungen per Fernschreiber akzeptiert die TIB selbstverständlich diese Form der Bestellung, sie muß aber bei sofortiger Erledigung den zusätzlichen Aufwand in Rechnung stellen. Wenn die Leihverkehrsbibliotheken bzw. deren Kunden jedoch nicht bereit sind, diese Kosten zu übernehmen, ist eine Bearbeitung nur im Normalbetrieb möglich.

Dieser Normalbetrieb wird gefährdet, wenn ganze Zeitschriftenjahrgänge ausgeliehen werden sollen. Das gleiche gilt für Konferenzberichte.

Für Lückenergänzungen liefert die TIB gerne hochwertige Mikrorollfilme oder Mikrofiches. Sie fertigt auf Wunsch und sofern technisch möglich auch doppelseitige Kopien an. Sie muß sich dabei allerdings an ihren staatlicherseits erlassenen Kostentarif halten. Sie muß sich auch an die urheberrechtlichen Vorschriften halten und auf einer Erklärung des Bestellers bestehen, daß die gewünschte Monographie oder das Zeitschriftenheft nach Auskunft des Verlages vergriffen und eine Neuauflage in absehbarer Zeit nicht beabsichtigt ist. Eine derartige Auskunft bei Leihverkehrsbibliotheken als selbstverständlich vorauszusetzen, kann aber unserer Ansicht nach der von manchen Verlagen ohnehin argwöhnisch beobachteten TIB nicht zugemutet werden.

Aufgabe der TIB, so formulierte ein Diskussionredner deutlich, ist die Lieferung von Kopien für Wissenschaftler in Forschung und Industrie und nicht die Lückenergänzung bei Bibliotheken. Das eine schließe das andere nicht aus, aber die Priorität sei hier eindeutig.

3. Bibliographische Ermittlungen

Die TIB soll die Stelle sein, die alle andernorts nicht vorhandenen Veröffentlichungen ihrer Fachgebiete liefern kann. Ihre umfassenden Bestände gestatten es ihr, manche unklare Bestellung doch noch zu enträtseln und zu erledigen. Dies hat bei manchen Hochschulbibliotheken zu der irrigen Ansicht geführt, daß die TIB nicht nur ein Dokumenten-Lieferzentrum ist, sondern auch eine Art nationale Bibliographierstelle sei. Hierfür ist sie jedoch personalmäßig nicht ausgerüstet. Sie muß deshalb ihre Kapazität zur Hilfe auf solche Kunden und Fälle beschränken, die alle ihnen vorliegenden Angaben geliefert haben und keine entsprechenden Hilfsmittel zum Auffinden weiterer Angaben besitzen.

Während die TIB-Direktkunden in der Regel bei nicht ganz klaren Angaben gleich die Kopie der Zitatstelle als Bestellangabe auf das Bestellformular aufkleben, konnte dieses Verfahren den Hochschulbibliotheken noch nicht schmackhaft gemacht werden. Wenn jedoch die TIB als Leihverkehrsbibliothek in Anspruch genommen wird, müssen auch die Regeln des Leihverkehrs beachtet werden, und die fordern einwandfrei bibliographierte Angaben. Zwar fordert die Leihverkehrsordnung nur die Nennung der bibliographischen Fundstelle, doch bietet bei unklaren Bestellungen die Kopie der Fundstelle so viele Ansatzmöglichkeiten zur Rätsellösung, z. B. auch durch die typographische Form, daß die Bibliotheken, im Interesse ihrer Kunden, der TIB etwas mehr kollegiale Hilfe gewähren sollten.

Ähnlich ist der Wunsch der TIB nach Angabe der Signatur bei Zeitschriften zu sehen. Natürlich ist die Signaturangabe nicht zwingend. Sie erspart aber nicht nur der TIB Arbeit, sie macht auch einen ganzen Arbeitsgang überflüssig. Dies wiederum führt in vielen Fällen dazu, daß die Bestellung einen Tag früher erledigt werden kann, so daß man sagen kann: Wer die TIB-Signatur bei der Bestellung angibt, hilft sich selbst und seinem Kunden.

4. Kosten

Die TIB ist von Anfang an als eine Bibliothek konzipiert, bei der ein Komfort in der Benutzung wie die Lieferung frei Schreibtischkante zu bezahlen ist. Sie bedauert, daß sie im Rahmen der Sanierung des Erwerbungshaushaltes von ihren Unterhaltsträgern für 1982 zur Verdoppelung der Preise für Direktbestellungen auf 10,00 DM je Bestellung gedrängt wurde. Dieser Preis, der einen Rückgang der Bestellungen um 25% und des Bestellscheinverkaufes um 32% zur Folge hatte, liegt an der Schwelle zur frivolen Überlegung, ob es überhaupt noch Sinn hat, die technisch-naturwissenschaftliche Fachliteratur der Welt zu kaufen, wenn prohibitive Preise deren Benutzung verhindern.

Es besteht allgemeiner Konsens, daß Preise für Dienstleistungen im Literaturbereich nur sinnvoll sind, sofern sie eine Steuerungsfunktion ausüben, z. B. zur Trennung von Normal- und Eilbestellungen. Sie sollen dienstleistungsbezogen sein, können aber nicht kostendeckend sein.

Die TIB ist mit Professor Neufang und vielen weiteren Benutzern der Meinung, daß der Dienst an der Allgemeinheit, den eine Bibliothek wie die TIB zu leisten hat, höher anzusetzen ist als eine reine Kosten-Nutzen-Rechnung.

Für den speziellen Fall der Lieferung von berechneten Kopien im Leihverkehr der Bibliotheken ist die TIB an die Durchführungsverordnung zu § 25 der Leihverkehrsordnung gebunden (Nds. MBl. Nr. 29/1979, S. 967), wo es heißt: „Kopien bis zu 20 Aufnahmen [= 20 Seiten der Originalvorlage] sollen ohne Verrechnung geliefert werden. Umfangreichere Kopien werden voll berechnet."

Es wäre in der Tat unsinnig, bei 21 Seiten die ersten 20 Seiten kostenlos zu liefern und für die 21. Seite mit einem Aufwand von 5,00 bis 10,00 DM eine Rechnung über 0,50 DM zu schreiben. Es kommt hinzu, daß es bei der TIB im Leihverkehr kein gegenseitiges Geben und Nehmen gibt, sie ist allein die gebende Seite. Dies wird in Zukunft um so mehr der Fall sein, wenn erst die Abbestellungen der anderen Bibliotheken durch Auslaufen der Abonnements wirksam werden, so daß sich in einem gewissen und steigenden Umfang auch die Grundversorgung auf die TIB verlagert.

5. Verzeichnisse

Die TIB sieht im Prinzip die Herausgabe von Bestandsverzeichnissen nicht als ihre Aufgabe an. Auch ihre Kunden sollten als Basis ihrer Bestellungen auf die Fachzuständigkeit achten und Verzeichnisse wie das gedruckte ZV 89 (Verzeichnis der Titel der in den letzten 5 Jahren von der UB/TIB gehaltenen Zeitschriften) oder das ZAG (Verzeichnis der Bestände der Zentralen Fach- und einiger ähnlicher überregionaler Bibliotheken) nur zur Bestätigung und vor allem zur Ermittlung der Signatur benutzen.

6. *Sonstiges*

Hinweise zu Detailfragen wie: Zeitpunkt für die Reklamation einer Bestellung, Zwischenbescheide und Termine für erneute Anfragen, Weiterleitung von Leihverkehrsbestellungen usw. hat die TIB gerne zur Kenntnis genommen. Sie wird sie in der nächsten Zeit selbstkritisch überdenken und soweit wie irgend möglich entsprechende Verbesserungen einführen.

Schlußbemerkung

Für die TIB war der Versuch, im Rahmen einer ASpB-Veranstaltung auf dem Bibliothekartag bzw. -kongreß keine Eigendarstellung zu geben, sondern sich aus der Sicht ihrer Benutzer darstellen zu lassen, ein Erfolg, der viele Anregungen brachte. Er zeigte den Benutzern, daß sie durchaus Einfluß auf das Gebaren der TIB nehmen können, wenn sie mit ihrer Kritik nicht hinterm Berge zurückhalten. Der TIB zeigte er, daß ihre Bemühungen und Leistungen anerkannt werden, wo aber noch Verbesserungsreserven sind. Wie Mr. Chillag von der British Library Lending Division in Boston Spa sagte, wären bei einer derartigen Veranstaltung in England mit der BLLD als Objekt die Fragen und die Antworten fast die gleichen. Was sicherlich nicht heißt, daß man sie nicht stellen und diskutieren soll.

4. DIE BIBLIOTHEK VON MORGEN

ALEXANDER WILSON*

Die britische Lage: Ansätze zur Bibliothekskooperation in der Rezession

Ähnlich wie in andern Ländern im Westen[1], sind die für die Bibliothekspolitik Verantwortlichen im Vereinigten Königreich von den beiden großen Problemen der wirtschaftlichen Rezession und der Einwirkung neuer Techniken betroffen worden, wozu sich jetzt die wachsende Besorgnis um die Konservierung von Bibliotheksmaterial gesellt. Da die finanzielle Lage auf absehbare Zeit offenbar schwierig bleiben wird, versuchen die Meinungsbildner, sich über den täglichen Kampf zu erheben, um eine Zukunftsstrategie zu entwerfen. Die Meinung wächst, daß ein größeres Maß an planmäßiger Koordinierung von Bibliotheks- und Informationsdiensten erforderlich ist, um Hilfsmittel zu optimieren, Lücken im Dienst festzustellen, neue Möglichkeiten zu entwickeln und einen Ausgleich der Ressourcen zwischen verschiedenen Bibliotheksbereichen, Landesteilen und Arten des Bedarfs anzustreben.

Ich werde versuchen, 1. die Infrastruktur des Bibliothekswesens zu beschreiben, 2. sektorweise zu erklären, wie die Bibliotheken bis jetzt ausgekommen sind, 3. Entwicklungen in der Planung und der gemeinsamen Ausschöpfung der Ressourcen zu umreißen und schließlich 4. einige Mutmaßungen für die nächsten fünf bis zehn Jahre anzustellen. Großbritannien bietet das Bild einer sehr reichen, verschiedenartigen und locker koordinierten Bibliotheks- und Informationsversorgung, die hauptsächlich aus öffentlichen Quellen gespeist wird, obwohl sich sehr beträchtliche Bestände älteren Materials bei gelehrten Gesellschaften und Institutionen, Kirchen und anderen Körperschaften befinden und im Bereich der Information der private Sektor einen großen Teil der Fachbibliotheksdienste unterhält.

Man muß sich vor Augen halten, daß die öffentlich unterhaltenen Bibliotheken in Großbritannien als Dienststellen für einen speziellen Benutzerkreis

* Bemerkung: Alle Meinungen sind die des Verfassers und nicht notwendigerweise vom British Library Board geteilt.

[1] A. Wilson: Collections development and services in recession. In: IFLA Journal. 9 (1983), 1, S. 11–19.

betrachtet werden, zum Beispiel den einer Universität, eines örtlichen Verwaltungsgebietes oder einer Regierungsabteilung. Es gibt zwar eine nationale Anweisung für Standards und Normen bei den Ausgaben, letzten Endes jedoch muß jede Behörde über die Finanzierung ihrer Bibliothek selber entscheiden, und man findet daher beträchtliche Unterschiede. Das University Grants Committee übt eine direkte Kontrolle über größere Bauunternehmen aus, und einige Kollegen hier erinnern sich wohl an den „Atkinson Report" (1975)[2] mit seiner Vorstellung der „Sich-selbst-erneuernden Bibliothek", die das Material in einen örtlichen Speicher überführen sollte, von wo es, falls es nach fünf Jahren immer noch nur selten benutzt wird, an die British Library Lending Division geschickt würde. Bei anderen Arten öffentlich unterhaltener Bibliotheken besteht kein solcher Grad nationaler Koordinierung, nicht einmal für Etatprogramme.

Sogar innerhalb der zentralen Regierung nehmen eine Anzahl von Ministerien an Entscheidungen über die Bibliotheksfinanzierung teil; das wichtigste jedoch ist das Department of Education and Science, in welchem sich das Amt für Arts and Libraries befindet.

Angesichts dieser Situation versteht es sich, daß das wirtschaftliche Los britischer Bibliotheken nicht nur von Sektor zu Sektor, sondern auch von Bibliothek zu Bibliothek variiert. Vereinfacht gesagt, fingen die von der Industrie unterstützten Bibliotheken bereits in den späten sechziger Jahren an, Abstriche zu erleiden, während der öffentliche Sektor noch florierte. Zu Beginn der siebziger Jahre waren dann die öffentlichen Bibliotheken an der Reihe, mehr oder weniger gleichzeitig mit einer größeren Reorganisation, die eine kleine Anzahl großer Bibliothekssysteme mit großem Erweiterungspotential ins Leben rief. Letztlich sind die Universitäts- und anderen akademischen Bibliotheken seit den letzten vier oder fünf Jahren beträchtlichem Druck ausgesetzt, vor allem im gegenwärtigen Jahrzehnt. Die nationalen Bibliotheken spüren die Einwirkung seit den letzten zwei oder drei Jahren.

Selbst innerhalb eines einzelnen Bibliothekssystemes kann es gleichzeitig beträchtliche Investitionen in neue Gebäude und in die Automatisierung sowie scharfe Abstriche im Grundetat geben. Ein kluger Bibliothekar muß wissen, daß es nicht einen, sondern mehrere Haushaltspläne gibt, aus denen er Nutzen ziehen kann, und das Verlangen, sein Bestes zu tun, führt manchmal zu der scheinbaren Umkehrung vernünftiger Prioritäten.

Wie sind Bibliotheken mit der Rezession fertiggeworden? Die starren größeren Rubriken im Etat wie Gehälter und Energiekosten zwangen die Bibliotheken im ersten Schock der Rezession zu tiefen Einschnitten in Erwerbung und

[2] University Grants Committee. Capital provision for university libraries. London 1976. (Atkinson Report).

Buchpflege, und als nächstes dazu die Dienststunden allgemein zu beschränken und die Personalkosten zu senken, indem unbesetzte Stellen gesperrt wurden. Später ermöglichten es die Pläne für die vorzeitige Pensionierung älterer Angestellter, sich entschiedener um die Herabsetzung des Personaletats auf die gleiche Ebene wie die Einschnitte bei den Erwerbungen zu bemühen. Man erstrebte, die Einnahmen zu erhöhen, besonders in Öffentlichen Bibliotheken, obwohl die Erhebung von Gebühren für die Entleihung von Büchern noch immer ungesetzlich ist. Universitätsbibliotheken, die bis zu 5% ihrer Mittel für die Fernleihe ausgaben, haben sich nach Wegen für ihre Rationalisierung umgesehen, da die direkten Kosten der Ausleihe (hauptsächlich von der BLLD) zugenommen haben. Dies begrenzt übrigens jede Strategie, Erwerbungen in Gebieten, die nur für Minderheiten von Interesse sind, zu verringern, indem man auf die British Library zurückgreift. Die neuen Online-Informationsdienste sind zu einer ungelegenen Zeit gekommen. Die meisten Bibliotheken finden daher Wege, dem Benutzer diese teueren Dienste intern in Rechnung zu stellen.

Da dies ein kurzer Vortrag über die Zukunft ist, sind Einzelheiten über die Auswirkungen von finanziellen Abstrichen auf die Versorgung der British Library nicht angebracht, doch kann man andeuten, daß im Bereich der Erwerbung die hohen Preissteigerungen bei Zeitschriften zusammen mit dem schwankenden Devisenkurswert des Pfund Sterling ein weiterer ungünstiger Faktor ist. Die Lage verschlechtert sich noch in Anbetracht der ständig wachsenden Anzahl neuer Titel. Zweifellos hat die Erwerbung von Büchern und Zeitschriften im Lauf der letzten zehn Jahre einen erheblichen Rückgang erlitten. Das sind jedoch Probleme, die uns alle betreffen.

Der Kosten/Nutzen-Effekt bei der Einführung der Automation in Bibliotheken – oder jeder anderen Art von Bürobetrieb – läßt sich notorisch schwer quantifizieren. Vor allem beim Einsatz von Computern in einer Zentralstelle pflegen die Kosten „politisch“ zu sein. Auf jeden Fall versuchen Bibliothekare fast immer, die durch die Automatisierung eingesparten Personalstellen in die Verbesserung der Dienstleistungen zu investieren, so daß eine umfassende Einsparung selten zu erkennen ist. Eigentümlicherweise hat die Einführung der Automation in der Verwaltung der Bibliotheken während der Rezession stark zugenommen. Vielleicht betrachten die für diese Politik Verantwortlichen sie als eine strategische Notwendigkeit und letzten Endes als eine Ersparnis. Das Online-Informations-Retrieval wird finanziell anders gesehen, und hier neigen Bibliotheken dazu, dem Endbenutzer die bei der Recherche am Terminal anfallenden Kosten in Rechnung zu stellen, aber gewöhnlich nicht die professionelle Hilfe des Bibliothekars und die fixen oder Gemeinkosten.

Zum Computer und zu den Entwicklungen in der Fernmeldetechnik wird die Bildplatte (optical data disc) treten, deren enormes Speichervermögen zusammen mit der Möglichkeit zum schnellen Informations-Retrieval sowohl die Informations- wie die Archivleistung der Bibliotheken zu revolutionieren verspricht. Obwohl man gespannt das Ergebnis der jetzt an der Library of Congress begonnenen Experimente erwartet, ist die gegenwärtige Meinung[3] im Vereinigten Königreich, daß sich Bildplatten in diesem Jahrzehnt noch nicht als praktisch für Bibliotheken erweisen werden.

Wir sehen jetzt in den Vereinigten Staaten und in Großbritannien (UKLDS) die Entwicklung von Systemen zur Verbindung bibliographischer Einrichtungen entsprechend der von den International MARC- und AACR-2-Programmen erreichten Standardisierung. Da sich die Bibliotheksverwaltung im wesentlichen um die Mitteilung bibliographischer Aufzeichnungen dreht, sollte dies der Kooperation eine neue Dimension hinzufügen.

Was die individuellen Bibliothekssektoren betrifft, so haben sich die Bibliothekare in jedem Fall mit einer mehr oder minder plötzlichen Umkehrung von Erweiterungsprogrammen abfinden müssen. Sowohl auf nationaler Ebene im Aufbau der British Library aus verschiedenen Bestandteilen (einschließlich der Bibliotheksabteilungen des British Museum) wie im Bereich des Local Government, wo die Verantwortlichkeit für die Öffentlichen Bibliotheken einer geringeren Anzahl von Behörden mit einem viel größeren Dienstpublikum zufiel, sah man den Glauben an die administrative Umstrukturierung als Mittel zur Rationalisierung und zur Kostensenkung, die zur Anwendung der Technik und einer breiteren Skala professioneller Talente nötig sind. Es wurde angenommen, daß diese große Reorganisation in einem Klima gemäßigter Expansion stattfinden würde, im Laufe derer die nationale Bibliothek und die Öffentlichen Bibliotheken eine gründliche innere Umstrukturierung erfahren und gleichzeitig die Verwirklichung ihrer Ziele im Rahmen der Gesellschaft insgesamt vornehmen könnten. Die neue British Library erhielt die Anweisung, die allenthalben sprießenden akademischen und Öffentlichen Bibliotheksdienste zu unterstützen. Ebenso wies die Regierung die neuen Öffentlichen Bibliotheken an[4], ihre Dienste sozusagen horizontal auf Colleges und Schulen zu erweitern, auf Krankenhäuser und Gefängnisse und auf die Büros der Gemeindeverwaltungen. Im Verein mit anderen Plänen versprachen diese Ideen eine wackere neue Welt für die britischen Bibliotheks- und Informationsdienste. Diese ist uns nicht völlig entwischt, dank der eingebauten Dynamik der Reorganisation, der Entschlossenheit der Bibliothekare und im Fall der Öffentlichen Bibliotheken

[3] R. Barrett: Optical video disc technology and applications. London: British Library 1982. (Library and Information Research Report. 7).

[4] Department of Education and Science. The Public Library Service. Reorganisation and after. London 1973. (Library information series. No 2).

der Zeitspanne, die die Regierung brauchte, bevor sie die öffentlichen Ausgaben nach der Erdölkrise streng kontrollieren konnte.

Um sich der Rezession anzupassen, standen die Öffentlichen Bibliotheken vor der Wahl, entweder ihr weitgespanntes Dienstnetz auf Kosten niedrigerer Standards zu erhalten oder die Anzahl der Dienststellen zu verringern. Ein gangbarer Kompromiß ist das Konzept der zwei Schichten: Die kleineren Bibliotheken bleiben bei einem minimalen Leistungsniveau offen, in den größeren Bibliotheken aber bleibt das volle Leistungsangebot erhalten.

Im akademischen Bereich wurde das „Parry Committee"[5] ernannt und beauftragt, Wege zu finden, um die bibliothekarische Versorgung an den Universitäten zu koordinieren und insbesondere die vielen kleinen neuen, nach dem Zweiten Weltkrieg gegründeten Universitäten zu unterstützen. Andere Zeichen der akademischen Expansion waren die neuen technischen Universitäten, Polytechnica und Colleges verschiedener Art. Desgleichen führte die erziehungsphilosophische Meinungsänderung zugunsten großer *comprehensive schools* zur Entwicklung einer angemessenen Politik für Schulbibliotheken, die in Großbritannien im Gegensatz zu Nordamerika sehr mangelhaft gewesen war.

Die Forderung nach der nationalen Planung von Bibliotheks- und Informationsdiensten rührte her von 1. der Besorgnis über Ausgabenbeschränkungen für Bibliotheken, besonders wo sie willkürlich und ungleich waren, 2. der Erkenntnis, daß die Produktion von Büchern und Information ständig anwuchs, 3. der Einwirkung neuer Techniken und 4. dem Wissen um Entwicklungen in der nationalen Planung und Koordinierung von Bibliotheksdiensten in anderen Ländern. Die verschiedenen Berufsverbände wurden aktiv und verschafften sich den Beistand eines House of Commons Select Committee, und mit der Zeit reagierte die Regierung, indem sie die Informationsrolle des Minister of Arts and Libraries verstärkte. Dieser vergrößerte sein beruflich qualifiziertes Personal und errichtete das Library and Information Services Council (England) (LISC) zu seiner Beratung. Die beiden mit dem Titel „The future development of libraries and information services" (1982)[6] veröffentlichten LISC-Berichte sind sozusagen unser Text für heute.

Das Hauptthema des zweiten dieser Berichte ist, daß Bibliotheken sich mehr auf den Zugang zu auswärtigen Quellen von Dokumenten und Information verlassen müssen, wenn nötig auf Kosten des Aufbaus ihrer eigenen Bestände, also mehr auf Zugang als auf Bestand.

[5] University Grants Committee. Report of the Committee on Libraries. London 1967. (Parry Report).

[6] Department of Education and Science. The future development of libraries and information services. London 1982. (Library information series. No 12).

Ich sagte zu Anfang, daß das britische Bibliothekswesen reich und vielfältig, aber nur locker koordiniert sei. Es ist theoretisch möglich, alle öffentlich und privat unterhaltenen Bibliotheken und Informationsdienste als eine Anzahl von untereinander verbundenen Systemen zu betrachten und zu organisieren, aneinandergeschlossen durch maschinenlesbare Kataloge, Fernmeldeverbindungen, elektronische Post- und Dokumentenlieferung (durch eine Kombination von Post- und Faksimileübermittlung). Mit entsprechender Befugnis könnte eine nationale Planungsinstanz auch die Zuteilung von Hilfsmitteln nach der Dringlichkeit einstufen, die Zielsetzungen für jeden Bibliothekssektor entscheiden, die Nachfrage überwachen und auf Rationalisierung bestehen, wie schmerzlich sie auch für örtliche Empfindungen sei.

Doch die wirkliche Welt ist nicht so, und das LISC hat seine Empfehlungen vernünftigerweise auf die Achtung vor der Bibliotheksautonomie gegründet und den Ansporn zur Kooperation auf das einsichtige Eigeninteresse. Sein Bericht forderte zusätzliche Finanzierung zur Errichtung und Verwaltung der neuen kooperativen Netze und (meines Erachtens) zur Subventionierung der Netto-Ausleiher, d.h. der Bibliotheken, die mehr verleihen als entleihen. Das LISC erkannte auch, daß es nötig sei, Zentren der Spitzenleistung festzustellen und diese zu stützen. Es sieht ein, daß es nötig ist, auf dem Erfolg aufzubauen, indem man die bestehenden Netze der British Library und vorhandene Kooperationsprojekte heranzieht sowie die örtliche Kooperation in Großstadtgebieten und innerhalb von Bibliothekssektoren stärkt. Mit anderen Worten, der Bericht will Ressourcebeteiligung und Partnerschaft optimieren, wenn nötig durch die Änderung der gegenwärtigen Lage. Sehr wenig in dem Bericht gibt an, neu zu sein, doch hat er als nützlicher Brennspiegel der Aufmerksamkeit gedient.

Indem ich mich jetzt einigen persönlichen Gedanken über die Zukunft zuwende, möchte ich zuerst auf den störenden Effekt aufmerksam machen, den die neue Technik auf alle Glieder in der Informationskette zwischen Verfasser und Leser ausübt. Diese Änderungen werden sich immer klarer wirtschaftlich und im System ausdrücken und zweifellos das Gleichgewicht in der Sphäre stören, die wir einst die Bücherwelt zu nennen pflegten. Ich glaube nicht, daß das elektronische Publizieren in den nächsten fünf bis zehn Jahren mehr als eine Ergänzung und Parallele der Bibliothekssektoren sein wird, doch können wir nicht die enorme Zunahme von Mikrocomputern in Heim und Büro ignorieren und deren Erzeugung eines Klimas für die elektronische Informationsübertragung in der Bevölkerung. Die Bibliotheken sollten diese Entwicklung nicht als Drohung, sondern als Herausforderung ansehen, und sie sollten fortfahren, die neuen Systeme zu benutzen, sowohl als Mittel zur Erhöhung der Leistungsfähigkeit und Wirksamkeit bibliothekarischer Aufgaben wie auch als Werkzeuge für neue Leistungen.

Es ist wahrscheinlich, daß die Wirtschaftslage des Vereinigten Königreiches sich nur langsam bessern wird, selbst in einer Weltkonjunktur. Demgemäß müssen Bibliotheken ihre Ziele neu gestalten, so daß sie sich leistungsfähig und wirksam auf dem gegenwärtigen Niveau der Hilfsmittel erhalten können. Leider werden wir erst jetzt gewahr, wie enorm unser Buchmaterial von der natürlichen Abnutzung und der schleichenden Wirkung der Säurebildung bedroht wird, während unsere nordamerikanischen Kollegen sich seit mindestens zehn Jahren damit befassen. Zugegeben, sie hatten das Problem früher als wir. Meiner Meinung nach stellt die Konservierung bzw. der Schutz von Bibliotheksgut eine ebenso große Herausforderung an die Bibliotheken dar wie die wirtschaftliche Rezession und die neuen Techniken. Und nationale und internationale Aktivitäten sind erforderlich, um so viel wie möglich von dem „Gedächtnis der Menschheit" zu bewahren.

Bibliotheken dürfen ihren Beitrag zur Informationsgesellschaft nicht zu naiv sehen. Ein Bibliotheksdienst läßt sich vorstellen als ein Stück Information oder als Dokumente, die dem Schreibtisch des Endbenutzers zueilen. Es ist jedoch darauf hingewiesen worden, vornehmlich von Dr. Kaltwasser[7], daß insbesondere Geisteswissenschaftler ihre Forschungen nicht auf diese Art betreiben. Ich möchte hinzufügen, daß die meisten von uns auch nicht so lernen. Bibliotheken müssen das Herumstöbern ermöglichen, und wir brauchen viel mehr Forschung über die Wichtigkeit des Herumstöberns in Sammlungen von Dokumenten, als über das Suchen in Katalogen oder Bibliographien. Obwohl dies als ein ziemlich spezieller Schlußpunkt erscheinen mag, meine ich, daß man darauf bestehen muß, besonders jenen Enthusiasten gegenüber, die das UAP-Programm nur als ein Mittel betrachten, das Buch an den Leser zu bringen. In ihrem eigenen Interesse werden die Leser oft zu den Büchern kommen müssen.

Zum Abschluß möchte ich einige Vermutungen anstellen über „die Bibliothek von morgen", selbst wenn sie sich auf die nächsten fünf bis zehn Jahre und auf mein eigenes Land beschränken. Ich weissage, daß Bibliotheken aller Art ihre Verwaltungsarbeiten mechanisieren und auf lokaler Ebene in ein System oder Netz eingliedern werden, statt sich auf geteilte Einrichtungen zu verlassen. Doch werden die Bibliotheken auch die Kommunikation entwickeln, sowohl miteinander zum Austausch von bibliographischen Aufzeichnungen, Informationen, Korrespondenz und sogar Dokumenten, wie auch mit ihren Benutzern (Gesellschaften, Universitäten, und so weiter) über *local area networks.* In

[7] F. G. Kaltwasser: Document supply in the humanities. Conference on libraries and the humanities, 29. Sept.–1. Oct. 1982. The Hague: Koninklijke Bibliotheek. (To be published).

zunehmendem Maße werden die Benutzer das gesamte Bibliotheks- und Informationssystem des Landes befragen können und Daten für ihre Heim- und Büro-Computer-Systeme übernehmen. Die traditionellen Rollen der Verleger, Bibliothekare und anderer Informationsvermittler werden durcheinander geraten, und in einer gemischten Ökonomie wird dies Probleme zwischem dem öffentlichen und privaten Sektor ergeben. Die Bildplatte wird die bibliothekarischen Arbeiten revolutionieren, in der Informationsversorgung wie in der Archivierung, doch wird dies wohl nicht mehr in diesem Jahrzehnt stattfinden.

Was mein Thema „moving towards cooperation in recession" betrifft, so läßt sich schwer vorhersagen, wie weit das Bibliothekswesen in Großbritannien umgeformt werden wird in so etwas wie ein nationales Bibliotheks- und Informationssystem. Vorausgesetzt, daß die Regierung klare Anweisungen gibt, daß Sondermittel für die Errichtung von Netzen bewilligt werden und daß die British Library mehr als bisher beteiligt wird, könnte man viel erreichen. Aber in unserem System der geteilten Macht gibt es starke Kräfte, die sich gegen jede Ableitung von Bibliotheks-Etatmitteln auf Bestände und Dienste wehren, außer wenn sie örtlich verlangt werden. Akademische Komitees wollen örtliche Erwerbungen unterhalten; Lokalpolitiker ziehen den Dienst für ihre Gemeinden der Teilnahme an nationalen Informationsnetzen vor; die nationalen Handbibliotheken und Forschungsbibliotheken in unseren Museen und anderen Institutionen stehen unter dem Druck, ihre Dienste vorrangig für ihre direkten Benutzer zu unterhalten.

Alles in allem genommen, sehe ich eine deutliche Verlagerung zur Kooperation und zur gegenseitigen Abhängigkeit, die durch die neue Technik möglich wird. Das Schicksal unserer vielen Bibliotheken wird aber weiter im großen und ganzen entschieden werden von den Repräsentanten der Kreise, die von ihnen direkt bedient werden, also davon, welchen Wert und welche Prioritäten ihnen die Bibliotheksbenutzer zubilligen.

NORBERT HENRICHS

Fachinformation und Bibliotheken

1. Vorbemerkung

Wer das Programmheft des diesjährigen Bibliothekskongresses durchblättert, kann leicht feststellen, daß sich nicht weniger als 15 Veranstaltungen bzw. Vorträge in der einen oder anderen Weise mit der modernen Informationsproblematik, insbesondere mit den informationstechnischen Entwicklungen, aber auch mit ökonomischen bzw. anderen Detailfragen und natürlich mit dem sich daraus ergebenden Rollenverständnis der Bibliotheken beschäftigt haben. Hinzu kommen sicherlich noch weitere Beiträge, deren Titel man zwar nicht direkt und explizit diesen Zusammenhang ansieht, die aber doch in der einen oder anderen Weise unser Thema gestreift haben mögen. Es verwundert dies allerdings nicht, wenn man das Motto dieser Tagung anschaut. Die Informationsproblematik wird den Bibliotheksbereich auch in Zukunft oder gerade in der Zukunft ganz zentral beschäftigen.

Am Ende dieser Tagung möchte ich weniger (und kann dies auch nicht) alles, was hier zu dieser Thematik gesagt worden ist, zusammenfassen oder gar kritisch werten. Meine Ausführungen verfolgen eher folgendes (doppelte) Ziel: Einmal geht es mir darum, als Nichtbibliothekar aus der Perspektive des organisierten Fachinformationswesens Stellung zu beziehen mit der ganz starken Intention, den zwar inzwischen (d. h. seit Ende der siebziger Jahre) deutlich niedrigeren Graben zwischen dem Bibliotheks- und Fachinformationswesen weiter zu verfüllen. Zum anderen will ich meine Aussagen vornehmlich als (informationswirtschafts-)politische Aussage gewertet sehen.

Ich spreche deshalb weniger Verfahren oder Techniken als solche an, sondern verstehe meine Ausführungen als einen Beitrag zur Verdeutlichung der künftigen Rolle der Bibliotheken als Faktoren bzw. Akteure der Informationswirtschaft.

2. Informationsvermittlung durch Bibliotheken – Online-Anschlüsse an IuD-Service-Rechenzentren (Hosts)

2.1 Notwendigkeit

Bibliotheken haben stets

– Zugangsinstrumente zu ihren eigenen Beständen (Kataloge, Erwerbungsverzeichnisse, Hinweisbeschilderung, mnemotechnisch günstige Aufstellorganisation etc.)

– bio-/bibliographische Apparate, Verzeichnisse, Führer etc.

– sonstige Auskünfte

angeboten und technisch unterstützt (Einsatz von Organisations-, Bürotechnik, reprographische Verfahren, „in house"-Datenverarbeitung).

Die Erweiterung dieser Dienste durch das Angebot von Recherchemöglichkeiten in Informationsbanken über Online-Anschlüsse an die maßgeblichen nationalen und internationalen Hosts ist deshalb nur konsequent und muß prinzipiell als selbstverständlich angesehen werden. Das will sagen, ein solcher Vermittlungsdienst kann aus der Sicht des öffentlichen Auftrages der Bibliothek nicht verweigert werden. Der Hinweis auf einen zweifellos mit solcher Art Informationsvermittlung verbundenen besonderen personellen, technischen und organisatorischen Aufwand kann kein grundsätzliches – wenn leider häufig genug ein faktsich sehr wirksames – Gegenargument sein.

Informationsvermittlung in dem hier zur Debatte stehenden Sinne liegt sicherlich im allgemeinen öffentlichen Interesse. Den öffentlich finanzierten Bibliotheken als Sachverwalter dieses Interesses fällt m. E. deshalb hier sogar eine Initiativpflicht zu.

Eine Realisierungspflicht ergibt sich allerdings wohl nur dann, wenn für maßgebliche Benutzerkreise der Bibliothek und für einen erkennbaren Bedarf in zumutbarer Nachbarschaft und unter zumutbaren Bedingungen (dabei ist nicht die Gebührenproblematik gemeint) noch kein Zugang zu Datenbanken besteht (die Aussage ist zugegebenermaßen unpräzise, aber sie erlaubt deshalb pragmatische Lösungen).

Bibliotheken haben allerdings – daran muß wohl kaum erinnert werden – kein Informationsvermittlungsmonopol. Sie können also weder einen Anspruch auf exclusiven Betrieb von Informationsvermittlung stellen (etwa im Universitätsbereich gegen ähnliche Aktivitäten des Rechenzentrums oder einzelner Institute), noch dürfen sie – insoweit Informationsvermittlung auch ein kommerzieller Prozeß ist – wettbewerbsschädigend mit anderen Informationsvermittlern, zumal mit privaten Brokern, konkurrieren, etwa durch Abgabe von Informationen weit unter Marktpreis oder gar gebührenfrei.

Von diesen Grundsätzen her, aber auch aus der Sache heraus und nicht zuletzt aus Aufwandsgründen empfiehlt sich eine Arbeitsteilung zwischen Bibliotheken und anderen (speziellen) Informationsvermittlern.

2.2 Vermittlungsleistungen

Die Leistungen der Bibliotheken im Komplex Online-Vermittlung sollten sich im übrigen beschränken auf „einfache" Literaturrecherchen (selbstverständlich mit anschließender Hilfestellung bei der Literaturversorgung). Zurückhaltung ist zu empfehlen im Daten-/Faktenbereich. Hier bedarf es in der Regel eines fachlich sehr viel höher qualifizierten Vermittlungsaufwandes als im Bereich der Literaturrecherchen. Schwierigkeiten erwachsen auch aus der im Zusammenhang mit dem Faktentretrieval auftretenden Forderung nach weiterverarbeitenden Verfahren, die nur dann technisch zu erfüllen ist (sofern solche Verarbeitungen nicht über den Host selbst abgewickelt werden), wenn die Vermittlungsstelle über ein intelligentes Terminal (workstation) und die entsprechende Software verfügt. Sicherlich trifft es zu, daß hierzulande noch kaum ein Wissenschaftler im Umgang mit modernen Informationstechniken geschult ist. Auf die Dauer führt aber kein Weg daran vorbei, daß die Nutzung von sog. Daten- und Faktenbanken durch den Endnutzer selbst im Kontext seiner Forschungsarbeiten erfolgt. Die Bibliothek sollte hier bestenfalls – ich betone nochmals, daß ich Zurückhaltung empfehle – erste Hilfestellung bieten, Also, Literaturrecherche ja, Daten-/Faktenrecherchen auf Dauer eher nicht.

Auf keinen Fall kann es m. E. Aufgabe von Informationsvermittlungsstellen in Bibliotheken sein, über die Durchführung von Recherchen bzw. über die Verwaltung von Profildiensten inklusive der Literaturversorgung hinausgehende Leistungen zu erbringen, nämlich die Bewertung von Suchergebnissen oder gar eine fachliche Beratung (dies ist bestenfalls Aufgabe einer innerbetrieblichen Bibliothek und IuD-Stelle).

2.3 Aufwand

Ein Wort auch zum Recherchenaufwand. Wir haben bereits von der „einfachen" Recherche gesprochen, die primär angeboten werden sollte. Der Aufwand also ist so gering wie möglich zu halten. Dies gilt für die fachliche Betreuung des Anfragers wie für den Zeitaufwand (Fragevorbereitung, Recherchezeit, Fragenachbereitung bzw. Auswertung des Ergebnisses). Die Ursache für die heute den hin und wieder zugänglichen Erfahrungsberichten zu entnehmenden horrenden Bearbeitungszeiten pro Suchfrage (von meist über 60 Minuten) liegt – von technischen Schwierigkeiten (Leitungszusammenbrüche, lange Antwortzeiten) und Bedienungsfehlern einmal abgesehen – in den übertriebenen Erwartungen, die in

- die Datenbankinhalte
- die Leistungsfähigkeit der Ordnungssysteme und Thesauri
- die Leistungsfähigkeit der Suchprozeduren und -strategien gesetzt werden.

Die Erfahrung zeigt dagegen ganz deutlich: Mit der Formulierung und Verknüpfungslogik möglichst einfacher und „direkter" Suchfragen, die man freilich mehrfach, nämlich in gewissen Zeitabständen wiederholt und dann eben entsprechend dem jeweiligen Arbeitsfortschritt sehr viel angepaßter an die Bedürfnisse durchführen kann, erreicht man viel bessere Ergebnisse als mit perfektionistisch anmutenden, hochkomplexen Einmalrecherchen (üblicherweise zu Beginn einer Projektarbeit), deren Strategie Vollständigkeit und höhere Treffsicherheit lediglich suggerieren kann.

Die Online-Recherche ist kein Wundermittel. Sie muß als Auskunftsinstrument den Stellenwert erhalten, der ihr zukommt. Sie verdient nicht, eo ipso mit besonderer Objektivität und wissenschaftlicher Reputation versehen zu werden.

Wenn man sie so ihres exotischen Charakters entkleidet, wird sie vielleicht eher zu einem alltäglichen orientierenden Vorgang, wie das Nachschlagen in einem Lexikon.

Natürlich sind solche Pauschalempfehlungen gefährlich. Fragestellungen sind von ganz unterschiedlichem Schwierigkeitsgrad, und häufig klärt sich erst nach längerem Gespräch mit dem Benutzer, welches Problem sich hinter seiner ungeschickt formulierten Frage verbirgt. Aus langjähriger persönlicher Erfahrung mit Online-Systemen möchte ich aber darauf beharren, daß weniger hier oft mehr ist. Fragestellungen werden kaum verbessert durch möglichst komplexe Deskriptorkombination (boole'sche Ausdrücke), sondern durch (modifizierte) Wiederholung nach zwischenzeitlicher Arbeit an der Literatur selbst.

Die Aufgabe der Rechercheure in bibliothekarischen Vermittlungsstellen sollte – das wurde schon gesagt – eben nicht die Arbeit von Brokern sein, die Information nicht nur beschaffen, sondern entscheidungsbezogen bewerten und aufbereiten (und damit auch ihr Geld verdienen).

Das Plädoyer für die (wiederholte) Einfachrecherche hat natürlich auch Konsequenzen für den personellen Aufwand einer Informationsvermittlungsstelle. Für das Anfangsstadium, das hier wohl so gut wie überall noch herrscht, kann hier aber kaum qualitativ zuviel getan werden.

2.4 Referralapparat

Gegenüber einem erhöhten Aufwand für Recherchen erscheint mir bislang relativ vernachlässigt worden zu sein der Aufwand für die Bereithaltung eines leistungsfähigen Referralinstrumentes. Wichtige Voraussetzung für eine erfolgreiche Informationsvermittlung ist die Ausstattung der Vermittlungsstelle und natürlich die Vertrautheit der Mitarbeiter mit den einschlägigen Datenbankführern, Angebotsverzeichnissen, Verzeichnissen von (speziellen) Informationseinrichtungen (deren Dienste meist nicht online zugänglich sind, die man aber auf schriftlichem Wege erhalten kann), Thesauri, Systemmanuals etc.

Negative Benutzerreaktionen aber nicht zuletzt auch mancher Verdruß bei den Mitarbeitern einer Informationsvermittlungsstelle resultieren schlicht aus der Unkenntis über die Angebotslage, den Angebotsumfang, nicht abgedeckte Bereiche, alternative, ergänzende Dienste[1].

2.5 Übersetzungsdienste

Sie dürften in zunehmendem Maße wichtig werden gerade auch für eine Klientel aus dem Wirtschaftsbereich. Nur wenige Bibliotheken werden selbst Übersetzungsdienste anbieten können. Sie sollten aber zu Auskünften über das örtliche bzw. regionale Angebot an Übersetzungsbüros, deren Leistungen und ggf. Preise in der Lage sein.

2.6 Gebührenproblematik

Sie ist auf dieser Tagung eingehend diskutiert worden[2] und kann hier nicht im Detail angesprochen werden, weil ein Begründungszusammenhang nur geliefert werden kann aus einer eingehenden Diskussion der Rolle des Staates im Fachinformationsbereich gegenüber hier engagierten privatwirtschaftlichen Kräften.

Hier seien nur einige Leitsätze ausgesprochen, die die weiterführende Diskussion beleben wollen. Diese Leitsätze basieren auf einem eindeutigen Bekenntnis zu einer marktwirtschaftlichen Betrachtungsweise des modernen Informationsgeschehens. Es gibt m. E. keinen Rechtfertigungsgrund für eine kostenfreie oder auch nur subventionierte Abgabe von Online-Dienstleistungen durch Bibliotheken. Es ist sogar im echten Sinne fragwürdig, ob Bibliotheken ihre Fixkosten (Terminal-, Raummiete, Personal etc.) nicht ebenso auf die Benutzer umlegen sollten.

Aus Wettbewerbsgründen muß der Informationsvertriebs- und -vermittlungsbereich frei bleiben von staatlichen Interventionen. Wohl ist nachzudenken – und es gibt hier längst Ansätze und Vorschläge – über eine die Nachfrage stimulierende Förderung der Nachfrageseite vor allem etwa in den Sektoren Wissenschaft und Bildung.

Nur auf dem Wege der Nachfragesubventionierung kann man auch das in diesem Zusammenhang immer wieder beschworene Problem des chancenglei-

[1] Auskünfte erteilt: Gesellschaft für Information und Dokumentation mbH (GID), Zentralbereich Ergebnistransfer, Lyonerstraße 44–48, 6000 Frankfurt/Main 71, Tel.: (0611) 6687426.

[2] Vgl. in diesem Heft, S. 177–190: „Informationsvermittlungsstellen (IVS) in Bibliotheken: Gebühren".

chen Zugriffs auf Informationen (§ 5 GG) lösen und zugleich Mißbrauch der Informationsvermittlungsdienste ausschließen.

Forschungseinrichtungen müssen etatmäßig mit Informationsbeschaffungsmitteln ausgestattet werden. Forschungsförderung muß entsprechende Mittelansätze vorsehen, für Studenten und Auszubildende ist im Rahmen ihrer Förderung ebenfalls ein Informationsbudget einzurichten.

Mit alledem hat die Bibliothek aber nichts zu tun. Sie sollte ihre Informationsdienstleistungen (wenigstens) selbstkostendeckend an jedermann ohne benutzerbezogene Preisstaffelung verkaufen und hat dann auch nicht das Problem der Berechtigungsprüfung, ohne die sie sonst nicht auskommt.

Gewiß ist noch eine ganze Reihe von organisatorischen Mängeln in den Abrechnungsprozeduren und Inkassoverfahren zu beseitigen, und dies möglichst bald. Der gegenwärtige Aufwand ist unter Wirtschaftlichkeitsgesichtspunkten untragbar.

3. Bibliotheken als Informationsproduzenten und -anbieter

3.1 Online zugängliche Kataloge

Die Rolle des Informationsproduzenten und -anbieters ist den Bibliotheken ebensowenig fremd wie die Rolle des Informationsvermittlers. Wir haben im vorigen Kapitel einleitend auf die Instrumentarien hingewiesen, auf die sich der bibliothekarische Auskunftsdienst traditionellerweise stützt. Diese Instrumentarien (Kataloge, Bibliographien, Verzeichnisse) spielen auch im sog. Online-Zeitalter eine nach wie vor entscheidende Rolle. Diese Instrumentarien sind als Informationsdienst weitaus besser als ihr (von den Dokumentaren verbreiteter) Ruf. Eine dringend gebotene Input-Rationalisierung zwingt die Fachdokumentationen, darüber nachzudenken, in welchem Maße und in welchen Gegenstandsbereichen eine Tiefenerschließung, die hohen Aufwand erfordert und bei alledem auch höchst subjektiv ist, überhaupt erforderlich und nicht vielmehr eine Beschränkung auf die klassischen Kataloge und Bibliographien ohne wesentliche Rechercheverluste möglich ist. Allerdings sollten diese Kataloge und Titelbibliographien online zugänglich sein.

Online-fähige Verbund-Kataloge stellen also ein zunehmendes Desiderat dar und bieten zudem den Vorteil des Standortnachweises, an dem sich (automatisierte) Bestellverfahren relativ leicht anschließen können.

3.2 Bildschirmtext als Vertriebsmedium

Da sich mit dem Btx-Einsatz in Bibliotheken auf dieser Tagung ein Vortrag beschäftigt hat (s. Gewecke[3]), seien hier nur wenige Hinweise gegeben.

[3] Auf die Veröffentlichung der Vortragsreihe „Bibliotheken vor neuen Entwicklungen“ wurde im Einvernehmen zwischen Herausgebern und Referenten aus mancherlei Gründen verzichtet.

Natürlich kann Btx (im Normalverfahren über Suchbaum) die Öffentlichkeitsarbeit und den allgemeinen Auskunftsdienst der Bibliothek unterstützen. Im eigentlichen Sinne interessant ist aber die Vertriebsmöglichkeit der Kataloginformationen innerhalb und vor allem außerhalb (bis in bibliothekarisch unterversorgte Regionen hinein) über dieses neue Kommunikationsmedium. Diese anspruchsvollere Nutzung von Btx und der dafür erforderliche nicht geringe Speicherbedarf verlangen allerdings einen höheren Hard- und Softwareaufwand, verlangen vor allem die Koppelung des Bibliotheksrechners (bzw. des Rechners, der die Katalogdaten vorhält) mit Rechnern der Btx-Zentralen der Post.

Da der Zugriff auf die Kataloge mit komfortablen Retrievalsystemen erfolgen muß (z. B. zur gezielten Wörterbuchsuche, zur kombinatorischen Suche mit boole'schen Ausdrücken), reicht die Abbildung der Kataloge auf dem Postsuchbaum (wenn auch im eigenen Rechner) keinesfalls aus. Der Einsatz von Literaturretrievalsystemen macht aber deren Anpassung an die Anforderungen der Btx-Datenübertragung und deren Empfängergeräte erforderlich. Diese Anpassungen sind bislang noch nicht für alle Systeme realisiert.

Noch gibt es keine Kostenvorstellungen für Aufbau, Vorhaltung und Pflege der Katalogdatenbanken über Btx. Und natürlich gibt es deshalb auch noch keine Vorstellung über Nutzungsgebühren, denn auch die Btx-Dienste (bis auf diejenigen, die lediglich der Öffentlichkeitsarbeit dienen, wie Auskünfte über Öffnungszeiten, Benutzungsordnung, Führungen, Veranstaltungen, Aufstellsystematik etc.) sollten nicht kostenfrei angeboten werden.

Die vielen offenen Fragen erfordern umgehende Untersuchungen und Versuche. Ich möchte den Bibliotheksbereich ausdrücklich dazu ermuntern. Btx wird ein wichtiges Medium werden, wenn auch hier jede Euphorie fehl am Platze ist.

4. Elektronisches Publizieren

Wir stehen unzweifelhaft an der Schwelle einer neuen Ära im Publikationsbereich mit tiefgreifenden Auswirkungen auf Verleger und den Buchhandel insgesamt, aber sicherlich auch mit Auswirkungen auf das Bibliothekswesen.

Mag hier zum jetzigen Zeitpunkt vieles auch noch unklar sein (angefangen von der verwendeten Terminologie), mögen also technische wie organisatorische Fragen bei weitem nicht gelöst sein, ökonomische Entscheidungsgrundlagen fehlen, überhaupt die Motive für die Wahl des elektronischen Vertriebsweges für diesen oder jenen Dokumenttyp noch weitgehend vage und Zeitvorstellungen verschwommen sein, electronic publishing mit der Möglichkeit der elektronischen Dokumentlieferung bzw. des Drucks auf Anfrage (on demand printing) wird in den nächsten Jahren (zumal aus dem Ausland) kommen. Die Bibliotheken werden sich darauf vorbereiten müssen.

Als Beschleunigungsfaktor wirkt hier auf die Verlage der ökonomische Zwang zur elektronischen Produktion der Druckvorlagen für die Papierpublikationen ein. Die damit gegebene Verfügbarkeit der Volltexte (und bald auch der Graphiken bzw. Abbildungen) in digitaler Form führt dann konsequent auch zur Speicherung und elektronischen Übermittlung dieser Volldokumente. Diese letzteren Verfahren werden wohl immer nur einen gewissen Teil der Publikationen (z. B. der Periodika, Handbücher, Lexika) ausmachen, aber die Bibliotheken ohne Frage vor das Problem stellen, den Zugang auch zu solchen Dokumenten zu organisieren. Dieser Zugriff wird analog zur bibliographischen Recherche und im Anschluß an sie erfolgen. Dabei läßt sich eines schon sagen, es wird ein sehr viel höherer Anspruch an die verwendeten Ausgabegeräte auftreten: Benötigt werden hochauflösende Bildschirme und vermutlich Laserdrucker. Dies hat nicht nur Budgetkonsequenzen, sondern erfordert auch einen entsprechenden Schulungsaufwand für das eingesetzte Personal. Die Ausgabe von Dokumenten bzw. Dokumentteilen (was häufiger der Fall sein wird) aus solchen Speichern ist mit den bisherigen Leistungen der Bibliothek nicht zu vergleichen, auch nicht mit der Abgabe von Kopien, denen ja immerhin ein von der Bibliothek erworbenes Original zugrunde liegt.

Hier wäre – ohne daß wir der Problematik bei der Kürze der uns zur Verfügung stehenden Zeit im einzelnen nachgehen können – die Ausgabe nur auf dem Bildschirm (ohne Druck) zur (kurzen) Ansicht auch wohl zu unterscheiden von der Ausgabe über einen Drucker oder auf einen transportablen digitalen/analogen Datenträger. Im ersten Fall hätten wir es gewissermaßen mit dem Einblick in eine Ansichtssendung zu tun. Sie kann übrigens im Gegensatz zur klassischen Ansichtssendung der Einsichtnahme in der Buchhandlung zweifellos nicht kostenfrei sein, denn es wird ja eine Datenbank benutzt, es wird Rechnerleistung in Anspruch genommen, und es fallen Leitungskosten an. Man wird aber erwarten können, daß für das ausgegebene Dokument selbst oder seiner Teile kein eigentlicher Kaufzwang besteht und deshalb auch kein Kaufpreis zu entrichten ist. Erst der zweite Fall, die ordentliche dauerhafte Ausgabe des Dokuments, kann mit dem traditionellen Kaufvorgang eines Dokuments verglichen werden. Nun ist freilich eine lokale Ausgabe über Peripheriegeräte (im Anschluß an die Bildschirmausgabe) möglich, ohne daß der Datenbankbetreiber dies bemerkt und beeinflussen könnte. Die Unterscheidung der obigen Fälle ist damit nur noch eine theoretische. Jede Übermittlung von Zeichen wird damit aus Verlegersicht faktisch einem Kaufvorgang gleichgesetzt werden. Der Kaufvertrag kommt dabei selbstverständlich zwischen Anbieter und dem Betreiber der Vermittlungsstelle als Paßwortinhaber zustande. Der

Vermittler – in unserem Falle die Bibliothek – wird in jedem Einzelfall also zunächst einmal Eigentümer. Da sie aber Auftragsrecherchen durchführt, wird sie das erworbene Dokument kaum inventarisieren, katalogisieren und den Ausdruck erst recht nicht magazinieren wollen. Gibt sie es aber direkt an den Auftraggeber der Recherche weiter und verschenkt sie es dabei nicht, was sie wohl nicht rechtfertigen könnte – eine Leihe oder Kopie fällt aus, weil die Inventarisierung unterblieb – so tritt sie als Wiederverkäufer auf. Damit betätigt sich die Bibliothek aber als Buchhändler mit Konsequenzen für den örtlichen Wettbewerb, vor allem gerät sie aber mit ihrer Zwecksetzung in Konflikt.

Den heutigen Verhältnissen vergleichbare Zustände hätten wir nur, wenn Bibliotheken auf eigenen oder gemieteten Rechnersystemen Duplikatspeicher vorhielten. Diese Duplikatspeicher müßten sie dann aber wohl gegen einen Preis erwerben, der diesmal alle Nutzungsrechte mit abdeckt. Denn es steht ja zu erwarten, daß die Verleger mit der elektronischen Form des Publizierens auch der Kopierproblematik zu Leibe rücken wollen. Und das wird dann wohl die Bibliotheken – wenn sie sich nicht ganz aus dieser Art der Literaturverbreitung heraushalten wollen – ebenso zwingen, als Verkäufer ihrer Leistungen aufzutreten.

Wir brechen hier ab, denn es sind in diesem Zusammenhang noch erhebliche organisatorische, ökonomische und rechtliche Probleme zu lösen, völlig unabhängig vom derzeit technisch Machbaren.

Ein Engagement in diesem Bereich wird, das müssen beide Geschäftspartner, Verlage und Bibliotheken, bedenken, wegen der haushaltstechnischen Konsequenzen der Gerätebeschaffung im Bibliotheksbereich, einen langen Vorlauf berücksichtigen müssen.

Technische Unterstützung von Autoren

Im Vorfeld der elektronischen Dokumenterstellung werden künftig (welchen Ausgabeweg man danach auch immer wählt, die klassische Druckversion oder die elektronische Verteilung aus Volltextspeichern) technische Probleme publikationsgerechter Textaufbereitung auf den Autor verlagert, der sich geeigneter Textverarbeitungsmethoden und -systeme bedienen wird, ja bedienen muß. Mit einem klassischen Typoskript wird sich vielleicht bald kein Verlag mehr abgeben wollen.

Macht man sich nun bewußt, daß gewissermaßen die vornehmsten Bibliotheksbenutzer jene Leser sind, die ihre Lesefrüchte (oft unmittelbar) wieder in Arbeiten einbringen, die sie für die Publikation vorbereiten, dann liegt es nahe, innerhalb der Bibliotheken für diese Autorentätigkeit auch die adäquate Technik bereitzustellen, also etwa Kabinen (carrels) an sie zu vermieten, die mit Textautomaten ausgestattet sind (so wie heute mit Schreibmaschinen). Man kann diesen Gedanken leicht weiterverfolgen und kommt dann – zumal für den Hochschulbereich – zur autornahen Einrichtung weiterer Glieder in der Produktionskette, also zur Einrichtung von Satzrechenzentren und Druckereien. Hierzulande gibt es bislang lediglich Ansätze dazu, im Ausland aber schon ausgebaute Vorbilder.

Zeigen sich hier etwa Ersatzfunktionen für die klassischen bibliothekarischen Tätigkeitsfelder, die bei der Elektronisierung verschwinden (klassischer Erwerb, Einbandstellen...)? Die Bibliothek heute oder eher morgen, von den Verlagen vor bisher nicht gekannte Probleme gestellt, wird sie vielleicht übermorgen den Spieß umkehren und selbst zum Verleger, Host, Buchhändler? Und wenn sicherlich nicht generell, so doch in Teilbereichen?

In einer Veranstaltung unter dem Titel „Die Bibliothek von morgen" wird es erlaubt sein, solche Fragen zu stellen. Die Antworten hat sicherlich derzeit niemand parat. Aber es scheint notwendig, rechtzeitig nach ihnen zu suchen.

5. *Schlußbemerkung*

Informationsproduktion, Informationsangebot, Informationsnachfrage, Informationsvermittlung und Literaturversorgung, schließlich Informationsrezeption und erneute Informations- und Literaturproduktion usw. treten künftig aufgrund der technischen Entwicklungen und der Koppelung von Techniken sowie der funktionsübergreifenden Wirkung des Technikeinsatzes in einen bislang nicht gekannten engen Zusammenhang.

Die genannten Prozesse überschneiden sich, die „Produkte" der einzelnen Phasen vermischen sich in den Speichern der eingesetzten Systeme. Sie existieren überhaupt nur virtuell und werden für den jeweiligen Ausgabezweck erst durch Ausgabegeneratoren aus gespeicherten Elementen zusammengestellt.

Bislang in diesen Zusammenhang gebräuchliche Begriffe, z. B. der der Publikation, bedürfen einer neuen Definition.

Bei aller Veränderung befürchte ich allerdings keinen totalen Wandel etwa durch den Untergang ganzer Funktionsbereiche bzw. Funktionsträger.

Weder die funktionale noch die institutionelle Pluralität ist in Gefahr, erst recht bleibt die Medienvielfalt erhalten, ja sie dürfte sich noch vergrößern.

Für die Bibliotheken, die einige schon in ihrer Substanz und in ihrem Bestand gefährdet sehen, bedeutet dies, daß sie bei allem Neuen, das man künftig in ihr finden mag, ihre klassische Funktion und Bedeutung behalten wird, weil die Ära ihres klassischen Mediums, das gedruckte Buch, keineswegs zu Ende ist.

Die Bibliothek des Jahres 2000 hat deshalb keine wesentlich andere Gestalt und Funktion als die Bibliothek des Jahres 1983.

Ich sehe im Gegenteil eine Verstärkug der klassischen Funktionen der Sammlung, Erschließung und Bereithaltung von Dokumenten in körperlicher Form, zu denen elektronisch zugängliche Dokumente lediglich ergänzend hinzutreten werden. Ergänzung bezieht sich allerdings nicht nur auf die Dokumente, sondern natürlich auch auf den spezifischen Nutzservice, den diese Dokumentbanken erfordern.

Es werden sich übrigens an diesen beiden fundamental unterschiedlichen Dokumenttypen, den körperlichen und unkörperlichen, auch zwei fundamentale Einstellungen und entsprechende Serviceerwartungen bzw. -leistungen unterscheiden lassen:

Elektronische Medien sind primär Distributionsmedien. Die Formel lautet hier: Das Dokument kommt auf Abruf zum Nutzer (selbstverständlich gegen Bezahlung).

Die körperlichen, also vor allem die sog. Printmedien, mit denen es Bibliotheken traditionellerweise zu tun haben, sind Präsenzmedien. Die Formel lautet hier: Der Benutzer kommt zum Buch (und leistet einen gewissen Beitrag zur Deckung der Bereithaltungskosten).

Mir scheint es angesichts der Mittelsituation auch aus ökonomischen Gründen konsequent zu sein, endlich einmal zwei besonders heiße Eisen anzufassen und sowohl den aufwendigen Leihverkehr wie auch die Problematik der Nutzergebühren zur Debatte zu stellen. Wer Dokumente dauerhaft physisch besitzen will, soll sie kaufen: elektronisch oder aus einer „Kopierzentrale" (wie auch immer diese organisiert ist und ob es nur eine oder Hunderte in unserem Lande gibt).

Wer dagegen Dokumente nur temporär studieren will, soll sie aufsuchen. Statt der Bücherautos könnte ja auch ein shuttle-service für Benutzer zwischen Bibliotheken (in Ballungsräumen) eingerichtet werden (z. B. bei der relativen Nachbarschaft von Hochschulbibliotheken im Rhein-Ruhrgebiet).

Und Reiseveranstaltern möchte ich empfehlen, einmal Pauschalarrangements zu berühmten Bibliotheken anzubieten...

Ich meine dies alles durchaus ernst. Aus der Auseinandersetzung mit den neuen Informationstechnologien sollten die Bibliotheken mit einem neuen Selbstbewußtsein hervortreten und sich künftig weniger als computergesteuerte Lager- und Versandhäuser begreifen, denn als Kommunikationszentren, in denen nicht nur berühmte Dokumente, sondern auch illustre Leser und Benutzer versammelt sind.

ROLF FUHLROTT

Wohin morgen mit der Literatur von gestern?

Die Frage „Wohin morgen mit der Literatur von gestern" existiert eigentlich schon so lange, wie es Bibliotheken gibt. Schon immer war eine Bibliothek ein Sammlungsgebäude für in irgendeiner Form dokumentiertes Wissen, ein Gebäude, das auf Zuwachs ausgerichtet ist, das bei seiner Inbetriebnahme oftmals zu groß, nach einer gewissen Zeit aber schon wieder zu klein ist. Da immer der Platzbedarf für das Sammelgut schneller wuchs als der für die Leser oder das Personal, gab man im 19. Jahrhundert die Einheitsräume auf, in denen das Lesen, das Verwalten und das Aufbewahren gemeinsam erfolgte, und es entstanden, vor allem in Europa, gesonderte Räume für das Aufbewahren der Bücher, nämlich die Magazine. Sie gaben bald durch ihre blockhafte oder turmartige Gestalt einer Bibliothek ihr charakteristisches Aussehen. Im Innern ging man Anfang des 20. Jahrhunderts zu einer ökonomischen Ausnutzung des Raumes durch platzsparende Buchaufstellung nach numerus currens über. Das währte aber nicht lange, denn die Geschichte wiederholt sich oft selbst sehr schnell. Vor allem aus Amerika kamen die Gedanken eines demokratischen, freiheitlichen Zugangs zu den Informationsmitteln, die uns die großen Freihandbibliotheken bescherten, in denen die Funktionen des Lesens, Verwaltens und Aufbewahrens nun wieder einheitlich, nach historischem Vorbild, in einem Raum erfolgten. Die wirtschaftliche Entwicklung der Industrieländer ermöglichte den Bau vieler und großer Bibliotheken, die oft solche Ausmaße annahmen, daß sie nur mit einer aufwendigen Technik betrieben werden können.

Aber selbst ein so großzügiges Raumangebot, wie es besonders in den siebziger Jahren entstand, blieb hinter der Entwicklung der Literaturproduktion zurück. Die Weltbuchproduktion hat sich nach der UNESCO-Statistik in den letzten 20 Jahren mehr als verdoppelt, die Titelproduktion der Bundesrepublik sogar verdreifacht. Mit dieser Entwicklung konnte die Zunahme der Bibliotheksflächen nicht Schritt halten, zumal auch die Benutzerzahlen der Bibliotheken erheblich anwuchsen. Bei den Universitäten z. B. nahmen die Studentenzahlen in den letzten 20 Jahren um das Dreifache zu. Auch die Verwaltungsbereiche der Bibliotheken mußten der, wenn auch lange nicht so stark angewachsenen, Personalentwicklung angepaßt werden. Das sich daraus ergebende schnelle Wachstum der Bibliotheken scheint nun allerdings in heutiger Zeit eher gebremst zu werden, weil

1. die Verlage nicht mehr in der Lage sind, alles, was ihnen angeboten wird, zu publizieren, und sie sicher auch das Mehrfachpublizieren verhindern werden
2. die Bibliotheken nicht mehr alles kaufen können, was sie bisher glaubten besitzen zu müssen, und
3. die öffentliche Hand nicht mehr in der Lage sein wird, so aufwendige Bibliotheksgebäude, wie sie in den letzten Jahren gebaut wurden, zu unterhalten oder gar in Zukunft noch zu bauen.

Auf baulichem Gebiet wird daher, wenn in nächster Zeit überhaupt noch nennenswert gebaut werden kann, eine Entwicklung Weg-von-den-großflächigen-Freihandbibliotheken und Weg-von-den-hochtechnisierten-Gebäuden zu beobachten sein.

Man wird sicher auch kritischer die Ausnutzung der Bibliotheken prüfen, ich denke hier besonders an die Ausnutzung der Leseplätze, und man wird fragen, ob alle Räumlichkeiten für solche Einrichtungen, die in den letzten Jahren in die Bibliotheken integriert wurden, auch wirklich lebensnotwendig sind, also z. B. Vortragssäle, Ausstellungsräume, Parlatorien, großzügige Foyers, Cafeterias, Freizeitbüchereien usw., so wünschenswert sie auch sein und wie sehr sie auch die Qualität eines Bibliotheksarbeitsplatzes verbessern mögen.

Alle solche Maßnahmen aber werden das eigentliche Problem, das durch das Wachstum der Bücher entstanden ist, nur entschärfen, aber nicht lösen, denn so lange der Mensch es vorzieht, in einem Buch zu lesen, zu blättern oder mehrere Bücher um sich zu scharen, anstatt einen Mikrofilm oder einen Bildschirm zu betrachten, so lange wird es Bücher geben, und zwar in steigendem Maß. Das Problem ihrer Aufbewahrung wird also bleiben.

Gibt es nun zu dieser Aufbewahrung, zur Speicherung, zur Magazinierung der Bücher Alternativen? Bereits 1975 hat die American Library Association ein Seminar mit dem Thema „Running out of space – what are the alternatives?" veranstaltet[1]. Die dort unterbreiteten Vorschläge lassen sich in technische und in organisatorische Maßnahmen einteilen.

Zu den technischen Maßnahmen gehört die höhere Ausnutzung der vorhandenen Flächen durch eine kompakte Aufstellung der Bücher. Während dies in der Bundesrepublik überwiegend in fahrbaren Regalanlagen erfolgt, die die Speicherkapazität verdoppeln können, bevorzugt man in den Vereinigten Staaten eine dichtere Aufstellung, d. h., man wählt enge Regalachsabstände bis hinunter zu 1,10 m oder hohe Regale, wie es die lichte Raumhöhe zuläßt, wobei man auf den oberen Fachböden die weniger stark benutzte Literatur aufbewahrt. Aber auch die kompakte Speicherung ist nur eine Hilfe auf Zeit.

[1] Running out of space. What are the alternatives? Ed. Gloria Novak. Chicago: American Library Association 1978.

Ein anderer Schritt technischer Art, der in Betracht gezogen werden kann, ist die Umwandlung allzu großer Freihandflächen in Magazinflächen und somit wieder eine Aufteilung in Lese- und in Buchbereiche. Voraussetzung dafür ist eine ausreichende Deckentragfähigkeit sowie die Möglichkeit der Parzellierung der Klimabereiche. Auch dies ist nur eine temporäre Entlastung. Wünschenswert wäre es eher, wenn die räumliche Entwicklung dem Wachstum der Bibliothek folgen, d. h. durch Anbauten dem Anwachsen Rechnung getragen werden könnte. Da sich solche Erweiterungen aus finanziellen Gründen immer seltener verwirklichen lassen, wird häufig zum Mittel der Anmietung von oftmals entfernt liegenden Räumlichkeiten gegriffen, um in einem solchen Ausweichmagazin z. B. weniger benutzte Bestände unterzubringen. Auch dies ist nur eine Notlösung im Wartestand auf Besseres, denn die individuelle Außer-Haus-Speicherung spart ja kaum Platz und ist zudem meist buchklimatisch nicht ausreichend, und die Buchschäden können beachtlich sein[2].

Lange Zeit galt deshalb die Mikroverfilmung als Schlüssel zur Lösung der Platzfrage. Die Platzfrage löst sie zwar zum Teil, sie ist aber schlicht unwirtschaftlich, wie eine Untersuchung an der UB/TIB Hannover gezeigt hat[3]. Den Bestand von 1,3 Millionen Bänden dieser Bibliothek zu verfilmen würde 36 bzw. 47 Millionen DM kosten und sechs bzw. 14 Jahre dauern, je nachdem, ob die zu verfilmenden Bände zerlegt werden oder nicht. Hinzu kommt, daß auch die verkleinerte Form, nämlich 3,5 Millionen Fiches, aufbewahrt und ein Retrievalsystem entwickelt werden muß, Mikrofilmarbeitsplätze erforderlich sind und Anlagen zur Reproduktion benötigt werden. Man schätzt, daß damit die Gesamtkosten ca. 100 Millionen DM betragen werden, also zwischen 70 und 80 DM je Band, wohingegen unsere heutigen Bibliotheksgebäude Baukosten je Band nur von etwa der Hälfte erfordern, bei reinen Magazinen entsprechend weniger. Das Verfilmen ist also keine Lösung, ganz abgesehen von der Ungewißheit über die Haltbarkeit des Filmmaterials.

Erfolgversprechender scheinen daher organisatorische Maßnahmen, wie z. B. die Verteilung von Sammelaufgaben auf mehrere Bibliotheken, was ja in Deutschland schon eine lange Tradition hat. Besonders aus der Not der Nachkriegszeit geboren, wurde von der Notgemeinschaft der Deutschen Wissenschaft der uns allen bekannte Sondersammelgebietsplan entwickelt, wonach bestimmte wissenschaftliche Bibliotheken die Verantwortung der Literaturerwerbung für ein oder mehrere Fachgebiete übertragen wurde mit finanzieller

[2] Franz Kroller: Auswirkungen der Klimatisierung auf die Lebensdauer von Büchern. In: ABI-Technik. 3(1983), Nr. 2, S. 149–151.

[3] Jobst Tehnzen: Universitätsbibliothek und Technische Informationsbibliothek Hannover. TIB-Planung 1977–1983. Planungsaspekte und -ergebnisse. In: ABI-Technik. 3(1983), Nr. 2, S. 85–89.

Unterstützung der späteren Deutschen Forschungsgemeinschaft. Auch andere Länder entwickelten in der Erkenntnis, daß eine Bibliothek nicht mehr alles Material sammeln kann, solche Kooperationspläne der Aufgabenverteilung: 1942 die USA den Farmingtonplan, 1957 die skandinavischen Länder den Scandiaplan und in jüngster Zeit die Franzosen das neue System CADIST der Schwerpunktsbibliotheken.

In den Vereinigten Staaten von Amerika, wo der Krieg keine Bibliotheken zerstört hatte, mußten sich die Bibliothekare mit den alten und inzwischen zu klein gewordenen Gebäuden auseinandersetzen. Mancherorts wurde daher nicht nur eine Kooperation in der Literaturbeschaffung, sondern auch bei ihrer Speicherung angestrebt und verwirklicht. Einrichtungen wie das Center for Research Libraries oder die New England Deposit Library haben dazu das Vorbild für dann weltweit erprobte Modelle von sogenannten Speicherbibliotheken abgegeben.

Auch bei uns tauchen solche Überlegungen einer gemeinsamen, kooperativen Speicherung seit etwa 50 Jahren immer wieder auf[4]. Zunächst aber, nach dem Zweiten Weltkrieg, hatte man andere Sorgen, galt es doch zuerst die schmerzlichen Kriegslücken zu schließen. Infolge des dann raschen wirtschaftlichen Aufschwungs konnten diese nicht nur schnell geschlossen, sondern auch für die meisten Bibliotheken neue und großzügige Gebäude errichtet werden, die den Gedanken an eine gemeinsame Speicherung durch Aussonderung zunächst gar nicht aufkommen ließen, im Gegenteil, die Autarkie jeder Bibliothek war lange noch das erstrebte Ziel. Inzwischen hat sich die Lage grundlegend geändert. Die in den ersten 20 Jahren nach dem Krieg gebauten Bibliotheken sind, schneller als erwartet, gefüllt, die später im wirtschaftlichen Aufschwung errichteten können wegen ihrer Größe und technischen Ausstattung aus ökonomischen Gründen nur schwer noch betrieben werden, und an Neubauten wird in Zukunft immer weniger zu denken sein.

Da ist es dringend geboten, den zur Verfügung stehenden Platz so intensiv wie möglich zu nutzen. Man wird sich auch bei uns mit dem Gedanken vertraut machen müssen, daß man nicht alle Literatur, die man einmal erworben hat, auch für alle Zeiten im eigenen Haus aufbewahren kann und wohl auch nicht muß. So waren Bibliotheken bisher auch schon gezwungen, Teile ihres Bestandes anderweitig unterzubringen, meist die weniger benutzte Literatur, häufig in angemieteten Räumen, z. B. in leerstehenden Fabrik- oder Lagerhallen, die für die sachgerechte Unterbringung meistens denkbar ungeeignet waren und an den Büchern größte Schäden hervorgerufen haben. Nur ist bei einer solchen indivi-

[4] Rolf Fuhlrott: Theoretische und praktische Fragen von Speicherbibliotheken. In: Überregionale Literaturversorgung und Kostenrechnung in Bibliotheken. Frankfurt 1977. S. 147–163. (Zeitschrift für Bibliothekswesen und Bibliographie. Sonderheft 24)

duellen Auslagerung kaum Platz zu sparen. Deshalb haben sich schon frühzeitig Bibliotheken zusammengetan, um eine Auslagerung in einem Ausweichmagazin gemeinsam zu betreiben. Dabei ist der Platzgewinn um so größer, je mehr Bibliotheken sich an einer solchen Aufgabe beteiligen, und vor allem, wenn sie die Einzelbestände zu einem Gesamtbestand integrieren, d. h. Dubletten weitgehend ausscheiden. Beispiele dazu gibt es schon in vielen Ländern. Die Verteilung, Organisation und Struktur solcher Speicherbibliotheken sind im letzten Jahr in einem DBI-Projekt dargestellt worden[5]. Auch in der Bundesrepublik Deutschland sind die damit zusammenhängenden Probleme bereits mehrfach diskutiert worden, vor allem in den Bundesländern Nordrhein-Westfalen, Niedersachsen, Baden-Württemberg und Bayern. Zur Zeit wird erstmals bei uns für die wissenschaftlichen Bibliotheken des Landes Nordrhein-Westfalen eine regionale Speicherbibliothek in Bochum verwirklicht[6], die ab nächstem Jahr aktiv betrieben werden kann. Wir haben damit bald Gelegenheit, erste Erfahrungen mit einer, wie es scheint, kooperativen und integrierten Speicherbibliothek für mehrere Bibliotheken zu sammeln und auszutauschen.

Nur sollten wir nicht darauf alleine warten. Ich glaube nämlich, die Zeit drängt sehr. Die schwierige Haushaltslage der öffentlichen Hände macht es gänzlich unwahrscheinlich, daß in den nächsten zehn Jahren ein nennenswerter baulicher Zuwachs im Bibliotheksbereich erfolgen wird. Darum ist es um so notwendiger, daß wir Bibliothekare – und ich wiederhole dies seit einiger Zeit[7] – uns eigene Gedanken über eine Lösung machen, wie etwa die vorhandenen Bibliotheksflächen wirkungsvoller genutzt werden könnten, bevor uns von fachfremder Seite, über unsere Unterhaltsträger, Lösungen, die möglicherweise nicht in unserem Sinne sind, aufgezwungen werden. Der Wissenschaftsrat z. B. wird sich noch in diesem Jahr mit der Frage des Grundbestandes, vor allem von Universitätsbibliotheken, seiner Definition und seiner Größe befassen. Danach wird er sich des Problems der Speicherung der über diesen Grundbedarf hinausgehenden Literatur annehmen, und das Ergebnis werden sicher nicht nur „Empfehlungen" sein. Die Entwicklung eines überregionalen Konzeptes von bibliohtekarischer Seite scheint mir daher dringend geboten.

Es kann dabei sicher nicht sinnvoll sein, daß nun jede Bibliothek in einem lokalen Speicher das aufbewahrt, was auch die Nachbarbibliothek in einer örtlichen Auslagerung speichert. Das spart, überregional betrachtet, fast keinen

[5] Rolf Fuhlrott und Peter Schweigler: Speicherbibliotheken. Bau, Organisation, Planung. Berlin 1982. 139 S. (dbi-materialien. 19)

[6] Antonius Jammers: Abgabe von Bibliotheksgut der Hochschulen. Überlegungen im Zusammenhang mit der Errichtung einer Speicherbibliothek in Bochum. In: Verband der Bibliotheken des Landes Nordrhein-Westfalen. Mitteilungsblatt. N. F. 32(1982), Nr. 4, S. 370–378.

[7] Rolf Fuhlrott: Bericht über das Projekt „Speicherbibliotheken". In: DBI-Info. Berlin: Deutsches Bibliotheksinstitut [1983], Nr. 9, Teil 2, S. 37–45.

Platz und kann für die betroffene Bibliothek mit größerem Aufwand verbunden sein als eine regionale oder überregionale Lösung.

Eine regionale Lösung, z. B. für ein ganzes Bundesland, bietet da schon einen größeren Nutzeffekt hinsichtlich der räumlichen Entlastung der Bibliotheken, vorausgesetzt, daß nicht jedes abgegebene Exemplar in einer solchen Speicherbibliothek aufgestellt, sondern der Bestand integriert wird und Dubletten weitgehend ausgeschieden werden. Die regionale Lösung hätte auch den Vorteil, daß keine Landesgrenzen überschritten werden müßten, was z. B. hinsichtlich der Regelung der Eigentumsverhältnisse eine Erleichterung bedeuten würde, und daß ferner die Speicherbibliothek in ein regionales Verbundsystem einbezogen werden könnte. Mit Hilfe des in einigen Ländern bereits praktizierten, in anderen auch schon geplanten automatisierten bibliographischen Nachweises ist es schnell möglich, den Standort eines Werkes festzustellen. Natürlich müßte ein solcher Landesspeicher auch auf die Bibliothekslandschaft im Lande Rücksicht nehmen. So kann man beispielsweise nicht das Vorhandensein der Zentralen Fachbibliotheken in einem Bundesland außer acht lassen. Es wäre bestimmt wenig sinnvoll, in einer nordrhein-westfälischen Speicherbibliothek medizinische Literatur aufzubewahren oder in Niedersachsen außerhalb der TIB technische Literatur zu speichern. Sollte man aber dann nicht, so ist zu fragen, gleich ein nationales System, das auf der bei uns gewachsenen Struktur aufbaut, ins Auge fassen?

Für die Bundesrepublik wäre, meiner Ansicht nach, ein dezentrales, aber auf nationaler Ebene arbeitendes System unter Stützung auf die Zentralen Fachbibliotheken denkbar. Diese bilden ohnehin gleichsam einen Teil einer überregionalen Ausleihbibliothek der Bundesrepublik, die nun auch mit der Aufgabe der Speicherung der wenig benutzten Literatur der entsprechenden Fachgebiete aus anderen Bibliotheken des gesamten Bundesgebietes betraut werden könnten. Neben den bestehenden Zentralbibliotheken für Medizin, für Landbauwissenschaft und für die Wirtschaftswissenschaften sowie der Technischen Informationsbibliothek für die technischen und nichtbiologischen naturwissenschaftlichen Fachgebiete wäre die Betreuung der Geisteswissenschaften zu klären.

Da der Gedanke einer Neugründung unrealistisch erscheint, wäre z. B. an die Bayerische Staatsbibliothek zu denken, die mit den Sondersammelgebieten der DFG für die Geisteswissenschaften insgesamt eine breite Grundlage hat. Da für diese Bibliothek sowie für die anderen wissenschaftlichen Bibliotheken des Großraumes München eine gemeinsame Speicherbibliothek geplant wird, wäre es eine gute Möglichkeit, diese Überlegungen auf eine Speicherung der wenig benutzten geisteswissenschaftlichen Literatur der gesamten Bundesrepublik auszudehnen und so eine nationale geisteswissenschaftliche Speicherbibliothek zu schaffen. Auch ließe sich ein Zusammenwirken mit der Niedersächsischen Staats- und Universitätsbibliothek in Göttingen denken, in deren Bereich eine zweite große geisteswissenschaftliche Speicherbibliothek eingerichtet werden könnte. Da diese Bibliothek dringendst einen Neubau erhalten muß, könnte bei einer solchen Aufgabenstellung an eine Nutzung der dann freiwerdenden Teile des Altbaus gedacht werden. Für beide Bibliotheken, in München und in Göttingen, müßte eine solche Aufgabe auch deshalb verkraftbar sein, da beide aufgrund ihrer umfangreichen und sich ergänzenden Altbestände von anderen Bibliotheken nicht allzuviel Material aufnehmen müßten, das bei ihnen nicht schon vorhanden wäre.

Durch ein solches nationales, aber dezentral arbeitendes System könnte mit der überregionalen Literaturversorgung auch die Frage der überregionalen Speicherung der wenig benutzten Literatur verbunden und gelöst werden. Es würde eine wesentliche räumliche Entlastung der abgebenden Bibliotheken darstellen, eine relativ eindeutige Standortbestimmung der Literatur durch Konzentration auf wenige Fachbibliotheken sowie Sicherstellung mindestens eines ausleihbaren Exemplares.

Mein Anliegen war und ist es, in einer Zeit der schrumpfenden Literaturetats, aber der immer noch wachsenden Buchbestände, auf die schwierigen Raumprobleme der kommenden Jahre hinzuweisen, in denen es gänzlich unwahrscheinlich sein wird, daß es zu einem nennenswerten Zuwachs an Bibliotheksflächen kommt. Ich habe deshalb klarzumachen versucht, daß lokale Maßnahmen zur Lösung dieses Problems wie z. B. kompakte Speicherung, Reduzierung oder Umwandlung allzu großer Freihandflächen oder örtliche Auslagerung nur ein zeitliches Verschieben der Problemlösung bedeuten, wenn sie nicht sogar ganz unwirtschaftlich sind, wie z. B. die Mikroverfilmung.

Es bedarf daher, meiner Meinung nach, dringend eines Gesamtkonzeptes von bibliothekarischer Seite, bevor uns dieses von anderer Seite aufgezwungen wird. Kooperation hat bei Bibliotheken ja schon eine lange Tradition; galt sie zwar bislang vornehmlich der Beschaffung von Literatur, so sollte sie in Zeiten der Not auch bei ihrer Aufbewahrung, vor allem der wenig benutzten Literatur, möglich sein. Sicher kostet eine derartige Kooperation auch Geld, und sie ist nicht unbedingt geeignet, die Kosten unmittelbar zu senken; wir alle wissen das von der Einführung der Datenverarbeitung im Bibliothekswesen. Wie teuer hier welche Maßnahmen sein werden, kann man noch nicht sagen, vor allem, wenn man noch kein Konzept entwickelt hat. Andererseits ist eine echte Kostenrechnung in Bibliotheken generell kaum bekannt. Bekannt dagegen und wohl auch sicher scheint es auf jeden Fall zu sein, daß die Bibliotheksflächen nicht mehr ohne weiteres vermehrt werden können. Nur wenn es uns gelingt, einen nationalen Konsens über eine Lösung zu finden, werden wir die vor uns liegenden Raumprobleme meistern können. Natürlich können dabei Einzelaktionen, als flankierende Maßnahmen, ein solches System unterstützen. Ich denke da an eine stärkere Konzentration auf die Nutzung, was den gegenwärtigen Bedarf der Nutzer angeht, an eine stärkere Beschränkung auf die eigentlichen Sammelaufgaben der Bibliothek, an eine Zurückhaltung bei der Einstellung von Geschenken und Tauschgaben, an eine Lösung der Frage der Behandlung und Aufbewahrung von Dissertationen oder schließlich auch an ein Ausscheiden nach Aktualitätsverlust. Alle solche Maßnahmen können Teile eines dringend notwendigen Gesamtkonzeptes sein. Ich glaube, es ist höchste Zeit, dieses anzustreben.

GERHARD KAY BIRKNER

Informationsmakler Öffentliche Bibliothek?

Futuristische Szenarien zu Einsatz- und Nutzungsmöglichkeiten sogenannter neuer Informationstechnologien sind Legion. Für den Anwendungsbereich Öffentliche Bibliothek sollen nach kritischer Wertung der gegenwärtigen Ausgangslage die Entwicklungstendenzen dargestellt werden. Doch zuvor ein kurzer Blick auf die drei Begriffe Öffentliche Bibliothek, Neue Technologien und Informationsmakler.

– Der unscharfe Begriff „Öffentliche Bibliothek" umfaßt das heterogene Spektrum der von Fachstellen betreuten und von Nicht-Bibliothekaren geführten kleinen Gemeindebüchereien bis hin zu Bibliothekssystemen von Millionenstädten mit ihren Stadtteil- und eher wissenschaftlichen Zentralbibliotheken für die Allgemeine Literatur- und Informationsversorgung. In der Verbindung Öffentliche Bibliothek mit dem Wort Informationsversorgung bzw. Information sahen die Bibliothekare ab Mitte der sechziger Jahre das Selbstverständnis der Öffentlichen Bibliothek – die Informationsbibliothek –, die als lokales und regionales Informationszentrum dem mündigen Bürger jegliche Information zur Verfügung stellte. Damals waren nur konventionelle Methoden und Bestände denkbar. Informationen wurden unter Rückgriff auf eigene Ressourcen, aber auch unter gelegentlichem Zugriff auf geforderte, mit der Zeit entstehende Bibliotheksnetze gegeben. Nach 1970 wurde die Informationsbibliothek durch den Begriff Kommunikationszentrum, Medienzentrum oder Mediothek abgelöst mit dem Bemühen, neben den verschiedenen konventionellen Medien wie Dia, Schallplatte, Video oder Spiel auch sozialpädagogische und -therapeutische Komponenten in die Bibliotheksarbeit einzubringen. Die Öffentliche Bibliothek als Anbieter und Vermittler von Information bzw. als multimediale Einrichtung ist also im Rahmen der Selbstverständnisdiskussion der Bibliothekare bestens bekannt – allerdings auf der alten Geschäftsgrundlage konventioneller Methoden, Bestände, Medien und Kommunikationsnetze.

– Was ist das Neue an den interaktiven Informationstechnologien? Neu ist erstens die Perfektion der Codierung von Sprache und Musik, von Schrift und Bild hauptsächlich durch Digitalisierung. Zu dieser Codierung aller audiovisuellen Primärinformation tritt als zweiter Aspekt deren beinahe unbegrenzte, von Jahr zu Jahr kostengünstigere Speicherung einschließlich der Möglichkeit, schnell und mehrdimensional die Primärinformationen wiederzugewinnen.

Neu ist drittens die zunehmende Perfektion in der Organisation, über Leitungsnetze von Dritten extern auf diese Speicher und ihre Inhalte weltweit zugreifen zu können. Codierung, Speicherung mit Wiedergewinnung und Transfer über Netze zum Endnutzer bedeuten für diesen im Prinzip dreierlei:

Er hat Zugriff zu einer virtuellen Universalbibliothek. Er besitzt die Bücher, Reports, Bibliographien, Lexika, Statistiken, Wirtschaftsdaten etc. physisch selbst nicht, kann aber Teile oder volle Texte zu Hause ausdrucken lassen

er ist wegen der Vielzahl der Zugangsstellen zum Netz an keinen festen Ort gebunden

er kann mit weiteren Endnutzern über die Netze kommunizieren.

Für die konventionelle Bibliothek von heute bedeutet das:

Benutzer können auf die Bestände der virtuellen Bibliothek selbst direkt zugreifen

der Benutzer braucht dazu die konventionelle Bibliothek nicht mehr zu betreten

es bildet sich eine nicht mehr lokalisierbare Benutzeröffentlichkeit aus.

Fazit für die konventionelle Bibliothek: Bibliothek und know-how des Bibliothekares sind aus der Sicht dieser Endnutzeröffentlichkeit überflüssig.

– Zum Bank- und Börsenwesen gehört der Broker, der gegen Gebühr bzw. umsatzanteilig z. B. Waren-Termin-Geschäfte anbietet, vermittelt und tätigt. Der Informationsbroker, zu deutsch Informationsmakler, besorgt die Ware Information (bibliographische Daten, Fakten, Wirtschaftszahlen, Bücher, Reports, Patente, Rechtsinformationen usw.) zu einem bestimmten Termin – in der Regel sofort. Der Kunde bzw. Endnutzer muß im allgemeinen dafür bezahlen, denn auch die Ware Information muß produziert werden, ebenso wie der schnelle und umfassende Zugang zu ihr. Man rechnete 1980, daß 1986 etwa 50% des nordamerikanischen Bruttonationaleinkommens durch Sammlung, Verarbeitung und Zugänglichmachung von Informationen aufgebracht wird. Das Wachstum der mit den neuen Informationstechnologien verbundenen Online-Dienste wird dort auf jährlich 20–40% geschätzt. Der gesamteuropäische Informationsmarkt entspricht gegenwärtig dem zehnten Teil des Volumens der USA. Schätzungen sind ungenau, wie auch in diesem Falle, aber sie spiegeln Trends wider.

Wenden wir uns den verschiedenen möglichen Nutzungsaspekten neuer Informationstechnologien durch Öffentliche Bibliotheken zu bzw. bringen sie in Erinnerung, ohne auf unterschiedliche technische Einzelheiten einzugehen[1].

[1] Martin A. Lobeck: Neue Medien. Ein Literaturbericht. In: Buch und Bibliothek. 35 (1983), S. 400–420.

– Bibliotheken als Endnutzer

im Erwerbungsbereich recherchieren im VLB, in der DB, selten in Books in Print, eines Tages in der EKZ-Lagerliste oder VID individuelle oder thematisch zusammenhängende Titel mit anschließender Bestellung beim Buchhändler übers Netz

im Katalogisierungsbereich Übernahme von bibliographischen Fremddaten von der DB in den eigenen EDV-Katalog oder den Katalogisierungsverbund

im Verbuchungsbereich zusammen mit anderen Bibliotheken in der Region, am Ort oder innerhalb eines Bibliothekssystems speichern von Leser-Buch-Daten einschließlich Mahnungs- und Vorbestellwesen

im Leihverkehr ordern der gesuchten Titel übers Netz.

Es handelt sich also bei der Öffentlichen Bibliothek als Endnutzer um den Einsatz neuer Informationstechnologien zur Verbesserung der eigenen Bibliotheksbetriebsorganisation und ihrer Leistungsfähigkeit.

– Bibliotheken als Anbieter

Die Öffentlichen Bibliotheken von morgen haben etwas zu bieten für die Benutzer am Ort oder in der Region, beispielsweise über Netze zugängliche Bibliothekskataloge. Ein Blick auf Schweiglers Karte[2] von der Verbreitung der EDV-Kataloge in Bibliotheken der Bundesrepublik ernüchtert jedoch: Der Anteil der INTAMEL-Mitglieder mit EDV-Mikrofiche-Katalogen ist fast zu vernachlässigen gegenüber dem von Universitäts-, Staats- und Landesbibliotheken. Planungsaussagen wie die der zweiten Ausbaustufe des Bibliotheksrechenzentrums für Niedersachsen sind ein Desiderat für alle Regionen: die Einbeziehung der Öffentlichen Bibliotheken und dem Nutzungsangebot auch für Fachstellen[3]. Die Online-Bestellung übers Netz im Rahmen des Leihverkehrs bei der besitzenden Bibliothek ist dann nur noch ein vergleichsweise kleiner, zusätzlicher Schritt.

Bibliotheken als Anbieter offerieren ferner elektronisch gespeicherte Texte eines Bestsellers, Lexikons, Stadtführers – also long references – und short references wie örtliche Veranstaltungskalender, Informationen über Vereine, Gesellschaften, die Stadtverwaltung, Frauentreffs, Öko-Klubs usw., erstellen aber auch thematische Auswahlverzeichnisse ihrer Bestände zu aktuellen Hobbys, politischen Themen, Sport oder Lehrbücher verschiedener Thematik.

– Bibliotheken als Informationsvermittler führen Recherchen aus im Auftrage des Benutzers in bibliographischen Fakten- oder Volltext-Datenbasen mit

[2] Peter Schweigler: Landesweiter EDV-Verbund der wissenschaftlichen Bibliotheken in Bayern In: ABI-Technik. 3 (1983), S. 27–33.

[3] Helmut Vogt: Das Bibliotheksrechenzentrum für Niedersachsen (BRZN). In: Zeitschrift für Bibliothekswesen und Bibliographie. 30 (1983), 1, S. 1–7.

Hilfe eines Online-Anschlusses durch einen oder mehrere Searcher. Eine Umfrage bei leihverkehrsrelevanten Bibliotheken ergab im vergangenen Jahr, daß von 46 Bibliotheken mit Informationsvermittlungsstellen gerade zwei Öffentliche Bibliotheken waren (in beiden Fällen im Rahmen einer Test-Phase nur Zugriff auf die ZDB)[4]. Auch der Bildschirmtext-(Btx-)Zugang zu Informationsanbietern gehört zu diesem Nutzungsaspekt.

– Bibliotheken als Lernzentrum

In den USA hatten 1981 bereits 42% aller öffentlichen Schulen in irgendeiner Form einen oder mehrere Schulcomputer, in Großbritannien war 1982 das information technology year, das u. a. das Ziel hatte, bis 1984 in jeder Schule für Ausbildungszwecke einen Rechner zu installieren. Warum soll nicht auch die Öffentliche Bibliothek den besonders von Jugendlichen als völlig selbstverständlich empfundenen Umgang mit Rechnern nutzen durch Aufstellen von Computern und Programm-Bibliotheken für computerunterstütztes Lernen? Mit großem Erfolg ist in den USA in einigen großen public libraries der Lern-, Spiel- und Trainingscomputer im Einsatz. Berichtet wird, daß neue, bisher außerhalb der Bibliothek stehende Benutzerschichten erschlossen werden[5].

Fragen wir nach der Akzeptanz dieser Technologien durch den Informationsmakler Öffentliche Bibliothek. Zunächst die Ausgangssituation:

– Gerade die Öffentlichen Bibliotheken sind heute in einer finanziell desolaten Lage. Jeder ist heute gezwungen, Prioritäten für morgen zu setzen oder zu „überwintern"; aber große Öffentliche Bibliotheken haben mehr Manövriermasse als mittlere und kleine.

– Für die Einführung neuer Informationstechnologien fehlt den Öffentlichen Bibliotheken die personelle Infrastruktur. Von einem Diplom-Bibliothekar einer mittleren oder kleinen Bibliothek, der bisher seinem Selbstverständnis folgend das „gute Buch" an den Leser brachte, kann man nicht erwarten, sich auf dem nichttrivialen Bereich neuer Technologien oder EDV einzuarbeiten. Es gibt Ausnahmen – meist junge, enthusiastische Kollegen, die mit neuen Aufgaben wachsen. In Großstadtbibliotheken gibt es Lektoren, seit zehn Jahren auch den höheren Bibliotheksdienst. Erstere sind versierte Diplom-Bibliothekare, die beispielsweise nach erfolgreicher Tätigkeit als Leiter einer Zweigbibliothek für die zentralen Abteilungen gewonnen wurden; letzterer, der nach seiner Referendarszeit gleich Leitungspositionen oder Stabsstellen einnimmt, ist als Wundertier eine Kreuzung aus Manager, Fachreferent, Beichtvater und

[4] Informationsvermittlungsstellen in leihverkehrsrelevanten Bibliotheken der online Zeitschriftendatenbank. Berlin: Deutsches Bibliotheksinstitut 1982.

[5] James M. Kusack and John S. Bowers: Public microcomputers in public libraries. In: Library journal. 1982, S. 2137–2141. – Microcomputers for rent at San Francisco Public. In: Library journal. 1983, S. 536 u. 538.

grauer Eminenz. Ihre Zahl ist klein, denn der Stellenkegel wurde in diesem Bereich praktisch nicht ausgebaut. Die Ausbildungsinstitute entlassen ihre Prüflinge nicht für neue Informationstechnologien aufs beste präpariert. Die Gewerkschaften sind nicht für den Bildschirmarbeitsplatz.

– Konventionelle Auskunfts- und Informationsarbeit findet bei uns nicht entfernt in dem Umfang statt wie in anglo-amerikanischen public libraries. Selbst in zentralen Öffentlichen Bibliotheken sind Auskunftsmittel wie der Engineering Index, Houben-Weyl, Who is who in Science, Wirtschaftsadreßbücher und -statistiken usw. sehr selten. Methodik und Organisation der Auskunftsarbeit sind ebenfalls nur zaghaft entwickelt.

– In den letzten Jahren war Stadtteilarbeit und soziale Bibliotheksarbeit die Devise, also Aktivitäten, die man gleichzeitig hätte nutzen können für das Erarbeiten eines community profile, dessen Daten wiederum hätten einfließen können in den allgemeinen, selbsterarbeiteten Auskunftsapparat einer Bibliothek. Hat als Ergebnis einer derartigen Sammeltätigkeit eine Öffentliche Bibliothek der Bundesrepublik beispielsweise einen „Statt-Führer" herausgegeben?

Wenden wir uns nach kritischer Würdigung der Ausgangssituation der Bewertung einzelner Nutzungsaspekte neuer Informationstechnologien und ihrer Entwicklungstendenzen in Öffentlichen Bibliotheken zu:

– Mittlere und kleine Bibliotheken werden einzeln nur eingeschränkt Endnutzer sein, es sei denn, es kommt organisatorisch zu regionalen Verbundlösungen. Dazu bedarf es aber interkommunaler Verträge oder eines Vertrages zwischen Land und Gemeinden. Extrapoliert man die vorhandenen Erfahrungen auf diesem Bereich in die Zukunft, so wird man nicht optimistisch gestimmt. Dagegen werden betriebswirtschaftlicher Rationalisierungsdruck, personelle, finanzielle und fachliche Kapazität sowie Expansionsbemühungen größerer kommunaler Rechenzentren die großen Bibliotheken und Bibliothekssysteme langfristig zu Endnutzern machen. Die geplante und hoffentlich auch realisierbare Entwicklung in Niedersachsen oder die langsam voranschreitende Übernahme weiterer AKD-Programmpakete durch die Bibliotheken in Nordrhein-Westfalen sind Zeichen dafür.

– Als Anbieter ihrer Kataloge müssen Bibliotheken zunächst zwei Voraussetzungen schaffen:

Ihr EDV-Katalog muß gespeichert und recherchierbar, die Bibliotheken selbst sinnvollerweise bereits Endnutzer sein

der Unterhaltsträger allein ermöglicht durch technische Ausstattung den ständigen Zugriff auf die Dateien durch Dritte, oder Bibliotheken schließen sich zusammen und speisen ihre Daten ein in einen gemeinsamen Bibliotheksrechner. In letzterem Falle sind Verträge zwischen verschiedenen Unterhaltsträgern zu schließen, Skepsis ist also angebracht.

Da dafür Finanzkraft und potentielles Benutzerinteresse vorhanden sein muß, werden nur große und eventuell auch mittlere Bibliotheken allein oder im Verbund ihre Kataloge am Ort oder in der Region – teilweise auch mit anderen Bibliothekstypen zusammen – anbieten können, denn die zum Teil ausgebauten Bestände großer kommunaler Zentralbibliotheken sind auch für die Hochschulbibliotheken und den Leihverkehr interessant.

Während für das Angebot „Katalog" eine reelle Verwirklichungschance besteht, muß man bei Volltextangeboten durch die Bibliotheken pessimistisch sein. Angebote wie etwa das Blättern in elektronischen Lexika – als Vorbild mag das Channel-2000-Projekt in Ohio dienen[6] – über Bildschirmtext werden die Hersteller wie Brockhaus nicht aus der Hand geben, es sei denn, die Summe der Lizenzeinnahmen durch eine hohe Zahl lizenznehmender Bibliotheken ist größer als die Einnahmen bei Eigenbetrieb. Auch Volltext-Angeboten etwa von ganzen Büchern wird mittelfristig noch wenig Realisierungsmöglichkeit eingeräumt, denn für eine brauchbare Bildqualität ist die Breitbandverkabelung der Zukunft zunächst Voraussetzung.

Neben dem Anbieten von Katalogen besteht für die Öffentlichen Bibliotheken noch die dringende und wichtige Anbieterfunktion in dem Aufbau eines lokalen Informationssystems hauptsächlich über Bildschirmtext. Dafür gibt es bereits die Beispiele METROTEL in der Uxbridge Library des London Borough of Hillingdon oder von KINGTEL in Kingston upon Thames[7]. Über Editierplatz wurde ein Informationspool aufgebaut mit Auskünften über lokale Ereignisse, Ratsbeschlüsse, die öffentliche Verwaltung, Vereine, Gesellschaften, Dienstleistungen usw., also umfassende Stadt- und Gemeindeinformationen erarbeitet und angeboten von der Stadtbibliothek. Auf diesem Bereich besteht für die Öffentliche Bibliothek ein weiterer Einstieg als Anbieter, indem Kommunalpolitiker mit ihrem Bemühen um Bürgerfreundlichkeit, um Transparenz der Verwaltung, um Förderung des Gemeinschaftsgefühls, um Verständlichmachung von Ratsbeschlüssen für den Bürger beim Worte genommen werden können. Wenn eine Bibliothek sich auf einigen Bildschirmtext-Tafeln präsentiert (Guten Tag, Hier ist Ihre Stadtbücherei, Wir haben folgende Öffnungszeiten, Besuchen Sie uns usw.), ist das nicht anbieten, sondern anzeigen.

– Die Öffentliche Bibliothek als Informationsvermittlungsstelle wird bei gegenwärtiger Struktur und Zugang zu Literatur-, Fakten- und Volltext-Datenbasen wegen der personellen Infrastruktur von mittleren und kleineren Einheiten nicht ausgeübt werden können. Die Projektberichte von Informa-

[6] OCLC's Channel 2000 slated for expansion. In: Library journal. 1981, S. 1362 u. 1364.

[7] Local role for telinvention. – In Library Association record. 84 (1982), 1, S. 13. (METROTEL ist ein In-house-system.)

tionsvermittlungsstellen in public libraries Großbritanniens melden häufig, daß das fehlende wissenschaftliche Fundament von Bibliothekaren (middle management) als Searchern sich auf die Qualität der Recherche sehr negativ auswirkte – es sei denn bei bibliothekarisch-bibliographischen Datenbasen wie UK Marc[8]. In großen Bibliotheken mit entsprechend qualifizierten Lektoren oder Fachreferenten ist die Notwendigkeit einer Informationsvermittlungsstelle dann gegeben, wenn am Ort sonst keine oder eine nur eingeschränkt zugängliche derartige Einrichtung besteht. In Großbritannien wird diese Einschätzung trotz reduzierter Budgets nicht geteilt: Erhebungen bei public libraries ergaben 1978 sechs arbeitende Informationsvermittlungsstellen, im Februar 1982 waren es 26 – weitere 32 Bibliotheken planten oder erwogen[9] –, und im Sommer 1982 hatten bereits 40 public libraries Verträge mit BLAISE abgeschlossen[10]. Das Research and Development Department der British Library rechnet, daß im Jahre 2000 etwa ¼ bis ⅓ aller public libraries eine Informationsvermittlungsstelle eingerichtet haben, daß alle Städte über 100 000 Einwohner über eine solche Einrichtung verfügen und daß sich ein Stadt-Land-Gefälle herausbildet[11]. Ein größeres Angebot geeigneter Datenbasen, wie beispielsweise IBZ, IURIS, des Test-Index oder deutscher Analoga zu TEXTLINE oder der New York Times Information Bank, würde die Entwicklung bei uns fördern. Jedoch heute kann man sich nicht vorstellen, daß bei uns je eine Öffentliche Bibliothek in Chemical Abstracts oder im World Patent Index online recherchiert.

Größere Einsatzchancen im Bereich der Informationsvermittlung bestehen beim Bildschirmtext allerdings nur in der Einführungsphase. Da Bildschirmtext über ein offenes Netz für jedermann zugänglich sein soll, sind Btx-Recherchen in der Öffentlichen Bibliothek nur für selbst nicht teilnehmende Benutzer sinnvoll. Die Bundespost rechnet aber für 1990 bereits mit 3,5 Millionen Teilnehmern von jedem achten Telephonanschluß aus[12]. Wie in Großbritannien bereits geschehen, müssen derartige Prognosen nach unten korrigiert werden – aber Bildschirmtext ist als Massenkommunikations- und -informationsmittel konzipiert! In public libraries Großbritanniens waren im Februar 1982 55 Btx-Terminals im Einsatz, weitere 38 Bibliotheken planten fest[13]. Das erste Gerät in

[8] On-line information in public libraries. A review of recent research. Ed. Nick Moore. Wetherby: British Library Lending Division 1981. (British Library Research and development reports. 5648.)

[9] Ergebnisse des Census 1981, mitgeteilt von Stella Keenan, Loughborough University of Technology (Stand: Februar 1982).

[10] Mitgeteilt von Ms. Sheila Weber, British Library, BLAISE.

[11] Persönliche Einschätzung von Mr. Hugh Pinnock, British Library, R&DD.

[12] Quelle: Deutsche Bundespost. – Vgl. a. Die Wirtschaftswoche. 4. 2. 1983, S. 47.

[13] Wie Zitat 9).

einer Öffentlichen Bibliothek unseres Landes, der Amerika-Gedenkbibliothek, ist inzwischen abgeschaltet.

– Der Aufbau eines Lernzentrums ist für eine Großstadtbibliothek heute kein Problem. Über Werbeverträge mit Computershops oder Kooperation mit örtlichen user groups einzelner Fabrikate von Heimcomputern kann man leicht einen Rechner für die Benutzer in die Bibliothek holen. Schwierigkeiten entstehen bei der Beschaffung und Entwicklung der Software für computerunterstütztes Lernen bzw. EDV-programmierter Lehrbücher.

Ziehen wir ein Resümee: Investitionen verhindernde Finanzlage, fehlende Personalinfrastruktur, philologisch-pädagogisches Selbstverständnis der Bibliothekare und Technologievorbehalte werden den breiten Einzug neuer Informationstechnologien in die Öffentliche Bibliothek verhindern. Ausnahmen bilden hauptsächlich die großen Bibliotheken und Bibliothekssysteme dann, wenn sie jetzt Prioritäten für morgen setzen und das alte Konzept der Informationsbibliothek mit neuen technologischen Hilfsmitteln beleben. Doch dafür ist nicht viel Zeit, denn die konventionelle Infrastruktur muß dafür sachverständig weiter ausgebaut bzw. noch geschaffen werden. Tun sie es nicht, so verlieren die Öffentlichen Bibliotheken wegen fehlender Qualifikation als Informationsmakler endgültig die Benutzer, die bisher auf die Bibliothek angewiesen waren und die daher umgekehrt von der einzelnen Bibliothek als Multiplikatoren und pressure group angesprochen werden konnten als Verbündete im Ringen um die Existenzerhaltung der Leistungseinheit Bibliothek. Denn diese benutzen morgen die virtuelle Bibliothek.

Haben Öffentliche Bibliotheken und Bibliothekare den leisen Strukturwandel überhört? Die public libraries Großbritanniens haben diese Entwicklung erkannt und reagieren[14].

[14] Recherchen und Eindrücke während einer Bibliotheksreise (Juni/Juli 1982) unter dem Thema „Information technology and public libraries" auf Einladung des British Council.

5. INFORMATIONSVERMITTLUNGSSTELLEN (IVS) IN BIBLIOTHEKEN: GEBÜHREN

Die IuD-Kommission hat zu Gebühren bei der Informationsvermittlung in Bibliotheken ein Thesenpapier erarbeitet und verbreitet. Da die Diskussion zur Zeit der Drucklegung dieses Sonderheftes noch anhält, wollen die Verantwortlichen zunächst darauf verzichten, den Text der Thesen hier schon zu veröffentlichen. Dies soll nach einer endgültigen Neuformulierung separat an anderer Stelle geschehen.

BERNWARD JENSCHKE

Kostenkomponenten bei Online-Recherchen

Die Kosten für Online-Recherchen setzen sich aus festen und variablen Kosten zusammen:
- Kosten für Terminal, Drucker, Akustik-Koppler oder MODEM
- Verbindungskosten zwischen Terminal und Rechner
- Datenbankkosten
- Personalkosten

Kosten für Terminal, Drucker, Akustik-Koppler oder MODEM

Bei den Datenendgeräten werden drei Hauptgruppen angeboten:

– Tragbare – schreibmaschinenähnliche – Terminals mit eingebautem Akustik-Koppler. Die meisten arbeiten mit einer Geschwindigkeit von 300 Bd (ca. 30 Zeichen/Sekunde) und kosten zwischen 4000 und 6000 DM, z. B. Texas Instruments SILENT 745

– Bildschirmterminal mit zusätzlichem Drucker. Diese Terminals werden meistens mit 2400 Bd oder 1200 Bd betrieben, z. B. Teleray ca. 3500 DM und FX 80 von Epson ca. 2200 DM (180 Zeichen/Sek.)

– Mikrocomputer als intelligentes Terminal: Auch hier sollte man mit 1200 Bd oder 2400 Bd arbeiten, um durch beschleunigte Online-Ausgabe von Literaturhinweisen Anschaltzeiten einzusparen. Besonders wichtig ist bei Mikrocomputern das Vorhandensein einer für Online-Recherchen geeigneten Software.

Die vom Rechner gelieferten Dokumente werden in Datenspeichern (Kassetten-, Disketten- oder Blasenspeichern und internem Speicher) zwischengespeichert und mit einem langsamen Drucker ausgegeben, nachdem die Verbindung mit dem Rechner getrennt wurde, oder mit einem schnellen Drucker (120 Zeichen/Sekunde) direkt ausgedruckt.

Weitere Forderungen:

– Automatische Eingabe von LOGON-Prozeduren

– Offline-Vorbereitung von Recherchen, die besonders eingabeintensiv sind, z. B. Chemical Abstracts Registry Numbers oder umfangreichen Klassifikationen, z. B. Internationale Patent-Klassifikation und besonders deren nachträgliche Editiermöglichkeiten

– Zwischenspeichern empfangener Texte, deren Überarbeitung und spätere Ausgabe auf den Drucker

– Sortiermöglichkeiten und eliminieren von Dubletten

– Emulation von Terminals hauseigener Rechner

Bei einem hohen Anteil von Recherchen in CAS-Online sollte auch die Möglichkeit der graphischen Darstellung erwogen werden (Beispiel: TELE-VIDEO von GENESYS, Preis einschließlich Tektronix-Grafik 20000 DM; X-25-Schnittstelle in Vorbereitung)

– Akustik-Koppler oder MODEM

Der Akustik-Koppler kann an jedes Telefon angeschlossen werden, das MODEM ist mit einer bestimmten Telefonleitung fest verbunden.

Akustik-Koppler sind bei Schreibmaschinen-Terminals in der Regel bereits am Gerät vorhanden oder kosten zwischen 1000 und 2000 DM.

MODEMS sind von der Bundespost gegen eine monatliche Gebühr von 80 bis 120 DM zu mieten.

Verbindungskosten zwischen Terminal und Rechner

Sie können den Rechner direkt anwählen, das ist z. B. im Falle von INKA im Nahbereich von Karlsruhe, Frankfurt und Berlin der preiswerteste Weg, weil hier Ports für Siemens 8150-, 8160- bzw. 9750-Terminals und entsprechende Emulationen und in Berlin und Karlsruhe auch für 300-Bd-Terminals zur Verfügung stehen.

Ansonsten empfiehlt sich der Zugang über DATEX-P, das Datennetz der DBP mit Paketvermittlung. Dieses Netz hat Knoten in allen größeren Städten der Bundesrepublik und ist inzwischen mit mehr als 20 ausländischen Datennetzen verbunden, so daß Sie jeden Datenbank-Anbieter weltweit erreichen können.

Sie haben die Möglichkeit

– über Telefon und Akustik-Koppler oder MODEM den nächstgelegenen DATEX-P-Knoten anzuwählen

– sich einen festen Hauptanschluß an den nächstgelegenen DATEX-P-Knoten einzurichten

– ein Terminal mit X-25-Hauptanschluß zu betreiben. In diesem Falle ist keine Anpassung an das DATEX-P-Netz notwendig, so daß die entsprechende Gebühr entfällt

– den vorhandenen Großrechner an das DATEX-P-Netz anzuschließen.

Mit jedem an den Rechner angeschlossenen Terminal kann recheriert werden.

DFÜ-Kosten über DATEX-P in DM

	DATEX-P 20 F		DATEX-P 20 H		DATEX-P 10 H
	300 Bd	1200 Bd	300 Bd	1200/75 Bd	X 25, 2400 Bd
Grund-, MODEM-, Teilnehmer-Gebühr	122,00	142,00	100,00	130,00	170,00
1 Stunde im Bereich der DBP	10,05	10,65		7,65	7,05
1 Stunde nach CEPT u. EURONET	14,15	14,75		11,75	8,15
1 Stunde nach USA	36,55	37,15		34,15	30,55

Dabei wurde die Übertragung von 1000 Segmenten pro Stunde angenommen (1 Segment ungefähr 64 Zeichen).

Hinzu kommen beim Fernsprechanschluß (P20F) noch die Gebühren bis zum Knoten (in DM):

	Nahbereich	–50 km	–100 km nach Berlin	100 km
1 Stunde	2,07	18,4	41,4	69,0

Ähnlich wie bei Fernsprechansagediensten (Wetter, Lotto usw.) ist eine Pauschalierung der Kosten zum Port geplant.

Bei einem DATEX-P-Hauptanschluß fallen keine Fernsprechgebühren an, so daß sich insbesondere bei Nutzern, die das Terminal nicht im Nahbereich eines DATEX-P-Knotens betreiben, ein Hauptanschluß lohnt.

Der Zugang von EURONET nach DATEX-P ist für deutsche Teilnehmer ab Juli 1983 gesperrt.

Datenbankkosten

Im allgemeinen fallen Kosten für die Nutzung pro Stunde, für den Offline-Ausdruck und bei einigen Datenbankherstellern auch Gebühren für die Online-Anzeige an, sobald der Hinweis auf die Quelle im Ausdruck enthalten ist. Die Preise haben folgende Größenordung:

Anschaltstunde: (150 ± 60) DM
Offline-Ausdruck: (0,55 ± 0,30) DM
Online-Anzeige: (0,40 ± 0,20) DM
Profillauf: 10 DM

Personalkosten

Der Informationsvermittler ist im allgemeinen ein wissenschaftlicher Mitarbeiter, der im öffentlich finanzierten Bereich nach BAT Ib/IIa bezahlt wird, so daß einschließlich von Gemeinkosten mit 90 DM pro Stunde gerechnet werden muß. Bei einer Vorbereitungs- und Nachbereitungszeit von 1 Stunde je Stunde Datenbankbenutzung also 180 DM.

Fixe Kosten pro Monat

		Mittlerer Wert
Terminal bzw. Mikrocomputer (bei 3% Miet- und Wartungskosten pro Monat, bezogen auf den Kaufpreis) 80–170 DM 125 DM	180–600 DM	400 DM
Grundgebühr, MODEM oder Akustik-Koppler, Teilnehmergebühr	80–170 DM	125 DM

Variable Kosten pro Stunde Datenbankanschluß

		Mittlerer Wert
Leitungskosten	0– 40 DM	20 DM
Datenbanknutzung	90–210 DM	150 DM
Offline-Ausdrucke, 90 pro Stunde	22– 76 DM	50 DM
Personalkosten		180 DM
		400 DM

Die Datenbanknutzung einschließlich der Offline-Ausdrucke und die Personalkosten stellen mit 200 bzw. 180 DM die beiden Hauptanteile dar.

Damit kostet eine Suchformulierung unter Berücksichtigung der variablen Kosten:

15 Minuten	100 DM	(55 DM)*
20 Minuten	133 DM	(75 DM)*
30 Minuten	200 DM	(110 DM)*

* Ohne Berücksichtigung der Personalkosten.

Das Fachinformationszentrum Energie, Physik, Mathematik berechnet nach der augenblicklich gültigen Preisliste für die Zusammenstellung von maximal 100 Literaturhinweisen aus bis zu zwei bibliographischen Datenbanken 210 DM.

Profildienste
sind Literaturhinweise aufgrund von periodischen Profilläufen, je nach Datenbank wöchentlich, 14tägig oder monatlich, in der Regel monatlich.

12 Profilläufe im Jahr	120,00 DM
mit durchschnittlich	
je 16 Offline-Ausdrucken	105,60 DM
	225,60 DM
Jahreskosten	

Die Zahl der Suchformulierungen hängt natürlich stark von der Größe der jeweiligen Institution bzw. Universität und den Fachgebieten ab.

Bei 1000 Suchformulierungen à 15 Minuten entstehen folgende Kosten (5 Suchformulierungen pro Arbeitstag):

Fixe Kosten	6300 DM
Datenbanknutzung	49500 DM
Offline-Ausdrucke, Leitungskosten	
Profildienste	4230 DM
(1 Profillauf/pro Nutzungsstunde)	
Personalkosten	45000 DM
	105030 DM

PETER RAU

Zur Gebührensituation von Informationsvermittlungsstellen an wissenschaftlichen Bibliotheken

Die Benutzung ADV-unterstützer Informationsdienste ging an den Hochschulen eher direkt vom Forschungsbereich und getragen von Forschungsmitteln aus, während zentrale Hochschulbibliotheken – von wenigen Ausnahmen abgesehen – sich dieser Informationsform erst allmählich annahmen; sie wurden dabei besonders unterstützt durch die Deutsche Forschungsgemeinschaft, die die Einführung des medizinischen Informationsdienstes DIMDI förderte, und z. T. auch durch den BMFT. Ein wichtiger Grund für die Zurückhaltung vieler Hochschulbibliotheken ist, neben dem ungewohnten Medium, auch in einer Unsicherheit angesichts des technischen Aufwandes, des Aufwandes an speziell geschultem Personal und etwas komplizierter Kosten- und Berechnungsfragen zu sehen.

In dieser Situation wurde in den Jahren 1979 bis 1981 verschiedentlich auf Länderebene versucht, den Bibliotheken eine Orientierung zur Rolle der automatisierten Information und Dokukmentation und ihrer Kostenstruktur an die Hand zu geben. Es entstanden folgende Orientierungspapiere:

Baden-Württemberg: Erlaß-Entwurf zur Regelung der Inanspruchnahme von Informationsdienstleistungen mittels Datenfernübertragung (1980); wird praktiziert.

Bayern: Stellungnahme der Generaldirektion der Bayerischen Staatlichen Bibliotheken zur Informationsverteilung im Rahmen des IuD-Programms (abgedruckt in: Bibliotheksforum Bayern. 7(1979), S. 164ff.)

Berlin: Empfehlungen der Arbeitsgruppe Informationsvermittlungsstellen in Berliner Bibliotheken. 1980.

Hessen: Empfehlungen Maschinelle Informationsdienste innerhalb des Hessischen Bibliotheksentwicklungsplanes. 1980.

Nordrhein-Westfalen: Empfehlungen der Arbeitsgemeinschaft der Hochschulbibliotheken Nordrhein-Westfalen zu Informationsvermittlungsstellen an den Hochschulen (abgedruckt in: Verband der Bibliotheken des Landes Nordrhein-Westfalen. Mitteilungsblatt. N. F. 31(1981), S. 165ff).

Alle diese Empfehlungen stimmen darin überein, daß ADV-gestützte Informationsvermittlung wichtig ist und an Bedeutung zunimmt, daß sie eine

Aufgabe der Hochschulbibliotheken ist und daß die zentralen Hochschulbibliotheken bzw. zentralen wissenschaftlichen Bibliotheken, z. T. auch darüber hinaus gewisse größere dezentrale Hochschulbibliotheken, Standort von Informationsvermittlungsstellen an Hochschulen sein sollten. Dafür spricht die prinzipielle Nähe zu den herkömmlichen Informationsaufgaben der Hochschulbibliotheken ebenso wie die vorhandene Infrastruktur für Service-Leistungen (Öffnungszeiten, Personal, Kontakte im Informationsbereich).

Alle Empfehlungen sehen vor, daß die fixen Kosten einer Informationsvermittlungsstelle, nämlich die Kosten für die technische Ausstattung, den Betrieb und das Personal, vom Träger der Bibliothek zu übernehmen seien. Dies wird auch allgemein so gehandhabt.

Für die variablen, nutzungsabhängigen Kosten, d. h. Datenbankgebühren, Datenübertragungskosten und Ausdruckkosten, wird allgemein Heranziehung des Endnutzers empfohlen und auch praktiziert. Unterschiedlich sind jedoch die Berechnungsmodi. Teils wird der Benutzer mit den vollen Kosten belastet, so in Bayern und Nordrhein-Westfalen, teils wird der Benutzer im Bereich Lehre und Forschung der Hochschulen subventioniert, so z. B. in Baden-Württemberg, wo 70% zentral von der Hochschule getragen werden, und in den hessischen Empfehlungen, nach denen die DFÜ-Kosten, das sind ca. 25% der variablen Kosten, vom Unterhaltsträger übernommen werden sollen.

In der Praxis sehen die Berechnungsregelungen für den Endnutzer noch recht verschieden aus. Meist werden Tarife für wissenschaftliches Personal der Hochschule, Studenten und externe Benutzer unterschieden. Unterschiedliche Preise gelten für Online-Recherchen und retrospektive und Batch-Recherchen. Die Berechnung der Online-Recherche erfolgt meistens nach der Einschaltdauer, in einigen Fällen aber auch nach der Anzahl der Zitate oder auch pauschal und nur nach Benutzergruppen differenziert. Mit einer gewissen Pauschalierung versucht man, die Abrechnung zu vereinfachen, wobei im Mittel etwa DM 90 pro Recherche von 30 Min. Dauer zugrundegelegt werden. Allerdings stehen der an sich wünschenswerten Pauschalierung sehr erhebliche Preisunterschiede der Datenbanken und unterschiedliche Berechnungsmodalitäten der Datenbankbetreiber entgegen.

Um die verschiedenen Gesichtspunkte zu illustrieren, möchte ich als Beispiele die Berechnungsregelungen in Baden-Württemberg und an der UB München anführen:

In Baden-Württemberg besteht mit dem FIZ 4 (Energie, Physik, Mathematik) in Karlsruhe ein Pauschalvertrag des Landes. Für andere Datenbanken gilt die oben erwähnte Kostenaufteilung 70% Hochschule : 30% Benutzer. Danach sieht die Berechnung für den Benutzer z. B. bei der Benutzung von DIMDI so aus:

20 DM Grundverrechnungsbetrag für 30 Min. Recherchezeit, 12 DM jeweils für weitere angefangene 15 Min. Dieser Preis enthält bis zu 100 ausgegebene Zitate.

8 DM Zuschlag für 100 bis 250 Zitate, 15 DM für über 250 Zitate. Die Regelung gilt nur für das wissenschaftliche Personal der Hochschulen, nicht für Studenten und nicht für externe Benutzer.

Die UB München und entsprechend auch die BTU München sowie die UB Erlangen-Nürnberg haben folgende recht detaillierte Regelung: Die angebotenen Datenbanken sind in vier Preisgruppen eingeteilt, wonach sich für Hochschulangehörige und sonstige Bedienstete des Freistaates Bayern (Benutzergruppe A) für eine Suchformulierung mit maximal 50 Zitaten als Grundbetrag 45, 75, 90 oder 110 DM ergibt. Externe Benutzer (Benutzergruppe B) zahlen jeweils 130 DM mehr.

Zuschläge werden, wiederum gestaffelt nach den Preisgruppen, erhoben für
- retrospektive Suche mit maximal 50 Zitaten zwischen 15 und 35 DM
- SDI je Monat mit maximal 15 Zitaten 10 DM
- SDI je zwei bis sechs Monate mit maximal 15 Zitaten zwischen 15 und 35 DM.

Für jedes weitere Zitat wird in allen Kategorien ein Preis von 0,30 DM erhoben. Für sofortigen Ausdruck der gefundenen Zitate wird ein Zuschlag von 10–20% berechnet.

Als preiswerte, interessante Alternative zu der eben vorgestellten Standard-Suche wird auch eine sog. Kurz-Suche angeboten, die mit einer vekürzten Suchformulierung von höchstens drei Suchbegriffen durchgeführt wird. Ihr Grundpreis beträgt in der ersten Datenbank-Preisgruppe 0 DM, in den übrigen drei jeweils 25 DM. Für jedes Zitat werden 0,30 DM berechnet. Die Kurz-Suche kann zur Standard-Suche erweitert werden unter Anrechnung der bei der Kurz-Suche angefallenen Kosten.

Zusammenfassend kann man sagen, daß die Hochschulbibliotheken eine gewisse Orientierung für Gebührenregelungen zur ADV-unterstützten Informationsvermittlung gefunden haben, daß aber ein Standard noch nicht besteht. Dies liegt wohl nicht nur an den verschiedenen, komplizierten Gesichtspunkten der Preisberechnung als solcher, sondern wohl auch an der noch nicht ganz gelösten Problematik, die die Information als Ware im Aufgabenverständnis der Hochschulbibliotheken bietet.

ANDREAS ANDERHUB

Gebühren von Informationsvermittlungsstellen an Öffentlichen Bibliotheken

An deutschen Öffentlichen Bibliotheken gibt es zur Zeit keine Informationsvermittlungsstellen für EDV-gestützte Dienste zum Nachweis von Fachinformation. Auch sind die dringend benötigten Projekte nicht in Sicht, die uns Aussagen darüber liefern sollen, ob und in welchen Bereichen Informationsvermittlungsstellen zu Recht in Öffentlichen Bibliotheken einen Platz beanspruchen können.

Wer angesichts einer derartigen Situation Fragen einer offenbar sehr zukünftigen Gebührenpolitik für neue Dienste in Öffentlichen Bibliotheken diskutiert, dem scheint eine überdurchschnittlich intensive Zukunftsorientiertheit respektive Realitätsferne eigen zu sein; nur hilfsweise werden manche von Optimismus sprechen wollen.

Die jüngste Tagung der Sektion I des DBV hat nochmals aktualisiert, in welch bedrückend-bedrohlichem Maße viele großstädtische Bibliothekssysteme Amputationen über sich ergehen lassen müssen, und eben diesen Bereich bibliothekarischer Arbeit habe ich bei den folgenden Ausführungen vorzugsweise im Auge. Und nun soll man sich den Kopf zerbrechen über die Gebührenseite eines für die Öffentlichen Bibliotheken noch gar nicht in greifbarer Nähe befindlichen neuen Service?

Im selben Maße, wie wir uns informieren lassen darüber, daß das bibliothekarische Ausland ebenfalls Einsparungsmaßnahmen zu verkraften hat, sollten wir uns auch vor Augen halten, daß Öffentliche Bibliotheken anderer Länder den entscheidenden Schritt hin zur modernsten Fachinformationstechnologie bereits gewagt haben. Außerdem: Das Problem der Gebühren hat sich längst als Schlüsselfrage für die gesamten IuD-Aktivitäten im deutschen Bibliotheksbereich herausgestellt. Dies wird für die Öffentlichen Bibliotheken in womöglich noch größerem Maße zutreffen, als dies für andere Bibliotheken bereits jetzt der Fall ist. Es erscheint also keineswegs als verfrüht, bereits jetzt etwas Aufmerksamkeit der Fachöffentlichkeit auf diesen Punkt zu konzentrieren.

Zum besseren Vorverständnis sind noch zwei Aussagen in die Einleitung einzubringen:

1. Ich unterstelle, daß auch in deutschen Öffentlichen Bibliotheken Informationsvermittlungsstellen zum Vorteil für die Benutzer sein werden. Diesem persönlichen Urteil liegen unter anderem einige Beobachtungen im Ausland zugrunde.

2. Die IuD-Kommission spricht sich mit Blick auf eine möglichst breite Nutzung moderner Informationsmöglichkeiten und mit Blick auf die Öffentlichen Bibliotheken für einen Markt deutschsprachiger Datenbanken aus, die an berufs- oder alltagspraktischen bzw. populärwissenschaftlichen Bedürfnissen orientiert sein sollten.

Das Bundesministerium für Forschung und Technologie hat im vergangenen Jahr in diesem Zusammenhang, d. h. bei Erörterung der Frage nach der möglichen Popularisierung des Zugangs zu Informationsbanken, folgende Bereiche angesprochen:

- Verbraucherschutz
- Umweltschutz
- Gesundheitsschutz[1].

Weitaus mehr Themen sind denkbar. Auch mittelgroße nordamerikanische Public Libraries sind längst dabei, für ihren kommunalen bzw. regionalen Einzugsbereich Datenbanken aufzubauen, die alle Bürger mit allen verfügbaren aktuellen Daten und praktisch verwertbaren Informationen über die sozialen, ökonomischen (insbesondere verkehrstechnischen) und politischen Gegebenheiten ihrer näheren Umgebung versorgen werden[2].

Von welchen Voraussetzungen in bezug auf die Benutzerschichten müssen wir bei realistischer Diskussion der Gebührenfrage ausgehen? Es gibt keine Indizien dafür, daß (etwa nach dem Muster früherer Vorgänge in den USA) neue, finanziell leistungskräftigere Benutzerschichten durch das Angebot neuer und zugleich gebührenpflichtiger Dienstleistungen für die größeren Öffentlichen Bibliotheken gewonnen werden könnten. Vielmehr müssen wir wohl davon ausgehen, daß die gegenwärtig für diese Bibliotheken einigermaßen typische Benutzerstruktur in den kommenden Jahren sich noch eindeutiger ausformen wird; der große Block der in irgendeiner Form von Ausbildung befindlichen Leserschaft jüngeren Alters ohne nennenswertem eigenem Einkommen wird sicher noch anwachsen. Wer diesen Benutzern andere als Bagatell- oder Säumnisgebühren abverlangen will, darf es sich mit der Argumentation nicht zu leicht machen.

[1] Bundesministerium für Forschung und Technologie. Leistungsplan Fachinformation, Planperiode 1982–1984. Bonn 1982, S. 47.

[2] Die Darstellung beruht auf den Eindrücken einer Besichtigung nordamerikanischer Public Libraries, Juni/Juli 1982.

Wie die Antwort der Bundesregierung vom 3. 11. 1981 auf eine kleine Anfrage der CDU bestätigt, gehört noch immer zu den Forderungen des nationalen IuD-Programmes,

– daß keine prohibitiv wirkenden Entgelte festzulegen sind und
– daß aus öffentlichem Interesse bestimmten Benutzergruppen Ermäßigung oder Erlaß zu gewähren ist.

Es ist sehr zu bedauern, daß das BMFT jüngst den „Zugang zur Fachinformation auch für Bürger und gesellschaftliche Gruppen" als das letzte in der Reihe der ausdrücklich so genannten „Nebenziele" seines Fachinformationsprogramms aufzählt[3]; immerhin wird man auch diese Aussage so interpretieren dürfen, daß diese gewünschte Öffnung des Zugangs zur Fachinformation eben ohne die Öffentlichen Bibliotheken und ohne differenzierte Gebührenpolitik nicht vorstellbar erscheint.

Vieles wird davon abhängen, ob man innerhalb des Bereichs der Öffentlichen Bibliotheken eine weiter in sich differenzierte Gebührenregelung wird durchsetzen können. Pauschale Bestimmungen, abgemildert durch allgemein gehaltene Härteklauseln, kann man als optimalen Weg betrachten, die Besonderheiten eines Gebühren-Einzelfalls, gerade in seinen sozialen Aspekten, zu berücksichtigen. Es scheint mir aber der Praxis von Großstadtbibliotheken kaum angemessen, wenn ein Großteil der Gebühren in zeitraubender individueller Analyse aller Umstände festgelegt werden müßte; außerdem würde man dadurch nur unnötige Konflikte und Täuschungsabsichten provozieren.

Von diesem gewiß nur sekundär wichtigen Problem her nähern wir uns der Hauptschwierigkeit einer Gebührenregelung für die gewünschte neue Dienstleistung. Denn haben wir uns in Öffentlichen Bibliotheken erst einmal entschlossen, über Gebühren zu reden, so müssen wir zugleich jeder Interpretation vorbeugen, daß hier das Prinzip der gebührenfreien Benutzung von Bibliotheken durchbrochen wird.

Wer sich der Interpretation anschließt, daß Fachinformation auf der Grundlage moderner Datenverarbeitungstechnik (den Bereich allgemeinbibliographischer Information wird man hier mit einschließen können) „nur" eine konsequente Fortführung bisheriger (konventioneller und überwiegend bibliothekarischer) öffentlicher Dienstleistungen ist – der wird auch in diesem Punkt das Prinzip der Gebührenfreiheit verteidigen. Allerdings wird diese Aufassung die Öffentlichen Bibliotheken keinen Schritt näher an die modernen Informationsmöglichkeiten heranführen; ich nehme an, daß eher das Gegenteil der Fall sein wird.

[3] BMFT. Leistungsplan (s. Anm. 1), S. 24.

Akzeptieren wir dagegen, daß wir bei Recherchen unter Einsatz von Fachdatenbanken gegenüber dem konventionellen Service eine alternative Dienstleistung werden anbieten können, die eine weitgehend neue Qualität besitzt, dann ließe sich die Weitergabe eines Teils der variablen Kosten rechtfertigen. Was bedeutet das?

1. Sollten Öffentliche Bibliotheken für den Einsatz von EDV-gestützten Nachweisdiensten Gebühren erheben, dann muß die Alternative offenbleiben, weiterhin in eben diesen Bibliotheken die entsprechenden konventionellen Medien zu benutzen. Ist dann vielleicht eines Tages diese Alternative nicht länger gegeben, entfällt damit die Berechtigung zur Erhebung einer Gebühr, da ja nun das moderne Medium uneingeschränkt an die Stelle des bisherigen, kostenlos benutzten Mediums getreten ist. Angesprochen sind hier für Öffentliche Bibliotheken in besonderem Maße geeignete Datenbanken, wie ich sie eingangs zu skizzieren versucht habe.

2. Sofern es auch dazu kommen sollte, daß große Öffentliche Bibliotheken EDV-gestützte Recherchemöglichkeiten für Fachinformation nutzen wollen, wie sie an anderen Bibliotheken in Deutschland bereits zur Praxis gehören, liegen meiner Auffassung nach die Verhältnisse anders. In diesem Informationsbereich besitzen die Öffentlichen Bibliotheken die konventionellen Alternativen nicht und werden sie vernünftigerweise auch in Zukunft nicht erwerben. Entschließen sich die wissenschaftlichen Bibliotheken grundsätzlich zu einer Gebührenerhebung, sollte es auch für die Öffentlichen Bibliotheken denkbar sein, bei diesem Ausgreifen in einen bislang anderen Bibliothekssparten vorbehaltenen Dienstleistungsbereich eine Gebühr zu erheben.

Bei einer anderen Haltung ist kaum zu erwarten, daß die Unterhaltsträger dem Gedanken nähertreten, auch für einzelne Öffentliche Bibliotheken die fixen Kosten von Informationsvermittlungsstellen zu übernehmen. Sicher spricht prinzipiell einiges dafür, diesen von der Bundesregierung für jedermann geforderten Zugang zum technisch-wissenschaftlichen Informationsnachweis völlig gebührenfrei zu halten. Aber es ist eben nicht zu verkennen, daß die Öffentlichen Bibliotheken, sofern sie diese Aufgabe übernehmen würden, sich in bezug auf die Informationsvermittlung sowohl qualitativ wie quantitativ auf eine gegenüber dem jetzigen Zustand entschieden höhere Stufe gestellt sähen.

Angesichts des Fremdsprachenproblems, um nur eine der Verständnisbarrieren zu nennen, mag vielen die gesamte Überlegung rein theoretisch erscheinen. Immerhin gibt es das Juristische Informationssystem des Bundes JURIS, das sich mit seiner deutschen Rechtssprechungsdatenbank meiner Auffassung nach sehr wohl für den Einsatz in großen Öffentlichen Bibliotheken eignet.

Einzelne Länder des westlichen Auslands haben sich in der Gebührenfrage offensichtlich bereits arrangiert. Wenn bei dem größten kommerziellen Datenbankanbieter, DIALOG/Lockheed Information Systems, die Hauptmasse der Recherchen in einer Bandbreite von zwei bis zwölf Minuten connect time liegt und wenn pro Minute ein Dollar zu zahlen ist, dann können auch Public Libraries mit nicht allzu intensiv trainierten Bibliothekaren als Informationsvermittler ihren Dienst erfüllen, da Irrtümer oder ungeschickte bzw. umständliche Recherchen den Benutzer finanziell nicht gravierend belasten[4].

Bei einem Blick auf die Verhältnisse in britischen Public Libraries finden wir keinesfalls generell ungünstigere Verhältnisse[5]. 1982 hat von den befragten Bibliotheken (23) mit Informationsvermittlungsstellen zwar eine nicht unbeträchtliche Zahl (6) von ihren Benutzern die Erstattung der vollen Kosten verlangt; daneben stehen aber Bibliotheken (7), die nur Kostenanteile in Rechnung stellen. Nur einige wenige (3) bieten ihre besonderen Dienste kostenlos an. Die Bibliotheken mit festen Gebührensätzen (7) verlangen in der Regel ein Pfund Sterling pro Minute connect time bei Recherchen in US-Datenbanken (europäische sind um die Hälfte billiger); hinzu kommen die Kosten für Ausdrucke. Etwa die Hälfte aller Recherchen sind erfahrungsgemäß hausintern; für sie stehen im Etat der Bibliothek jeweils 2 000 bis 3 000 Pfund Sterling bereit.

Gebühren der beschriebenen Größenordnung scheinen mir auch für die Benutzer deutscher Öffentlicher Bibliotheken nicht prohibitiv zu sein, wenn es darum geht, für sie den Weg zu einem Informationsvolumen zu öffnen, das ihnen in konventioneller Ausgabeform in diesen Bibliotheken auch zukünftig nicht zur Verfügung stehen wird. Anders sollte es um die Nutzung von Datenbanken besonderen Typs bestellt sein, die wir für unsere Öffentlichen Bibliotheken noch zu entwickeln haben. Nur solange sie in bereits vorhandenen Medien Öffentliche Bibliotheken noch eine Nutzungsalternative haben werden, wird eine Gebühr für ihre Nutzung gerechtfertigt sein.

[4] Mitteilungen von Mr. Caputo, West Coast Director DIALOG/Lockheed, Juni 1982.
[5] Die Angaben verdanke ich dem Kollegen Prof. Dr. Birkner, Hamburg. – Vgl. auch S. 168–175.